《符号与传媒》2024 春季号，总第 28 辑

编辑委员会

中国知网(CNKI)来源集刊 中文科技期刊数据库来源集刊
超星数字图书馆来源集刊 万方数据库来源集刊

符号与传媒
Signs & Media

主编 赵毅衡

四川大学符号学-传媒学研究所 主办

总第28辑

28

四川大学出版社
SICHUAN UNIVERSITY PRESS

图书在版编目（CIP）数据

符号与传媒 . 28 / 赵毅衡主编 . 一 成都 ： 四川大
学出版社， 2024.3
ISBN 978-7-5690-6712-5

Ⅰ . ①符… Ⅱ . ①赵… Ⅲ . ①符号学－文集 Ⅳ .
① H0-53

中国国家版本馆 CIP 数据核字（2024）第 047489 号

书　　名：符号与传媒（28）
　　　　　Fuhao yu Chuanmei（28）
主　　编：赵毅衡

选题策划：黄蕴婷
责任编辑：黄蕴婷
责任校对：陈　蓉
装帧设计：墨创文化
责任印制：王　炜

出版发行：四川大学出版社有限责任公司
　　　　　地址：成都市一环路南一段 24 号（610065）
　　　　　电话：（028）85408311（发行部）、85400276（总编室）
　　　　　电子邮箱：scupress@vip.163.com
　　　　　网址：https://press.scu.edu.cn
印前制作：四川胜翔数码印务设计有限公司
印刷装订：四川五洲彩印有限责任公司

成品尺寸：170mm×240mm
印　　张：17.25
插　　页：2
字　　数：321 千字

版　　次：2024 年 3 月　第 1 版
印　　次：2024 年 3 月　第 1 次印刷
定　　价：78.00 元

本社图书如有印装质量问题，请联系发行部调换

扫码获取数字资源

四川大学出版社
微信公众号

编者的话

关于美与意义诸问题的讨论，读者意犹未尽，学者在继续追寻更多符号、艺术与日常生活的关系。本辑继续推出"符号美学"研究，段炼将艺术史料、史论与读者的批评结合，从元艺术史的角度讨论其中的三重叙事构建；Michael Renta 讨论了视觉艺术中图像性的认知问题，并就此展开艺术本质主义的讨论；陆正兰从"设计与器物意义合一"的观点出发解释了当代设计对抽象艺术的偏爱。

语言、思维与理性是符号学关注的重要议题。本辑"哲学符号学"中，周靖讨论了作为第三种理性的符号理性及其对我们思维的影响；曹忠讨论了唯识学中意义歧义的产生与消除；刘源佳对中性符号的内涵与表征进行了阐发；陈亚玲梳理比较了海德格尔的道言观。

在"传播符号学"研究中，冯月季探索了数字时代新闻专业主义的范式转换，蒋诗萍就中国品牌传播的故事社群进行讨论，任洪增对电影"看镜头"的符号叙述问题展开探讨，申一方则从皮尔斯符号学的角度分析了人工智能的艺术生成。此外，本辑还收录了多位学者对文化记忆、风格、园林盆景等现象的讨论，相信这些研究可以为诸位读者带来新的思考和启发。

《符号与传媒》坚持兼容并包的学术理念，我们始终欢迎有志向学的硕博研究生与年轻学者的独立的研究。我们不拘一格，期待多元声音的参与。

Editor's Note

The discourse on the issues of beauty and meaning has left readers desiring more and continues to stimulate scholars in their quest for deeper insights into the relationship between signs, art and everyday life. As a part of this academic pursuit, a section of this issue is dedicated to "Semiotic Aesthetics". Duan Lian adeptly combines art history, theoretical analysis and readers' criticism in scrutinising the intricate construction of triple narratives through an art historical lens. Michael Renta delves into the issue of visual cognition within the realm of visual arts, thereby instigating an extensive discussion on the essentialist nature of art. Lu Zhenglan expounds upon contemporary design's penchant for abstract art from the perspective of the unity of design and the meaning of objects.

Language, thought and reason are focal points of semiotic inquiry. In the section on "Philosophical Semiotics", Zhou Jing explores the influence of semiotic reason as a third mode of rationality upon our cognitive processes. Cao Zhong, drawing from the wellspring of the Mind-only School of philosophy, scrutinises the generation and eradication of semiotic ambiguities. Liu Yuanjia elucidates the connotations and manifestations of neutral signs. Chen Yaling meticulously examines the philosophies espoused by Heidegger regarding the discourse of Tao.

In the section on the "Semiotics of Communication", Feng Yueji discusses the paradigm shifts engendered by the digital age within the sphere of journalistic professionalism. Jiang Shiping contributes an insightful discourse on the communities that are pervasive in Chinese brand communication. Ren Hongzeng probes the depths of the semiotic narratology of "looking at the camera" in films. Shen Yifang carefully dissects the artistic manifestations of artificial intelligence from the perspective of Peircean semiotics. Furthermore, this issue incorporates the intellectual deliberations of multiple scholars on such subjects as cultural memory, stylistic paradigms and gardening and *penjing*. It is our firm belief that these scholarly endeavours shall engender fresh contemplations and serve as a wellspring of inspiration for our esteemed readers.

Signs and Media upholds an inclusive academic philosophy, embracing a diversity of scholarly perspectives, and we wholeheartedly welcome the independent research of ambitious master's and doctoral students alongside that of young scholars. Our journal is open-minded and looks forward to the participation of diverse voices.

目　录

中国传统符号学思想

广义叙述学

传播符号学

理论与应用

报告与书评

Contents

Traditional Semiotic Thought in China

General Narratology

Semiotics of Communication

1

Theory and Application

Report and Review

中国传统符号学思想 ● ● ● ● ●

悼念祝东（1982—2023）

著名中国思想史家、符号学家，中国中外文艺理论学会文化与传播符号学分会常务理事，暨南大学青年教授祝东，于 2023 年 11 月 22 日中午因病去世，享年 41 岁。

祝东教授对中国思想史，尤其在发掘、整理、重新评价中国符号学遗产方面，做出了巨大的成绩。他的工作起了重要的开拓作用，是当今中国学界在这个领域最杰出的专家之一。

祝东的著作包括《先秦符号思想史研究》（2014 年，四川大学出版社），此书影响很大，英文版 Semiotic Thoughts in Pre-Imperial China 于 2022 年由斯普林格（Springer）出版社出版；《中国古代符号思想史论》，由科学出版社于 2021 年出版；他参著的《符号学思想论》2021 年由商务印书馆出版；他主编的《中国传统符号学思想研究文选》由四川大学出版社在 2023 年出版。

作为一位青年学者，如此斐然的成绩，值得骄傲。他在四川大学获得博士学位后，先后执教于兰州大学与暨南大学，屡次获奖，包括教育部第八届高等学校科学研究优秀青年成果奖（2020 年）。2023 年开始他主持教育部重大课题"中华优秀传统文化核心理念的符号考古学研究"。

祝东教授的学术研究，成绩斐然，原因在于他不畏困难的坚韧不拔，面对陈说勇于创新的精神，他的一系列著作为中国学术打开了一个崭新的工作面。他不幸英年早逝，是中国学术的重大损失。但是他的榜样会激励更多的青年学者，继续开拓他开辟的路，为中国的学术事业加倍努力，为中国文化做出更大的成绩。

《符号与传媒》编辑部
2023 年 11 月 23 日

"中国传统符号学思想"专辑导言

祝 东

DOI: 10.13760/b.cnki.sam.202401001

符号是用来传递意义的，任何意义的交流传递必须通过符号进行，故而赵毅衡先生在《符号学原理与推演》一著中做出了"符号学即意义学"的这一经典定义。中国先哲并没有创造一门现代意义的"符号学"，但是意义的交流却是伴随人类社会始终的。自先秦时代，中国先哲们不仅能熟练运用符号来表征意义，而且已经注意到符号与意义的关系问题，如用卦象符号来标示万物，预测吉凶，开中国符号应用之先河，并形成《周易》这套人类最早的符号系统；先秦诸子则对符号与意义的关系进行了系统研讨和深化，如儒家的"正名"符号思想，道家的"无名"符号学思想，名家与墨家的名辩符号思想，黄老道家的刑名符号思想等。可以说，先秦易学与诸子学是中国古典符号思想的一大宝库，发掘中国传统符号学遗产，对发展中国传统学术思想、促进中西学术对话、提升中国文化自信力等方面都有重要意义。

关于中国传统符号学遗产的现代研究，从学术史上溯源，可以追溯到近一百年前。20世纪初，瑞恰兹（I. A. Richards, 1893—1979）和奥格登（C. K. Ogden, 1889—1957）发表了他们的《意义之意义》（The Meaning of Meaning, 1923），这应该是最早系统讨论意义学的一部专著。十年后中国学者李安宅在学习借鉴的基础上写出了第一部中文版意义学的书，书名直接叫《意义学》，此书还得到了瑞恰兹的推荐序言。在这篇序言中，瑞恰兹指出，意义学的核心议题，乃是思想、词语、事物之间的关系问题。他们考虑的主要是语言符号系统，故而以词语为中心进行考察，如果我们把语言符号的范围进一步扩大的话，那么意义学应该就是思想、符号、事物三者之关系。当然，按照李安宅先生的自序，社会环境与自然环境也是必要的考察对象。也就是说，意义学是在自然与社会环境中考察思想符号与事物关系的学问。

李安宅的这本《意义学》很好地向中国学界引介了符号学原理，可惜这一学术传统在中文学界并没有得到应有的关注和很好的发展，虽然间或有学者瞩目于此，但整体影响不是很大；直到20世纪80年代，金克木先生于1983率先在《读书》杂志上发表《谈符号学》一文，符号学这一学术传统才开始回归中文学界；随后李先焜等学者相继发表了一系列相关论文，使得符号学在90年代兴起一个小的研究热潮，但多是哲学和逻辑学方面背景的学者，其学术视角亦与学术背景对应；21世纪以来，随着符号学研究的升温，全国各地逐渐形成一些具有代表性的符号学研究中心和团队，不同学术背景的学者开始加入传统符号学研究之中，大大拓展了研究的锋面。近年来文化研究持续升温，随着符号学诸领域的扩大，既有对传播符号学、文化符号学、伦理符号学方面的拓展，也有艺术符号学、文字符号学方面的深化。

易学符号学被视为中国传统符号学的开端，近年的符号学研究中，以苏智为代表的青年学者在此领域拓展颇多，如苏智的《文化建构与传承中的〈周易〉符号模塑》一文研究指出《周易》模塑形态中的取象思维使其意义阐释可以涵盖文化中的诸多层面，进而产生大量的文化模因，并建构了中国传统文化；王俊花的《以三为体，以阴阳为用：〈易经〉与皮尔斯现象学》对照皮尔斯的现象学来阐发中国传统经典《易经》，指出《易经》是先民关于不可还原、不可分解的三位一体的一元论哲学的表征；苏智的另一篇论文《时空语境与〈周易〉的符号阐释》则指出《周易》符号意义在实际解读中会因语境变化而产生差异，爻位的空间场景同时代表了文化语境中自我的社会属性，而《周易》卦位中的"吉""凶"等不同解读彰显出传统文化的伦理价值取向。这种研究不仅拓展了文化符号学的研究锋面，而且对伦理符号学研究也颇有启示意义。

先秦诸子符号学思想是中国传统符号思想的一大宝库，这个领域前辈学者已有很好的开发，如李先焜先生对名墨符号学的研究，筚路蓝缕，功莫大焉。结合当今符号学的伦理转向与先秦诸子学说的伦理进路，祝东等学者对传统伦理符号思想的开掘可谓别生面。祝东的《仪俗、政治与伦理：儒家伦理符号思想的发展及反思》对儒家伦理符号思想的演化发展进行了探本溯源式的梳理，并指出面对当今社会的伦理问题，反思儒家伦理符号思想，探析发掘其"制动价值"是当今符号学遗产研究的一大方向。此文亦奠定了其伦理符号学思想研究的主体框架。随后的《去符号化：老子的伦理符号思想研究初探》《论老子的"自然"符号思想》《礼与乐：儒家符号思想的伦理进路》《礼与法：两种规约形式的符号学考察》等文章对道家伦理符号思想、儒家礼乐伦理符号思想以及礼法互动"动制同源"的伦理符号学特征等进行了有效思辨；而李红的《老子思想的符号逻辑及其传播伦理》从符号论的角度去考察老子的思想，探讨其对传统传播观念和传播实践的影响，以及由此建构出来的伦理价值、传播原则等，对中国传统伦理符号学思想研究多有拓展。

名家学术群体被视作中国最早的符号学家，名辩符号思想研究也一直是中国传统符号学研究的热点。陈道德的《符号学是深化先秦名辩学研究的更优范式》代表着逻辑符号学界对传统符号学遗产的反思和开拓，而曾祥云的《从符号学观点看公孙龙的兼名独立思想》则是符号学理论在名辩逻辑符号学领域的拓展。

司马谈《论六家要旨》指出"夫阴阳、儒、墨、名、法、道德，此务为治者也"，也即是说先秦诸子为学皆是有现实关怀的，名辩符号学方面的内容或许只是其研究的"副产品"，而"务为治者"则是真正目的。祝东的《论形名：从语言规范到行为秩序》从儒家、黄老道家、法家对名的思辨出发，探讨了先秦诸子名学符号思想在社会秩序调控中的应用，拓宽了传统名辩符号思想研究的范围。

要论及当代符号学诸领域的拓展，两汉河图洛书术数的符号学思想，魏晋玄学符号思想，唐宋唯识宗、禅学符号思想，以迄宋明心学符号思想则不得不提，这些都是前期中国传统符号思想研究较少甚至基本没有涉及的领域，在近年也有大批的青年学者不畏艰难，开山采铜，并卓有成效。

《易·系辞上》说："河出图，洛出书，圣人则之。"河图洛书也被认为是中华文化的源头，黎世珍的《论河图洛书作为一种元符号》指出，在汉代，河图洛书迎来了其第一次嬗变的高峰，河图洛书对万物有灵的信仰及对宇宙规律的认识使得其被视为一种元符号，体现的是中国先民对天命和宇宙规律认识的努力。两汉术数符号思想也是中国符号学资源的一大富矿，兰兴的《从天地到人伦——四柱禄命中的符号及其理据性上升》则可视作对这个领域的一次奇幻之旅。文章指出，尽管中国传统术数种类繁多，但无一例外都拥有一套用于表意的符号系统，作者并以四柱禄命的符号系统作为代表进行了分析，四柱禄命在互文性、用典及族群长期使用中增加理据性，进而由像似性符号变成规约性符号，这也是其在后世信徒众多的深层原因。

如果说先秦学术思想的主题是道德论，两汉学术思想的主题为宇宙论的话，那么相继而来的魏晋玄学注目的就是本体论，宋明心学则是以心性论为旨归。王俊花的《〈声无哀乐论〉与皮尔斯现象学》是对这个时期学术思想主题的一个个案解剖，作者从形而上的本体论意义上来探讨嵇康关于音声的论述，并对比皮尔斯的现象学与符号三性，条分缕析，指出《声无哀乐论》深刻揭示了第一性、第二性与第三性的现象学内涵，比皮尔斯与二元论的决裂早了1600多年。由此可见，中国符号学遗产的清理与研究是多么的重要。

隋唐唯识学和唐宋禅宗是中国佛学符号思想的两大宝库，前辈硕彦尽管多少注意到这里的符号学思想资源，但是深挖者少，而在近年关于中国符号学遗产的研究中，这些领域也不同程度得到梳理。续戒法师的《唯识学中的名言与真实》指出唯识学对语言、符号的思考围绕着宗教实践展开，语言在认识中的渗透造成人在认识中的意义偏离，而"执着"则是对语言符号的执取。青年学者孙金燕则在禅宗语言与诗歌关系方面颇有研究，她的系列诗禅关系论文也着意于此，《否定：一个禅宗诗学的核心命题》指出禅诗破除语言理据性，形成"无理而妙"的境界，而禅诗克制叙述的简朴则产生了符号自指的诗性功能，并在否定叙述中生发禅意，这还可为当代诗歌写作提供参考；其《诗之"禅味"与"反讽"——从禅的"平常语"与诗的"陌生化"之悖离说起》亦是对诗语与禅语的符号学分析，启人良多。

顺历史学术之源流而下，宋明理学与阳明心学也是中国符号学遗产的一大富矿，特别是其与符号现象学的结合部，值得参发。王墨书的《"格物"初探——浅析〈大学或问〉与〈大学问〉中的"格物"义》即是对这个领域的一个检视，作者从朱熹的《大学或问》与王阳明的《大学问》这一理学与心学的比较切入，用现象学和阳明心学相互阐发，格物中包含正心与诚意两个有区别的符号过程，正心是对感知呈现进行区隔筛选的行为，而诚意是主体能力元语言的运作过程，两者共同构成了意义生成的格物双向过程；文章还指出格物剥离了噪音，"物"是物理或概念意向对象，"知"是主体解释出来意义。这其实是哲学符号学研究的向度，对庄子《齐物论》、公孙龙《指物论》等方面的研究亦多有启示。

中国传统美术的符号学研究也是符号学遗产中的一畦珍贵的花园，近年的符号学遗产研究显示已有学者深涉其中，学者段炼便是其中的佼佼者。段炼的《莫里斯的符用学与南宋山水画的范式之变》聚焦于南宋文化向内转的议题，并从符号学范式来切入其范式之变；《山水有道——皮尔斯符号学的意指秩序与中国山水画编码系统的视觉秩序》指出中国山水画的形上目的是载道，画是为道编码，编码机制体现了视觉符号形式与观念的互动；《蕴意载道——索绪尔符号学与中国山水画的再定义》亦对这一问题的另一向度做出回应；《隐逸世界：论元代文人山水画的"符号域"》结合元代文人山水画的历史与文化语境来探讨画中隐逸世界的符号结构，以及这种建构确立的传统山水画的核心精神。

此外汉字符号学亦是中国符号学遗产的一大宝库，孟华教授多年耕耘于此，有多部文字符号学方面的专著问世，可谓著作等身。其《论汉字符号的肉身性理据》指出汉字符号具有交流、指涉、表达及结构四方面的理据，体现出一种类符号现象，而这恰恰是中国文化符号重要的编码精神；其《类文字与汉字符号学》《中性——汉字中所隐含的符号学范式》亦对汉字这一中国特有文化符号系统进行分析，对发掘中国传统文化符号学的内在特征，阐发中国符号学遗产与西方符号不同的理论范式等，都有重要意义，充分显示出中国符号学研究者在传统符号学遗产研究方面的深化与拓展，传播的是中国符号学"好声音"。

以上是我们对近年中国符号学遗产研究的一次回望，当然实际上的研究成果远不止这些，挂一漏万，在所难免。我们相信，随着研究锋面的拓展和研究内容的深化，中国传统符号学遗产必将得到多方发展，而中国"符号学王国"的地位也必将是由中国现代符号学理论研究和中国传统符号学思想研究等诸领域研究的推进而共同奠定的。

语言的困境与突破：真言陀罗尼及密乘的诞生*

徐小霞

摘　要： 本文从语言哲学角度，梳理出佛教真言陀罗尼（密咒）出现的语言学内部因素。作为语言的一种类型，真言密咒以功能而非表意阐释为主，它的出现与发展是印度佛教为回应其内外双重压力，在语言哲学上，通过对佛陀语言的重构，积极挪用印度传统和佛教传统的结果。围绕真言密咒，印度佛教逐渐延伸出与之相应的手印、曼荼罗仪轨等体系化的实践方法，最终直接在佛教大乘内部催生出一种新的宗派——佛教怛特罗（佛教密乘）。

关键词： 佛教密宗，真言密咒，语言哲学

Linguistic Dilemmas and Breakthroughs: Buddhist Mantras and the Birth of Tantra

Xu Xiaoxia

Abstract: From the perspective of linguistic philosophy, this article outlines the internal linguistic factors that led to the emergence of the Buddhist mantra, the Dharani. As a type of language, the "true word" mantra is based primarily on function rather than ideographic interpretation. Its emergence and development are the result of Indian Buddhism's responses to internal and external pressure. First, in terms of

* 本文为西藏民族大学西藏文化传承发展协同创新中心 2018 年委托课题项目 "文艺学视域下的藏传佛教文化符号因子研究"（XT - WT201820）阶段性成果。

linguistic philosophy, Indian and Buddhist traditions were actively adapted through the reconstruction of Buddha's language. Second, with the "true word" mantra at the centre, Indian Buddhism gradually extended its corresponding methods for systematic practice, such as handprints and mandala rituals, ultimately giving rise to a new sect within Mahayana Buddhism: the Buddhist Tantra.

Keywords: Buddhist Tantra, mantra, linguistic philosophy

DOI: 10. 13760/b. cnki. sam. 202401002

密乘以高度组织化了的咒术、仪轨和世俗性信仰为其主要特征，是大乘祭祀化、神秘化和世俗化的结果。"密乘"因重秘密师承和真言密咒而有"秘密佛教"之称，真言密咒又被称为"语密"，具体包括真言（mantra）、明（vidya）、陀罗尼（dhāraṇī）等多种形式。它最初起源于大乘的修持法门——陀罗尼（dhāraṇī）法门（吕建福，2008，p. 17）。"陀罗尼"意为"总持、能持、能遮"，后世多指长咒，密乘也称真言陀罗尼。真言陀罗尼是密乘得以形成与成立的基础条件，"此真言陀罗尼，乃密教之生命，故若将此剔除则密教不复为成立矣"（栂尾祥云，2011，p. 644）。密乘修行实践围绕着"三密为用"展开，其中的手印密和曼荼罗仪轨也都围绕真言陀罗尼逐渐发展而来，因此，真言陀罗尼在密乘中居有极为核心的主体地位。可以说密乘是大乘充分利用语言与符号等事相展开宗教实践而趋于语言崇拜的必然产物。

"真言"（mantra）音译为"曼怛罗"，意译为真言、咒语、密语、真实之言等，密乘认为真言是如来三密中的语密，为法身佛所说之法，是佛陀所说的神圣而真实无虚妄之语。密乘认为，真言就是神明以语言体现的化身，对其反复吟诵是禅修不可或缺的组成部分。通过吟诵真言和修习真言仪轨，修习者不但可以将真实体悟与神佛结合，获得出世的佛觉佛身，还可成就各种世间的神通法术，满足各种世俗利益需求。作为语言的一种类型，真言密咒不是阐释表意性质的，而是以功能性为主，即实现某种特定目的（如息灾增益调伏）之功用的特殊语言，正如藏族学者东主才让指出，"六字真言者，佛法之总持，在于真实行，而不在于诠言说理"（1999，p. 325）。

密乘作为一个独立的体系化教派，其发生与嬗变有着非常复杂的内外部多重因素。目前学界对它的产生发展多集中在外部社会历史文化因素和佛教宗派之争，忽视了从语言哲学的角度理解密教缘起的问题。因为密教得以成立的核心主体是语言层面的真言密咒，真言密咒是密教的精髓，所以有必要从语言哲学分析佛教真言密咒的出现，揭示密教诞生的复杂因素。本文通过对佛教语言哲学的谱系学考察，分析真言密咒的诞生及演变，认为真言是佛教语言哲学分别对印度和佛教的传统予以挪用与颠覆的结果，并由此直接在大乘内部催生出一种新的宗派：佛教怛特罗（佛教密乘），一个以真言密咒为核心而高度组织化、仪轨化的实践体系。可以说，佛教语言哲学的重大改变和真言密咒被体系化地挪用，是佛教怛特罗作为一个独立的宗教流派形成的核心条件，在此意义上，真言密咒的诞生是佛教的一个重要文化事件。

一、佛教的语言哲学及转变

语言问题直接关系到佛教意义上的解脱，佛教经释论对语言属性、功能及所引发的世界、认识和语言三者的问题有特别的自我意识，佛教经释论很重要的部分都涉及语言问题的相关讨论。总体来看，佛教语言哲学始终徘徊在语言的再现作用与空性世界本质的矛盾之间，其自身逻辑也充满了矛盾张力。语言在佛教中一般被表述为"名言"，有名称与言说之意。"名""则为随音声呼召物体，使人闻其名而心中浮现物体之相，能令人生起觉慧之义"（丁福宝，2019），故"名"有名想、名相与名义三义：引发主观的联想为名想；主观意识呈现的具体物象为名相，即感觉经验到的物象；具体物象的内容含义为名义。此三分法比较科学合理，与现代符号学家皮尔斯的符号三分即符号载体、对象与解释基本对应。但出于解脱的目的，佛教更强调语言的主观意识维度，且未涉及语言之外的其他表意体系。

在语言再现世界的问题上，佛教从空性实相角度出发，一方面认为语言可以表诠并认识客观世界，是认识胜义谛即空性的必要条件；另一方面又否定语言能充分表达空性和客观世界，不能充分再现世界。更重要的是，关于语言自身属性问题，佛教内部的观点并不统一。如佛教部派的有部主张名、句、文之自体离声，故为实有；经部、唯识派则主张语言为假有，认为世界万法皆依缘起而生，无有自性，依世间万法而起的语言在最终意义上则更是由于虚妄分别而生，不过是"名皆是客，皆是假立，皆属施设"（大般若波罗蜜多经，1973，p. 983），语言不过是假立施设的工具而已，不能充分再现诸法实相。比如唯识派立足主观心理角度理解语言，认为语言通过符号"种子"（名言种子）的运作创造了日常经验世界。"名言种子"基于惯性的认知活动而产生的名言、符号种子，能不断熏习而产生新的语言符号，它决定着认知方式。唯识派在语言与现实间建立了以感知、认识的最小成分"种子"为中介，理解语言与世界的关系的渠道。但唯识派在语言再现真如实相问题上依然否定了语言的充分再现功能，离言语便离妄想分别，对法界实相的把握，唯有现证契入、直觉亲证才可契合领悟。

语言和诸法一样是因缘起而无有自性的，不但语言无法充分再现实相，即使再现出的世界也没有绝对的真实价值，而且语言自身就是一种产生无明谬误的工具。因为语言对感知意识予以分别、概念化以及言语表达，生成了一个假名安立的世界，十二因缘链中的第四个因缘"明色"概念即指此名言建构的虚妄世界。众生出于"我执"，以"我"为真有实相，将名言分别安立的世界认作有自性的实相，又造成认识上的"无明"，无明为十二因缘的第一因，是凡夫生死流转诸多痛苦的根源。故佛教对名言安立的世界予以排斥，指责语言是"魔业"，认为放弃对语言的执着即是解脱之门："文殊师利菩萨曰：仁者，汝等所说悉是魔境。何以故？施设文字皆为魔业，乃至佛语犹为魔业。无有言说，离诸文字，魔无能为。若无施设即无我见及文字见，以无我故则于诸法无有损益，如是入者则超魔境。是为菩萨超魔法门。"（释延寿，1988，p. 856）。上述立场在龙树创立的中观派得到系统化的发展与表达。

基于空性实相的世界观和解脱目的论，佛教在否定语言的同时，也看到语言再现世界的重要价值：众生生活在名言的世界，世界只有在名言中才能呈现。为此，佛教对语言处于否定与肯定的矛盾徘徊中，这种矛盾造成其语言哲学逻辑上的如下张力与困境：（1）语言在本体论上无有自性，也不能充分传达真如实相，且现实为语言所规定，是造成众生无明烦恼的根源，但万物只能通过语言才能呈现，包括真如实相和觉悟解脱，如何定位语言的价值及属性？（2）既然语言是物质的、无自性的，那么如何看待佛陀所说之法，后者就其本性而言也是物质性的语言；（3）佛教语言哲学认为世间万物（有为法）是名言安立的结果，名言概念的范畴仅限于语言体系，这就忽视了语言以外的符号再现体系，后者是携带着意义的感知符号，一样具有传情达意的表达功能。正是在对这三个张力的处理上，密乘显示了独特的语言符号观，这是在对佛教传统语言哲学的挪用与消解中逐渐实现的。

从大乘中期，佛教包括中观学派便已尝试解决上述前两个张力。大乘语言哲学在否定语言本体论的实在性的同时，开始侧重突显语言的工具价值对于解脱的重要意义，语言的重要工具价值借由大乘中后期出现的"方便"这一关键术语得到突显。从中观学派开始，作为解脱的方法论，"方便"一词开始频频出现在大乘佛经论里，逐渐得到前所未有的重视。大乘菩萨利他行中"方便"受到特别重视。其实在小乘及大乘初期的"六度"（施度、戒度、忍度、精进度、禅度、慧度）中本无"方便"，在大乘晚期六度之外加"方便、愿、力、智"为十度（释印顺，2009，p. 91）。到了《维摩诘所说经》中，"方便"因与般若与解脱的直接关系，开始获得伦理上的积极涵义。《维摩诘所说经》中般若和方便被分别喻指为"母"与"父"的双生关系："智（般若）度菩萨母，方便以为父，一切众导师，无不由是生。"（1973，p. 549）。"方便"被喻为引导迷途人的"父"，喻体本身的使用暗示了"方便"的伦理涵义，此喻指以后成为佛教密宗的惯用说法，如藏传佛教有将密教经典（也称"密续"）分为父续方便与母续智慧的惯例。大乘的菩萨行格外强调"方便"对于救度的作用，菩萨以不同身份普入各阶层以方便度化世人，例如印度南部一带的文殊法门更是将菩萨行的方便之道推向极端，"菩萨的示现残杀，示现淫欲，示现为鬼、畜、外道、魔王，那是大菩萨利益众生的方便"（释顺印，2009，p. 93）。大乘中后期，为摄化众生，处处皆可方便。

大乘的上述"方便"说开启了语言工具价值的新境界。如果万物及众生身处语言安立的世界中，因为语言产生分别妄想而执幻为真，那么也可以之为工具，了达诸法实相从而获得解脱。并且，在名言安立的世界，获得般若智慧的觉悟便是对语言和现实关系的正确理解，觉悟必须借由语言才能最终通达诸法实相。"方便"与"般若"成为成佛的两大相辅相成的重要因素，语言则是获得般若智慧最重要的方便之道，一个不可或缺的解脱手段。

语言既是解脱的善巧方便法门，也是造业沉沦的根源，这种积极与消极的双重性在言说活动（语业）中直接体现出来。但在大乘中后期，似乎更重视言语活动的积极解脱价值，《华严经》表达了善用语言的至高境界："转世界一切众生微尘数世间名言成大智能言音海，使令世间无粗恶语无杂染语"（李通玄，1973，p. 986）。就语业而言，佛教认为身体的三个因素——身、语、意是造成业力轮回和烦恼的主要根源。身体的三个因素囊括了人类活动的所有方面，身是外在行为活动，意包括欲望、观念等思想活动，语则是言语活动。其中"语业"最重要，比如在导致因果轮回的"十不善"行为中语业就占了四种：妄语、离间语、粗恶语和绮语。身、语、意是造业的根源，而业力既包括恶业，也包括解脱轮回的善业，身体是造恶作善的一体，通过身体可转染为净。业力因果报应说为从身体三个部分（其中包括语言）直接获得解脱提供了理论依据，针对这三个部分的佛教修持实践被称为"身语意三密"，语密对治语业，即将普通日常语言（语业）转变为纯净无染的语言（语密），后者是对治前者的方便法门。三密说颠倒了传统的大乘佛教对业力行为的理解，将身体的三种活动看作解脱实践，身语意三密中"口（语）密是极为重要的是语密，是真言（mantra）、明（vidyā）、陀罗尼（dhāraṇī），泛称为咒语"（释印顺，2009，p. 375）。

语言就此被分化为两类：日常语言与提纯的特殊语言——语密，后者是救度前者的方便法门。问题是，什么样的语言才是纯净无染的方便法门呢？对这一问题的回应，锁定在三宝之一的"佛法"（佛陀的言教）上。这也是佛教语言哲学对自身逻辑第二个矛盾张力的回应：佛陀言教的语言物质性与"空性实相"间的矛盾。如果说语言由中性工具变为蕴含伦理取向的"方便"是佛教语言哲学观的一次暗中置换的话，那么对佛陀言教的重新定位则是其语言哲学观更为"华丽"的转变：佛法获得了非物质的超验属性；方便具有了本体维度，这便为"真言"的产生提供了基础性条件。这两次转变实则是佛教力图突破语言再现客观世界的固有局限性而为之的。

二、佛陀的言教

如果语言是虚妄分别的假立，不但无法表达诸法实相，还是造成无明与烦恼的根源，那么如何看待自身便是语言构成的佛陀言教？换言之，佛陀的言教就其属性而言仍然属于无自性且不可靠的语言范畴，但如果没有佛法的引导，众生将难以获得觉悟与解脱。为此，需要在佛法与普通语言间划清界限，赋予佛法某些独属的超验属性，以确保它既显在于世俗世界，有日常语言的某些特征，也是神圣和超越于日常语言与名言世界的。佛教语言哲学在佛法对解脱的功能中找到了切入点：佛法凝聚着释迦牟尼觉悟成佛的经验与智慧，是指导解脱的有效实体，释尊所获得的解脱智慧经验又是绝对的、精神的。这样，佛法便有着物质与精神的矛盾属性：物质性的语言和精神性的智慧。但佛教的释论更强调佛法的精神特质，这点从佛教经院学派对佛法的象征隐喻用法中可窥见一二。

佛教描述自己历史的三次变革时通常说是佛陀的三次言教，即三转法轮。法轮隐喻佛法对空性直接快速的理解，这种智慧洞察如同国王战无不胜的战车轮那样迅捷。佛法的法轮隐喻随后又延伸到对"八正道"①的理解上。佛法具分为八个主要正道，像一个以轮毂为中心的八辐条的车轮。起稳定作用的轮毂喻指道德训练中的智慧，可切断无明的障碍；辐条像专注的训练，消除精神上的散乱。两种轮子的隐喻都强调佛陀转动的教义之轮不仅是语言上的，在本质上还主要关涉灵性实现的精神智慧。这样的观点在15世纪西藏格鲁派贾曹杰·达玛仁钦的著作中再次表述，他特别提出佛法智慧在精神上的相续和代代传承如同转轮圣王战无不胜的车轮。除了以法轮为隐喻外，最常见的比喻是佛法僧三宝中的"法宝"之喻，三宝即佛教教法和证法的核心。佛法僧之所以称为"宝"，是因为据《阿毗达摩俱舍论》三宝是众生脱离苦海所皈依的对象。世亲认为法宝指获得完全解脱成就涅槃而成佛的最高智慧。在此可看到，佛法作为皈依对象，是一种先验的状态，而非一种语言实体。《宝性论》进一步扩大了佛法精神属性的范围，法宝被视为四圣谛"苦集灭道"中的后两谛，即证道和教道，佛法既是解脱的道路，也是解脱本身，道路即佛法是通往解脱目标的特定精神状态，是脱离苦海皈依的根源。

佛法的物质语言与精神智慧间的矛盾性体现在《金刚经》《维摩诘经》和《楞伽经》等大乘经典的矛盾陈述中：普通语言不可能表达佛陀的智慧。尤其具元语言性质的《佛语经》集中表达了这一理念。这部简短的经文以否定方式表明佛陀的言教是非话语性质的，由地水火风空识构成的普通色相世界的语言不是佛语："若有地水火风空界，如是等语不名佛语。善男子，若有不说地水火风空界等者，是名佛语。若有身口意业语者，不名佛语。善男子，若无身口意业语者，是名佛语。"佛陀使用了与普通语言不同的形式，它们是"若非漏语非无漏语""若非自性非他性语"，既不是由普通人说的，也不是由圣人说的，"它们"不要求任何东西，与普通知识的任何因素无关。佛陀甚至在《佛语经》（2018）中说，为了获得解脱，一个人应该舍弃一切言说："断一切语，断一切障，灭诸我慢；断一切网，离诸二见，离一切想。以无语故，云何有言亦无可语？是故非语名为佛语。善男子，以此义故，当如是知此是佛语。"

普通语言无法诠表空性真如，只有佛陀的语言可以诠显真如本义，而且自身已是真如实相（空性）。佛陀的语言由此与普通语言及其物质性脱离开来，具有真如实相的超验属性。《佛语经》中佛陀话语的矛盾状态被解释为

---

① 八正道是释迦牟尼提出的八种修行方法：正见、正思维、正语、正业、正命、正精进、正念、正定。

两种不同方式：要么佛陀不言语，要么他的言语是一种特殊的、非普通的语言。据第一种，佛陀用非语言的方式来传达他的经验，因为他的智慧无法以语言传达。禅宗传统发展这种观点，提倡不立文字，明心见性，著名的拈花微笑典故传达了禅宗的言语道断、心行灭处的真如境界。第一种方式中语言遭到排斥，而诉诸表意系统的另一种再现方式即感知符号，各种感知符号参与意指活动以传达意义。在此顺便提及，由于语言的局限性，致力寻求语言之外的感知符号，也被密教承袭下来，并成为密教最重要的表意方式。因为密教实践包括教相与事相两类，教相是在语言层面对佛教经文的理解阐释，事相则是高度组织化的仪轨、密咒和曼荼罗修持等，这些活动均是在各种感知符号尤其是视觉符号的基础上进行并完成的符号实践活动。从这个角度看，密教利用了人类表意系统的全部方式——语言和符号，由此拓展了佛教传统的表意实践活动。

第二种方式是佛教经典中非常普遍的说法，即佛陀根据众生根器和具体情况而随世方便说法，这便是所谓的善巧方便。也就是说佛陀的确使用语言，但使用了特定语言，是可认识与解释的。此观点又开启了两种不同解释：（1）佛陀使用特定语言为善巧手段，此方式没有超验属性，但又是必要的工具，有助众生获得超越语言的真理，这是佛教早中期立场，前文已述；（2）佛陀用不同于普通语言的另一种话语宣法布道，它可以充分完全地表达绝对真理，引导众生解脱，是一种突破普通语言局限性的真实纯粹的语言，这是密教的基本假设。

这两种不同解释都致力克服语言的局限性，试图对语言符号系统予以某种程度的改造，使语言能充分地传达完全的真理；当然也有兼具两种立场的尝试，如禅宗不立文字的作风。在克服语言的局限性、充分传达完全的真理的各种尝试中，真正成功的是"真言密咒"，人们认为它们有超出词语意义的神圣威力，如同《佛语经》（2018）强调佛陀语言有利益众生的功能："清凉佛语，遍悦一切诸众生身，开发一切诸众生意……降诸魔众降伏异怨。降伏一切诸外道众。"换言之，刻意突出佛陀语言在精神层面的功能性（智慧和利益众生），克服了其不完美的物质性，佛陀语言正是在其功能层面而非语义层与普通语言区别开来，成为一种真实纯粹的真理语言。

正是在大乘的"方便"说，以及在功能层面强调佛陀语言的超验特殊性等语境下，大乘佛教经文开始格外重视一些特殊的语言用法，如曼怛罗（mantras）、陀罗尼（dhāraṇī）、明咒（vidya）等，这些特殊的语言后来与外道的咒语合流，被认为是佛陀说的真实语言，能充分表达佛陀开悟的绝对真理，也能完全传达佛陀解脱的智慧，后来成为佛教密宗的真言陀罗尼，即佛陀的真实之语。

三、印度语言崇拜与真言密咒

佛教语言哲学对陀罗尼、明咒等特殊语言用法的重视，体现在其语音"声字"（梵语"阿刹罗"，aksara）上。印度传统中声字在宗教哲学和语言哲学上有特殊的重要含义，兼具哲学与语言学双重意义。哲学上"阿刹罗"有常住不灭、永恒等终极存在的含义；在语言学上指涉意义不可再分的音节、音素、字母等语言最小单位，即语言的最小单位声字具有永恒常住的意义。

印度的吠陀宗教文化传统和以弥曼差派、吠檀多派为代表的胜论派非常重视从声字角度理解世界的终极存在。印度古老的宗教典籍如《吠陀经》《奥义书》的起源神话中把语言即声字（最小单位的字母、音节等）描述为创造世界的核心。在《梨俱吠陀》中，婆罗门或祭司据说是从原人的发音中诞生的，原人通过祭祀创造了世界，这是一种与宇宙论相结合的文化传统。印度宗教最早的咒语是吠陀经文，对婆罗门而言具有无上的神圣性。依照弥曼差派的解释，由于声字是宇宙秩序的某些特征在声音上的表达，故吠陀经的咒语不是人类创造的，而是宇宙秩序终极原则的声音震动，因此咒语是先于神的宇宙结构和终极存在，不但吠陀咒文，所有咒文都是神圣的声音。声字在咒语持诵实践中非常重要，弥曼差派的代表人物伐致呵利在《字句论》中对声字的形而上解读极大影响了印度各宗教包括佛教密宗的宇宙观和语言哲学。

伐致呵利从终极存在的形而上角度讨论了语言的神性思想属性。通过《梨俱吠陀》和《梵书》中关于"vak"（字、音、言说）的描述，伐致呵利阐释了"vak"的神圣含义。"vak"是生命能量，具有孕育、持存生命的阴性特质，它与阳性特质的世界终极实在的神格化——梵天原人结合，创生了万物。为此，"vak"即字音言说，是所有曼怛罗之母，梵天原人以"vak"音字的方式创造了世界，在此意义上"vak"是性力和能量，是神圣的女性力量，创造并呈现世界万物；它还是阳性特质的宇宙终极实在的纯粹意识和能量因素。伐致呵利进而认为，咒语是纯粹意识的梵的各种显化，终极实在用字音的意识或"唵"（Aum）这个最神圣的梵音表达，"唵"是创生世界的根本音，世界的运作便是在"声"和以声或字表达的"物"的基础上进行的。在伐致呵利看来，语言和意识是交织在一起的，词语（咒语）、意义和意识不但交织一起，且是同义的。至关重要的是，咒语作为"vak"的具体表达是神的纯粹意识的不可分割的一部分：神圣的思想与承载工具彼此交融一体。

伐致呵利的声字观赋予语言以终极存在的本体地位，咒文是神圣思想，直接关系到解脱，这些认识深刻影响了印度的语言哲学传统，印度宗教实践包括佛教几乎都从本体论层面的语言/音节来解释咒语和精神解脱之间的重要联系。精神解脱的手段则是在思想意识上与咒语所代表的神圣思想冥合为一，即通过瑜伽观想各种咒文，淬炼心智，从意识的最微小层次到全部与神圣存在冥合的直接体验。伐致呵利的语言神学为佛教密宗将各种咒文如明咒、曼怛罗和陀罗尼置于佛陀的语言范畴内提供了形而上的理论基础。在大乘中后期："阿刹罗通常被译作声字、音、字、字本、根本字、字母等，以陀罗尼、真言、明、咒、秘密语等形式，在以《般若经》《华严经》《大般若涅槃经》等为代表的大乘佛教经典中有广泛应用。"（周广荣，2019，p. 36）声字的音义互举和终极实相的含义启发了佛教语言哲学在声字框架下理解佛陀语言的地位和功能。

声字在佛教经典中的主要形式包括真言即曼怛罗、明咒和陀罗尼三种，泛称为真言陀罗尼，即语密。据日本学者栂尾祥云考证，印度文化中三者之名的出现顺序，"真言"最早，其次是"明""咒语"，最后才出现了被译为"总持"的"陀罗尼"。三者在密乘中侧重略有不同：真言为佛以语言说法，神圣真实之言，"诠明自性清净之法性者为真言密咒"（栂尾祥云，2011，p. 648）；陀罗尼为令身心统摄为一的状态；"明"能消除无明烦恼，并度化众生的行为，也是佛以身业所说之法。

印度的语言崇拜传统特别集中在曼怛罗和各种咒语形式中。曼怛罗渗透在印度宗教生活各个领域，从吠陀时代起构成了印度文化传统的一个重要因素，它们在形式、内容和用途上存在巨大差异。分析这个词的构成，不同曼怛罗的共性或可略显一二。"man"意为"（神圣）思想"，词尾"tra"表示工具、器皿，"mantra"可理解为"神圣思想（或心灵）的工具"或"承载（神圣）思想的工具"，"神圣"和"器皿、工具"是其原义。密宗利用流行的词源学对曼怛罗作了佛教意义上的偏移解释，宗喀巴言之："咒于梵音为末那达惹耶。末那是意，达惹耶是救义……解脱世间行，谓三昧耶律，金刚遍护身，名之为咒行。"（2012，p. 6）。即"man"为"意"，"tra"被解释为"解脱、拯救"，即通过适当观想和仪式化地咏诵"mantra"，便能获得解脱。总之，"曼怛罗"这个词在佛教密宗中更强调咒语中的神圣思想意识，持咒目的更在于与神圣思想合二为一。曼怛罗作为真言、神咒，其本身是神灵的体现，是神圣思想的代表，有圣语、神圣无虚妄之言的意思。

梵语"vidya"译为"明""明咒"，通常指知识和学术，特指医术、捕蛇等神妙之术和秘密知识等，有"不可思议的魔法"之意；相比曼怛罗，更侧重魔幻神奇之术的含义，如魔术师被称为"执明者"。印度两大史诗和"小乘佛教中此词指不可思议智之结晶即是咒文，即是密语，遂亦称此咒文密语为'明咒'vidya也"（栂尾祥云，2011，p. 646）。明咒也起源于吠陀经文，婆罗门教谓"读诵真言，执持明咒"。明咒和曼怛罗在前6世纪时已在印度盛行，以之为息灾、增益、降伏等咒术活动，在种种仪式中也必唱诵咒文。原始佛教时释迦牟尼对世俗密语咒文都予以否定，但为广宏佛法，作为摄受方便，也会适当默许护身的善咒、治病咒的使用，如《十诵律》（1973）第四十六"……不犯者，教读诵治齿、腹痛咒，治毒咒；若为守护安隐故，不犯"。

佛灭度后咒文在佛教中逐渐渗透，在世俗真言中融入佛教内容，由此产生佛教特有的真言或明咒。大众部时期真言明咒增多遂成气候，玄奘在《大唐西域记》中说大众部结集三藏时也结集《咒藏》和《杂藏》，法藏部也结集《明咒藏》。明咒在小乘时一般多仿照《吠陀》赞歌，言简意赅地将佛理浓缩其间，是表意为主的略诠形式，持诵明咒被认为有净化思想、统一心灵的作用。因此，"可能仿照《奥义书》中将统一心灵并得以持续称之为陀罗拏（dharana），将有佛理内容的略诠式明咒称为陀罗尼（dhāraṇī）"（栂尾祥云，2011，p. 661），以强调统一心灵的一面。

四、陀罗尼的密咒化

佛陀语言被系统地神圣化和密咒化最初是从对佛经的略诠式表达"陀罗尼"开始的。陀罗尼（dhāraṇī）意译为"总持""执持"，是佛教真言密咒的重要组成部分，它在佛教中的演变经历了从表意性转为功用性，由方法论到本体论的重大改变。陀罗尼原义是"忆持不忘的能力"，是对记忆术的称呼，产生于古印度学习传承经典的口耳相传方法。因古印度世俗和宗教方面的经典学习大部分依仗记忆能力，故各种记忆术很盛行，陀罗尼是其中十分普遍的一种方法。

佛教陀罗尼的语言属性最初属于略诠式表达，以表意为主，即提取出经文中某些关键字音加以记忆，将几个、几十个甚至上百个核心字音贯穿以记忆通篇经文。此种浓缩式记忆法在印度流行时间很长。原始佛教时期陀罗尼主要是在语言文字上对佛陀教理的正确听闻和强记能力。在部派时期由于各僧团对佛陀言教存在着各种理解分歧，正确领悟佛陀教理的深层含义显得格外重要，除了记住经文教理表层的语言文字，还要深入领会其中的"法"的内涵，故陀罗尼有了"摄持正法、遮持不正法"的新义，龙树《大智度论》对此做过解释："云何陀罗尼？答曰：陀罗尼者，秦言能持，或言能遮。能持者，集种种善法，能持令不散不失。"（1973，p. 95）由于在记忆陀罗尼时需要聚精会神，注意力高度集中，与瑜伽派修行法门之一"陀罗那"（dhāraṇa）相似，佛教陀罗尼记忆时逐渐伴之以瑜伽、观想等，又有了瑜伽修行法门的三摩地、三昧等禅修含义。大乘经典中常有以陀罗尼与禅观并举互指的用法，成为大乘瑜伽修行的主要方法之一，此后其表意属性渐次减少，趋于方法功用的走向。

作为略诠式的表意语言，陀罗尼的形态通常以核心要语诠显经文法义，后在《大般若经》和《华严经》中进一步简化，以一字概括佛法要义，便有了大乘著名的四十二字门陀罗尼。四十二字门以梵文四十二声字为次序，每个声字表诠佛法核心教义的不同方面，即"通过对四十二字的受持、读诵、通利、解说，悟入诸法空义"（周广荣，2019，p. 38）。如以"唵"（a）字悟"本不生"之意，以"洛"（ra）字悟尘垢不可得，以"跛"（pa）悟一切法胜义，等等。就语音性质而言，按大乘说法陀罗尼门字的"门"有语言之出入口的意思，以字为门入于教义，有摄含一切诸义、字为义之母等含义。陀罗尼字门依照不同字母表系统，除了四十二字门，还被分为悉昙字门、真言字门，如《涅槃经》《金刚顶经》为悉昙门字，《大日经》和《不空绢索经》属真言字门。

随着书写系统的逐渐普及，陀罗尼以听闻强记为主的记忆术作用降低，加之印度民间和外道的各种咒语影响，陀罗尼逐渐被神秘化，有了巫术咒语性质，从表意属性过渡到求取世间和出世间利益的功能性咒语，持诵陀罗尼更强调各种功德，如四十二字门不但诠表诸法实相，通过持诵、解说还可获得二十种智性功德。因为被神秘化，陀罗尼在语言形式和诵念方式上均与民间外道咒文别无二致，在佛教大乘向民间渗透更为世俗化的过程中，完全和其他咒文形式混为一谈，出现了咒陀罗尼。这一演变，对佛教密宗的出现具有重大意义。在大乘佛教的演变历程中，由于与咒术混合，其含义和功能不断神秘化，陀罗尼种类急剧增多，形态更加复杂并体系化，最终形成一门重要的学科。《大智度论》中说陀罗尼不计其数，共计五百多种，有不同种类的分法，如有分为闻持陀罗尼、分别知陀罗尼、入音声陀罗尼、其他陀罗尼四类；《瑜伽师地论》也有四种分法，即法、义、咒、忍。大乘有多少陀罗尼便有多少功德，如《陀罗尼品》专门渲染持诵陀罗尼的种种功能利益。

陀罗尼的形态、类别、功能不断神秘化、系统化，此时陀罗尼的表意属性更加淡薄，功能属性占主导。从符号学角度，陀罗尼主要不是表意的语言文本，更多是指向外在语境和施与行动的指示符号。

笈多王朝时期印度教全面勃兴，在以伐致呵利为代表的声论派的语言神学声的影响下，大乘新兴的瑜伽派进一步推动了陀罗尼与外道民间咒术互渗的走向，赋予怛特罗、明咒和陀罗尼等形而上的本体地位，陀罗尼的功能从智性功德拓展到吉凶报应等现世利益。《功德经》中将般若比拟为咒，有"极大祝、极尊祝、无有辈祝、人中之猛祝"，祝即咒之意，以后的《般若经》更是将般若功德当作神咒本身的功德，《陀罗尼品》则是以明咒代替陀罗尼。大乘中陀罗尼与明咒混淆并神秘化，地位不断提升，不仅是一种能力和方法，其体系化的发展使之成为一门必须掌握的知识和学科，是大乘的教法内容之一。《华严》《法华》等经中，陀罗尼与明咒完全一样，菩萨与诸天的语言完全等同于咒术的陀罗尼，佛陀的语言更是在功德上具有神通的陀罗尼咒。陀罗尼作为一门学科的独立发展推动了佛教原始密教——陀罗尼教的形成。

作为独立发展的、具有教派特征的陀罗尼教的教理、修法、仪轨和传承等全部以陀罗尼为核心。（1）陀罗尼主体地位的确立。陀罗尼不再是悟入空性的方便法门，而是证悟的真如实相之境界本身和结果。佛陀的语言，从日常语言形态的教理经文彻底蜕变为超验神秘的语言——陀罗尼、真言等形态，且佛陀的语言自身便是真如实相。佛陀语言即是真言陀罗尼的本体地位在纯密阶段的经典《大日经》中得到确认："菩提心为因，大悲为本，方便为究竟"，此处的"方便"指真言陀罗尼，它已不仅是方法论的问题，更是本体意义上的终极实相问题。（2）确立了修持陀罗尼的四种瑜伽修持方法：法持、义持、三摩地持、文持。（3）强调了陀罗尼的核心地位。陀罗尼的助记诵表意功能逐渐淡化，突出咒的形式和功能。（4）宣扬陀罗尼万能的思想。陀罗尼蜕变为神通功能，持念陀罗尼便能成佛，也有禳灾祈福诸种现实利益。（5）具有浓郁的法术思想和护国思想。（6）出现了持诵、宣扬陀罗尼的专业僧侣，以及在传承上视师为如来的思想。陀罗尼教在发展流传过程中，其密续的般若思想越发淡化，密教色彩愈浓，在与印度婆罗门教和其他外道的竞争角逐中，有时直接用陀罗尼咒与婆罗门教咒、外道教咒竞法。

公元 4 世纪左右，随着与外道和婆罗门教的斗争与互渗，陀罗尼教进一步发展，吸纳了印度宗教的结印法并形成具有密法体系的持明密教。结印法指印度宗教在念诵经典时配以各种手势，"起强调、提示、顺序等作用，也用来召唤神祇，而后来更多地用于舞蹈仪式，还用来绘画和雕塑等"（吕建福，2008，p.29），结印在印度民间和婆罗门教中有驱鬼护身、召唤鬼神等神道功用，龙树的弟子难陀编纂整理《持明咒藏》，在结印中融入佛教理趣，将之改造为与密典和陀罗尼咒相匹配的手印法。持明密教日益深化，吸收了更多民间外道和婆罗门教诸多咒术仪式的因素，以陀罗尼咒为中心，增加了像法、坛法、供养法、护摩法等诸多仪轨和修法形式；在公元 6 世纪左右，执明密教的这些因素体系化、理论化，进而发展为体系完备、教法严谨的真言密教。

真言密教的出现标志着密教走向了体系成熟完备的独立发展道路，其方法论、教义理论和实践论是以真言陀罗尼为核心展开的，设定了超验之境（内证智境界）的法身佛为教主，真言是法身佛所说的神圣真实之语，具有超验的本体地位，容摄所有教法于其内，是密教的精髓；追求以身语意三密获即身解脱，结印是真言的行为外化，观想为真言的意识内化，曼荼罗结坛等事相是真言的视觉化和仪式化。8 世纪的瑜伽密乘和 9 世纪后发展的无上瑜伽密乘都沿袭了真言密教的体系框架，是对三密修持的进一步细化与深化。

在公元 5 世纪赞普拉拖拖日年赞时期，《宝箧经咒》和《玛尼陀罗尼咒》等真言密咒最早传入西藏，松赞干布时期又传入大批密教真言密咒如《观世音菩萨经咒》《至雅经咒》《佛说大乘庄严宝王经心要六字大明陀罗尼经》等。赤德松赞时期，在赞普的鼎力支持下，西藏全面引入佛教，译经活动规模化、正规化，有专门的译经人才和场地，译介活动体系化，对于密教真言密咒的翻译有着严格的规定，为确保其音声的原生性，不准翻译真言陀罗尼。

五、结语

总体看，密教的精髓是真言陀罗尼，是对佛教以往语言符号观念的消解与改造，密教是佛教语言变革的直接后果和产物，真言更是密教的全部内涵与关键词。密教的出现一方面固然有着佛教对外部社会文化语境压力做出的回应调整，是为抵制婆罗门教、争取信众和挽救自身地位发起的一场运动；另一方面这场运动重点集中在对语言符号问题的改造上，说明密教的出现更是佛教为解决其语言哲学及实践内部矛盾的必然结果。针对语言的非充分性再现之缺憾，佛教从两方面致力语言再现的改造：

其一，佛陀身份被分为世间的化身佛与超验涅槃之境的法身佛。化身佛释迦牟尼以凡间肉体在经验世界以普通语言进行宣法活动，这种宣法也是不彻底的随宜方便；法身佛为毗卢遮那佛（大日如来），处于神圣的超验世界，他所宣之法是神圣真实言教的真言，为佛法精髓。通过法身佛的超验性，佛陀语言从普通语言中分离出来，转变为"提纯"了的话语即真言密咒，它可直接了达真如实相，真言自身即是真如境界。如此一来，在佛教密宗中语言被分裂为日常语言和神圣的真理之语。在某种程度上，真言陀罗尼是人类寻求一种完美语言的特例，这种语言既能直达真理，又能使人解脱。

其二，从载之空言的语言体系转移到兼及教、事的行事，充分利用语言系统之外的另一种表意方式——感知符号，借助其形象性和意义传达（象征）来直观体证绝言表的真如实相。可以说，密教的"三密"事相全部在符号层面进行，《大日经疏》特别指出"三密加被以明心见道"："如来以世间因缘事相，拟仪况喻不思议法界，以俯逮群机……及以蒙三密加被，自见心明道时，乃知种种名言皆是如来密号，亦非彼常情之所图也。"（沙门一行阿阇梨，2015，p. 4）。在此意义上，密乘的修持实践是一场充分动用身、语、意等各种感知符号的符号实践，语言和符号实践是密教的全部内涵。

印度佛教为解决其语言哲学内部不可调和的矛盾张力，将佛陀的语言（佛经）改造为陀罗尼、真言和明咒等形式，在此基础上产生了由神圣语言所激发的相应仪轨、教理和僧伽组织；也由此自佛教内部开辟了迥异于显乘的另一类以超验神圣为深邃情感通道的各种行为实践的有效空间——体系化的密乘实践；同时也建构了与之相关的文化的、社会的、政治的、日常生活的、情感的、美学的等密教化社会现实。可以说，印度佛教在语言哲学的困境与突围基础上所产生的密乘实践，不仅是佛教内部的重要事件，还是人类生活的一种整合力量，将经验世界无处不在的各种因素有效整合为一个完整而有意义的现实。

引用文献：

大般若波罗蜜多经（玄奘，译）（1973）. 大正藏第 6 册. 台北：新文丰出版公司.

丁福保（2019）. 名. 见佛学大辞典，获取自 https://www.dingk.cn/Buddha/show.asp?id=8719.

东主才让（1999）. 虹化之光：藏传佛教秘密宗奇观. 西宁：青海人民出版社.

佛语经（菩提流支，译）（2018）. 大正藏第 17 册. 获取自 http://www.dzj.fosss.org/dzz/

07/854 - t17n0832.

李通玄（1973）. 新华严经论. 大正藏第 36 册. 台北：新文丰出版公司.

龙树（1973）. 大智度论卷五（鸠摩罗什，译）. 大正藏第 25 册. 台北：新文丰出版.

吕建福（2008）. 密教论考. 北京：宗教文化出版社.

栂尾祥云（2011）. 曼荼罗之研究（吴信如，主编）. 北京：中国藏学出版社.

沙门一行阿阇梨（2015）. 大日经疏（大毗卢遮那成佛经疏）. 桃园：新逍遥园译经院.

十诵律卷第四十六（第七诵之五）（弗若多罗共罗什，译）（1973）. 大正藏第 23 册. 台北：新文丰出版公司.

释延寿（1973）. 宗镜录卷八十五. 大正藏第 48 册. 台北：新文丰出版公司.

释印顺（2009）. 印顺法师佛学著作全集（第十三卷）. 北京：中华书局.

维摩诘所说经（鸠摩罗什，译）（1973）. 大正藏第 14 册. 台北：新文丰出版公司.

周广荣（2019）. 声字与般若：试论梵语声字在般若经典中的形态与功能. 世界宗教研究，6, 35 - 49.

宗喀巴（2012）. 密宗道次第广论（法尊，译）. 西宁：青海人民出版社.

作者简介：

徐小霞，西藏民族大学教授，研究方向为文化符号学、比较文学。

Author:

Xu Xiaoxia, professor of School of Literature, Xizang Minzu University. Her research field are semiotics and comparative literature.

Email: xiaoxiaxu. good@163. com

论清华简《筮法》中的标出性

赵　璐

摘　要：《筮法》作为清华大学抢救的战国竹简篇目之一，一经发表就受到中外学界的重视，其中对《筮法》中数字卦的使用和成卦方式的研究成果颇丰。但其阐释逻辑还有待研究。本文尝试将《筮法》的卦辞放在符号元语言框架下进行分析，并运用"标出性"（markedness）来理解《筮法》的占卜元语言。从这一分析我们可以看到，《筮法》兼具著草占的技术特点和灾异占的阐释特点。通过对《筮法》的分析，本文希望能够利用符号学来帮助我们从中国传统的数术分类之外来重新看待和理解中国古代占卜技术。

关键词：标出性，《筮法》，元语言

Markedness in the Qinghua Bamboo Manuscript *Stalk Divination*

Zhao Lu

Abstract: Since the discovery of the Qinghua bamboo manuscripts in 2008, scholars have paid considerable attention to one of these manuscripts, *Stalk Divination*, and especially to the divinatory method that it describes. However, the logic behind the interpretation of the results has not yet been studied. This article examines the divinatory results in *Stalk Divination* in the context of meta-language. Specifically, it applies the concept of markedness to understand the characteristics of interpretation strategies in *Stalk Divination*, and thereby reveals an otherwise neglected commonality between the manuscript and other traditional Chinese divinatory traditions, such as astrology. Using

Stalk Divination as a case study, this article demonstrates how semiotics can be a productive methodology for understanding traditional Chinese divination.

Keywords: markedness, *Stalk Divination*, meta-language

DOI: 10. 13760/ b. cnki. sam. 202401003

一、清华简《筮法》

《筮法》是 2008 年清华大学抢救入藏的一批战国中晚期竹简之一，出土于当时楚国境内，碳 14（AMS 14C）检测为公元前 305 ±30 年。整篇文献写在 63 支竹简上，每支长 35 厘米，并带有简序标题，但无篇题（刘国忠，2009，pp. 21 - 2）。2013 年末，清华大学出土文献研究与保护中心正式编定出版了简文的图版、隶定和注释，并定名为《筮法》。

从内容来看，《筮法》是一部占卜手册。根据简上的墨线和文意，全篇可以分成包括图表在内的三十节，清华大学出土文献研究与保护中心（2013，p. 77）命名如下：

> 一、死生，二、得，三、享，四、弁，五、至，六、娶妻，七、雠，八、见，九、咎，十、瘳，十一、雨旱，十二、男女，十三、行，十四、贞丈夫女子，十五、小得，十六、战，十七、成，十八、志事，十九、志事、军旅，二十、四位表，二十一、四季吉凶，二十二、乾坤运转，二十三、果，二十四、卦位图、身体图，二十五、天干与卦，二十六、祟，二十七、地支与卦，二十八、地支与爻，二十九、爻象，三十、十七命。

这三十节分为两部分，前十七节以内容为中心，分门别类地罗列了以数字卦为卦象的占例和解释，而后十三节则是对前面卦例的补充和说明。值得注意的是，这些补充和说明有些与之前的卦例直接相关，另一些则更像是一般性的发挥和延展。

占例中的数字卦由于排列组合类似传世《周易》中的卦象，但又不尽相同，一经发现便引起中外学术界的注意。比如，第二节"得"的卜例中有如下卦象（清华大学出土文献研究与保护中心，2013，p. 25）：

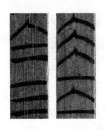

图1 清华简《筮法》"得"卦象

如果从《周易》及其他传世文献如《左传》的角度进行解读，此卦象应被理解为两个六爻卦，左夬右明夷，即"夬之明夷"。但《筮法》将此解释为"三女同男，乃得"。三女指卜例中左上、右上、右下三个三爻卦，即兑、坤、离，而男则是指左下的三爻卦乾。我们可以在《周易·说卦》中找到将三爻卦分成男女的说法："乾，天也，故称乎父。坤，地也，故称乎母。震一索而得男，故谓之长男。巽一索而得女，故谓之长女。坎再索而得男，故谓之中男。离再索而得女，故谓之中女。艮三索而得男，故谓之少男。兑三索而得女，故谓之少女。"（孔颖达，1980，p. 94）更重要的是，《筮法》并没有将卦象看作两个六爻卦，而是将其看作四个三爻卦来判断吉凶的，并且在阐释上也不依照任何卦与卦辞之间的对应关系，而是根据四个三爻卦的某种性质（男女与卦的对应）的排列组合（三男一女）来判断吉凶。这和《周易》的卦与卦辞一一对应的判断方式大相径庭。

前贤尤其注意到《筮法》的两个重要问题。其一是数字卦的使用。《筮法》并非简单地用阴阳爻来表示三爻卦，而是利用"七"①"六""九""五""八""四"六个数字来表示。也就是说，这些数字爻的用法与《周易》的阴阳爻趋于一致，即奇数五、七、九对应阳爻，偶数四、六、八类对应阴爻来组成三爻卦。廖明春先生（2013，p. 70）和刘彬先生（2014，p. 28）进一步指出，在《筮法》中总计出现的228个三爻卦（合计684爻）里，"七"与"六"的出现高达631次（"七"为308次，"六"为323次），而其他四个数字爻一共才出现53次。因此，七与六为一般数字，其他四个数字则在具体情况下有附加意义。

与数字卦对应的第二个问题是这些数字是如何产生的。《筮法》的文本虽然没有说明成卦的具体步骤，但提到了一个原则："各当其卦，乃扐占之，占之必扐，卦乃不忒。"前贤已经指出，"扐"是蓍草占筮的一个技术名词，

---

① 简中原文为"一"，但应为"七"（廖明春，2013）。

因此《筮法》的成卦方法应该属于蓍草占这一传统。蓍草占通常是通过对一定数量的蓍草重复随机分组，除以固定数字，取其余数来生成爻数的。比如今本《周易·系辞传》的大衍筮法（孔颖达，1980，p. 80）将成卦过程分为如下几步：（1）从五十根蓍草中取出一根不用（"大衍之数五十，其用四十有九"）；（2）将这四十九根蓍草随机分为两组，从其中一组中拿出一根蓍草（"分而为二以象两，挂一以象三"）；（3）对两组的蓍草数量分别除以 4（"揲之以四以象四时"），拿出余数量的蓍草，如果正好除尽，余数算为 4（"归奇于扐以象闰"）；（4）重复步骤（2）和（3）两次（"再扐而后挂"）；（5）计算两组余下蓍草的数量并除以四，这时得出的结果只可能是 24、28、32 或 36，除以 4 后分别为 6、7、8 和 9，对应老阴、少阳、少阴、老阳四种爻。因此，虽然《周易》的六爻卦可以简单地用阴阳爻来表示，从占卜方法来说，它们本质上是数字卦。（孙劲松，2010，pp. 19 – 25；张图云，2006，pp. 1 – 6）

前贤根据《周易》大衍筮法的数字卦生成方式推演了《筮法》的成卦方式，即通过调整大衍筮法的步骤来生成《筮法》中"四""五""六""七""八""九"共六种数字爻。比如贾连翔先生（2014，p. 59）根据文意将上文步骤（2）修改为将蓍草分为三组，程浩先生（2014，p. 63）则是根据脱文将蓍草数修改为五十五根，并将步骤（4）从重复两次提高到四次。这两种方法都可以生成《筮法》中的六种数字爻，并且"七"与"六"的生成概率都合计超过一半，分别为 75.98% 和 62.5%。虽然这两个概率距离《筮法》中"七"与"六"所占 92.24% 还有一些差距，但正如刘彬先生（2014，p. 28）指出的，《筮法》中的占例是以解释说明为目的选取的，因此不能完全反映其随机分布的真实概率。从《筮法》的用词以及推演来看，我们至少有理由相信《筮法》的占法是和大衍筮法有一定相似度的。

二、《筮法》的占卜元语言

虽然我们现在对《筮法》中数字卦的认识和推演有了很多认识，但对卦象的解读方式及其逻辑仍需研究。从蓍草占的角度出发，不论是传世的《周易》还是出土的北大汉简《荆决》，其成卦的结果都是一个稳定卦象对应一段具体的释辞，并一般配有一个名称。即使是《左传》中的卦例（杜预，孔颖达，1980，p. 1820），也是要把卦象先理解为具体的六爻卦如"大有"或"睽"，再做进一步的解读。这种通过某种随机原则生成卜象并对应固定名称与阐释的方法也是中国古代很大一部分占卜技术的基本特点。后世的占法中如《灵棋经》和敦煌卷子中的《摩醯首罗卜》都继承了这一技术传统。《筮法》对卦象意义的解读则不依靠这种"卜象—释辞"的一一对应关系，而是依靠三爻卦之间甚至是爻与爻之间的组合，即时生成解释，并且有一些组合有解释，有一些则没有。换句话说，就占卜技术而论，如果《周易》如程水金先生（2012，pp. 21 - 22）所说，是对六十四卦卦画符号的意义提供检索功能的索引，那么《筮法》则是提供在不同语境下的具体阐释原则的守则。

那么，这些具体的阐释原则背后有什么逻辑？它们与其他的占卜技术有什么联系和区别，并可以给予我们什么样的启示？笔者认为，符号学中的元语言和标出性理论可以很好地回答这些问题。首先，如果我们可以将《筮法》看作一个符号文本，那么对其解释的集合可以理解为《筮法》的元语言（meta-language）（Tarski，1944，pp. 349 - 350）。正如赵毅衡先生（2016，pp. 228 - 229）指出的，元语言大致可分为"社会文化的语境元语言"、解释者自带的"能力元语言"、"符号文本的自携元语言"。自携元语言是指符号文本中参与构建、解释自身的文本与伴随文本。这种自携元语言在《筮法》中尤其明显，并且是层层叠加的。我们可以从阐释的角度将《筮法》文本分成三个层级：（1）前十七节的卦例；（2）前十七节卦例中对卦例的阐释；（3）后十三节对阐释的说明、补充和延展。后一层级则是前一层级的元语言表达。

比如，《筮法》第五节"至"有卦例（清华大学出土文献研究与保护中心①，2013，p. 87）：

⚎ ⚌
⚍ ⚏ 　至，四正之卦见，乃至。

卦象下的释辞首先限定了占卜的主题，即行人是否能够平安到来。在这一主题下，释辞进一步揭示了阐释规则：如果卦象呈现出"四正卦"这一符码（code），那么答案就是肯定的。那么"四正卦"又指称什么呢？第二十四节"卦位图、身体图"（图 2）对此进行了进一步的解码（decoding）：

---

① 下文引自清华简《筮法》的卦象、释辞仅注页码。

图2 《筮法》第二十四节：卦位图、身体图（Cook & Zhao，2017，p. 55）

如图所示，八个三爻卦被置于人体外的八个方向上，根据图的外圈文字说明，其中离、坎、震、兑分别对应正东、正南、正西、正北四个方向，即"四正卦"。也就是说，第二十四节为第五节的释辞提供了自携元语言。

可以说，卦例和这两个层次的元语言构成了《筮法》的符号文本系统，也正如哥德尔的"不完整定律"（Gödel's incompleteness theorems）指出的，这两个元语言层次自身并不完备。（赵毅衡，2016，p. 231）比如释辞中就有"虚""粹""男女""左右""朝穆""妻夫""四正卦"等符码。作为符码接收者，其中有一些术语可以通过社会文化的语境元语言或解释者自带的能力元语言来进行解码，但为了避免歧义，《筮法》在传承过程中被逐渐改写：作为伴随文本的评论文本（meta-text）被历时性地加入进来以进一步解释卦例与释辞，而清华简《筮法》则是这种历时性发展的一个结集。在这个结集中，不仅有如第二十四节的补充性文本，还有延展性文本，如第二十九节"爻象"。这一节分列了四种特殊爻所对应的象，如："五象为天，为日，为贵人，为兵，为血，为车，为方，为忧惧，为饥。"（清华大学出土文献研究与保护中心，2013，p. 120）这种爻与象的对应在前十七节中没有任何提及，而第二十九节也没有对如何使用这种对应关系进行任何解释。其中最具特点的延展性文本就是第二十六节"祟"中的最后一段话："夫天之道,男胜女,众胜寡。"（p. 115）这段话既和本节的主题鬼祟没有任何关系,也没有提及卦象、释辞,和占法的原则似乎也没有直接联系,因此这应该是对世界观或宇宙论（cosmology）的延展。正如赵毅衡先生指出的元语言的一般规律,《筮法》中的这两层元语言充斥着"各种矛盾、模糊、冲突、悖论"（赵毅衡,2016,p. 231）。

同时,这一历时性的符号活动（semiosis）也给予我们这类文本生成的启示。可以想见,在流传的过程中,上文提到的评论文本被《筮法》的副文本（para-text）,如简上的墨线和编号规定在一起,成为符号文本的一部分。如果继续流传下去,前十七节的主题会随着时代和使用者的情况不断更新。事实上,《筮法》中已经出现了这一现象——第三十节"十七命"本来记述了前十七节的主题,但与清华简版本的前十七节内容并不完全相同,顺序也不一致。同时作为补充,后十三节的延展也会越来越丰富,内容也会从占法本身向更宏观、概括性更强的方向移动。最终的结果并不是更加闭合、前后一致的文本,而是正好相反的、更加矛盾丛出的、亟须更上一层元语言来进行解释的符码集合。与这一过程相对应,今本《周易》正是这种历时性发展的结果——早期以占卜为目的的卜辞被层层补充的延展性文本如《彖传》《象传》《文言》包裹,而《系辞》更是进一步将占卜中的符号向道德观、宇宙论延展下去。在更加丰富的符号活动中,模糊与矛盾也呈指数级增加。[①] 倘若《筮法》在后世进一步流传,恐怕也会发生类似的历时性变化。

从符号活动的角度而言,《筮法》与《周易》又是什么关系呢?笔者认为,两者并不是严格意义上的传承关系,而是热奈特（Genette,1982,p. 5）所谓的"承文本"（hypotext）关系,即后代文本承接某一文本（赵毅衡,2016,p. 136）。这个概念中的一个重要因素是这种承接关系并不一定是"原作"与"续作"的关系,而是允许各种变化、创新和戏仿。从符号相似性的角度来讲,《筮法》的卦象排列明显是对《周易》两个六爻卦并列的模仿,但从解读方式上却没有直接的承接关系。这在后世的卜法中也很常见,如敦煌卷子中有《易三备》（P. 4924）,同样是借用《周易》的六爻卦作为卜象,并配以新的卜辞。

---

① 我可以从经久不衰的对《周易》的各种注释、阐释中看出这一趋势。

三、《筮法》元语言中的标出性

如果《筮法》与《周易》是承文本关系，那么我们如何理解和《筮法》卦象阐释的元语言系统呢？笔者认为，符号学中的"标出性"可以很好地解释这一系统。"标出性"（markedness）最先被用在语言学中，泛指对立两项的不对称关系。在这对立两项中，其中一项更加普遍或是普通，即非标出项（unmarked），而相对特别的另一项就是标出项。这种普通与特别的对立最初是从频率和复杂程度的角度来理解的。比如这一概念的最早提出者特鲁别茨科伊（Nikolai Trubetzkoy）（Trubetzkoy & Jakobson，1975，p. 162）指出，语言中清浊辅音如 p/b、t/d 等出现在某一语言的频率并不相同，浊辅音由于出现频率更低，本身需要调动更多发声部位，被特鲁别茨科伊称为标出项。李斯卡（James Jakób Liszka）进一步从文化符号学的角度总结道，标出性体现在"出现/缺失"（presence/absence）、"简单/复杂"（simplicity/complexity）、"正常/异常"（normal/abnormal）三组潜在的对立中（Liszka，1989，p. 63）。而《筮法》中的标出性主要是通过对"异常"的标记来实现的。

在《筮法》中的若干规则中，最常见的就是所谓"三－一"法则，即当三个三爻卦呈现某一性质，而第四个三爻卦呈现相对性质时，就会触发卜辞。如第二节"得"有：

三左同右，乃得。

三右同左，乃得。

三男同女，乃得。

三女同男，乃得。（pp. 81－82）

前两个卦例利用了第二十四节"卦位图、身体图"中三爻卦的排布——如果我们在人体外的一圈八卦画一条斜线（图3），那么坎、坤、兑、乾就处于这一圈的右侧，即卜辞中所指的"右"，巽、震、艮、离则为"左"。而第一个卦例中有离、艮、巽、坤，三左一右；第二个卦例的卦分别为坤、兑、兑、离，三右一左，正如卜辞所示。后两个卦例则是上文所示的利用卦与男/女的关系来触发结果。这两种判断方法的共同特点是要让相关性质的卦成奇数，即"一"或"三"。反过来说，在"得"这个主题下，如果是二左二右或二男二女，甚至是四左、四右、四男、四女都不触发卜辞。这一情况很难单从概率上进行解释，因为如果假设每一卦出现的概率相等，二男二女的出现概率为37.5%，确实比三男一女（25%）或三女一男（25%）出现的概率高，但四男或四女出现概率最低，都只有6.25%。

图3 《筮法》左－右卦示意图（清华大学出土文献研究与保护中心，2013，p. 82）

因此，一个更好的解释是"奇数"被认为是作为异常情况的标出项。这从奇偶关系的角度很好理解，因为与偶数中的数成对出现不同，奇数正是指有数"奇出"。《易经·系辞》中就已经暗示"奇"的性质："归奇于扐以象闰。"（孔颖达，1980，p. 80）作为独出或剩余的数或事物，往往标记有特殊的含义。《礼记·曲礼上》："国君不乘奇车。"郑玄注："出入必正也，奇车、猎、衣之属。"（郑玄，孔颖达，1980，p. 1253）王夫之进一步解释道："奇，偏也。君乘车必有右，偶而不奇。"（王夫之，1988—1996，p. 85）奇数更是直接带有"不正""偏"的负面意义。实际上，这种"奇数—奇特—奇怪"的语义联系并不限于古代汉语；英语中"odd"同样可以指代"奇数的"与"奇怪的""特立独行的"。因此可以推论《筮法》中对标出项的识别应该是以这种奇出性为原则的，即如果一定性质的卦单独出现，这一情况被标记为异常，需要卜辞的解释说明。而相对的，如果固定性质的卦成对出现，则是正常情况，不吉亦不凶，便也不需要卜辞进行说明。这种正常情况，即是非标出项，或正项。

在第二节"得"中，只要男女或左右是"三－一"，不论哪个是三哪个是一，都是肯定"得"这个结果。事实上，第二节中的卦例都是肯定的，没有卦例是指向"不得"的。但在其他节中男女卦比例的变化则会导致卜辞的进一步变化。比如第六节"娶妻"有：

　　　　　　⚎　⚏

　　　　　　⚎　⚏　　凡娶妻，三女同男，吉。

　　　　　　⚎　⚏

　　　　　　⚎　⚎　　凡娶妻，三男同女，凶。（p. 88）

第八节"见"有：

　　　　　　⚌　⚍

　　　　　　⚏　⚌　　凡见，三女同男，男见。

　　　　　　⚎　⚍

　　　　　　⚏　⚎　　凡见，三男同女，女见。（p. 90）

在第六节的卦例中，男女卦比例指示吉凶关系，其中三女一男为吉，反之为凶，这恐怕是类比于中国古代一夫一妻多妾的传统，即卦象与娶妻之人希求的现实相吻合。与此相对的是第八节"见"。从第八节的卦例来看，"见"指某人的现身或见到某人，而在这个主题下，卜辞并没有对吉凶进行判断，而是对出现者的身份特征进行判断——除了男、女，还提到是否会见到"大人"。虽然卜辞的判断对象不同，但是第六节和第八节四个卦例的共同特点正是上文讨论的"奇出"作为异常的标出性。而比"得"中卦例更进一步的是，"娶妻"和"见"的四个卦例判断的标准尤其集中在那个独一无二的卦上，在"见"中，判断女性出现的标准并非女卦占多数，相反是只有一个女卦。同样的，这种"异常"并不一定意味着负面判断，如"凶"，而是与主题对应的、意义亟须阐释的符码，因此会触发释辞，即需要上一层级的自携元语言的介入。从这个角度讲，《筮法》的前十七节可以说是专门教授卜者识别出异常卦象的教学手册。

　　在"三－一"法则之外，《筮法》中的占卜元语言还讨论了其他异常卦象。其中一类进一步利用了卦的数量和位置。比如第十四节"贞女子丈夫"有：

　　　　　　⚎　⚌

　　　　　　⚍　⚌　　凡贞丈夫，月夕乾之萃，乃纯吉，亡春夏秋冬。

　　　　　　⚍　⚍

　　　　　　⚏　⚍　　凡贞女子，月朝坤之萃，乃吉，亡春夏秋冬。（p. 98）

《筮法》并没有解释"萃"具体指代什么情况，但从提供的卦例来看，应该是指至少两个相同的卦出现在非对角线的位置。在这里"萃"还进一步配合了卦象的绝对位置——"月夕"指卦象的右下位置，而"月朝"则指卦象的右上位置。换句话说，在占卜男性的情况下，如果乾卦出现在右下的位置，并且同时至少有另一个乾卦出现在右上或左下的位置，则为异常，触发卜辞"吉"。这里乾卦与男性相对、坤卦与女性相对，应该是与两卦分别作为纯阳爻、纯阴爻的集合有关。第三节"享"中的卦例尤其体现了乾、坤两卦的特殊性质：

凡享，月朝纯牝，乃飨。

月夕纯牡，乃飨。（p. 85）

《周易·坤》"坤，元亨，利牝马之贞"（孔颖达，1980，p. 17），已经将坤和牝结合起来了，在《筮法》的卦例里，卜辞更是用牝、牡直接指代坤与乾，即用其性质指代名称。这里的术语"纯"则更进一步，要求三个相同的卦出现在非对角线的位置。与上文"娶妻"一节的卦例不同，这里纯牝或纯牡并不会触发不同吉凶或然否的卜辞，而都是对"飨"的肯定。这和"得"一节中的男女、左右卦的解读规则相类似。

如果说以上的规则主要是以"卦"为最小单位的，那么相对的《筮法》另一大类规则则是以"爻"为单位。其中最明显的类型就是所谓"恶爻"：

三吉同凶，恶爻处之，今焉死。（p. 79）

此卦例出自第一节"生死"，顾名思义，用来占卜某人的生死。卜辞中的"三吉同凶"是另一种"三一一"法则，即三爻卦在一年四季与吉凶的对应。第二十一节"四季吉凶"有："春：震巽大吉，坎少吉，艮离大凶，兑少凶。"而卦象正好有一个震卦（大吉）、两个坎卦（少吉）、一个兑卦（少凶），正好三吉一凶，结果也是对"死"这一事项发生的肯定。但如果仅仅是"三吉一凶"，从其他卦例来看，结果只是"待死"，即距离死亡还有一段时日，但这里卜辞的判断是"今焉死"，应该是指今日之内死亡。（Cook & Zhao, 2017, p. 74）判断变化的原因是"恶爻"的加成，即左下兑卦中的"五"。从其他卦例以及第二十六节"祟"来看，"七""六"之外的四个特殊数字"四""五""八""九"应该都属于"恶爻"的范围。换句话说，这四种爻不仅在出现概率上更低，而且这一概率也转化为卦象解读上的标出性。在《筮法》阐释的元语言中，这四种爻也往往带有求卜者不希望发生的负面意义，如死亡的临近或是鬼怪作祟。

除了爻的种类，爻与爻之间的互动和组合也被《筮法》频繁标出。比如第二节"得"中有：

☷ ☰

☷ ☰　　妻夫同人，乃得。（p. 81）

这里的"妻夫"为占卜术语，指两个卦左右相邻，并且每个爻位的阴阳正好相反，即后世所谓的"错卦"。在卦例中，左上的坤和右上的乾正好符合这两个条件，因此被标记为异常，触发卜辞。

如果说上面的例子还姑且将爻放在卦中去解读，下面的几个例子则打破了卦的整体性，比如第一节"生死"中就有：

☶ ☳

☳ ☷　　五虚同一虚，死。（p. 78）

这里卜辞不再把卦象视为四个三爻卦，而是从下到上六个爻位，也就是"虚"，而每虚有左右一对爻。卜辞中的"一虚"是指从下到上的第五对（所谓"六五"爻）同为阴爻六，而其余"五虚"每对至少有一个阳爻。这一类卦象被标记为异常，并触发卜辞。

第十七节"成"则要求将爻重组：

☳ ☱

☶ ☳　　凡成，同乃成。（p. 103）

根据本节收入的卦例，这里还是先将卦象看作六个爻位，而"同"应该是指从下往上的第三、四、五爻位的一对爻是否相同，如果相同则为"同"，并触发卜辞。这一规则背后的逻辑应该是将第三、四、五爻位上的爻看作一个卦。

第十二节"男女"给出了更具体的指导：

☷ ☰

☶ ☳　　凡男，上去二，下去一，中男乃男，女乃女。（p. 96）

可以看到，《筮法》的逻辑是"去掉"最上两爻和最下一爻，如果剩下的三爻组成的卦为男卦，则出生婴儿的性别为男，如果是女卦则为女。卦例中的左右两组三爻相同，都组成坎卦，正好为男。《筮法》没有记录如果左右两组的三、四、五爻组成男女不同的两个卦是否会影响结果，但从我们的分析来看，这种没有记录的情况应该就是不被认为异常。

四、结论

通过以上对《筮法》卦象阐释规则的分析，我们可以看到这种对异常的标出作为《筮法》元语言的一部分正是其区分于其他大部分蓍草、钱币、骰子占之处。从技术史的角度来看，在中国传统的占法中，很大一部分是所谓"随机－指示"型占卜。"随机"是指卜象生成的过程是相对随机的，即不论是投掷骰子还是划分蓍草，每一次操作得出的卜象都是不确定的。而"指示"（index）则是指卜象与随机过程中所有的、有限的结果是一一对应关系。以《周易》的大衍筮法为例，如果每一爻的生成有"阴""阳"两种结果，那么六爻就有共六十四种结果，并与六十四个不同名称和释辞形成一一对应关系。同样的，敦煌卷子《摩醯首罗卜》（S. 5614）用一种源自古印度的四面骰子（pāśaka），每面分别标注"一""二""三""四"，卜法要求将骰子投掷三次，这样一共会产生六十四种结果，卷子中所记录的卜象也正好对应这六十四种结果。（Dotson et al.，2021，pp. 37 - 45）从卜象识别的角度来说，每个卜象/符号都平均地对应一个名称和解读。即使在技术细节上这些卜象生成的概率不尽相同，但在识别过程中通常不涉及标出性的使用。

与之相对的，《筮法》与非常强调标出性的"祥瑞/灾异"类占卜有一定联系。在中国古代的占法中，有一大类依赖对自然界的观察，而这种观察正是通过划分出什么是正常、什么是异常，并对异常事物进行标记和阐释来实现的。我们在正史的五行志中可以看到大量对旱涝、地震、日食的记载以及阐释，在帝王本纪中也收录了如甘露、凤凰等祥瑞的出现。（班固，1962，p. 255）无论吉凶，这些收录都首先预设了在自然界中什么是正常的、默认的（default）非标出项，而其他事物的出现则是具有标出性的"兆"（omen），在这类卜法元语言的要求下，需要对其吉凶进行阐释。但不同之处是《筮法》对于其卜象变化的范围在占卜过程中进行了规约，即其卜象只能在八种三爻卦和六种爻数的组合中变化。而从理论上讲，祥瑞和灾异的数量和类型是开放的；除了地震等常见的兆，我们在如敦煌卷子《白泽精怪图》（P. 2682）中可以见到不为今人所熟知或是正史所载的灾异。即使是如中国传统星占对天体的数量及其运行与变化的范围相对有所规约，天体还是可能

35

形成前所未知的卜象——不论是从天体自然运行的角度还是从观察者阐释的角度。

可以说，《筮法》作为一种卜法，兼具蓍草占和灾异占的特点，但由于其蓍草占的特点比较显而易见，其灾异占的特点作为阐释方式往往被忽视。而符号学的标出性这一概念却可以捕捉这种易被忽视，却至关重要的特点。

引用文献：

班固（1962）. 汉书. 北京：中华书局.

程浩（2014）.《筮法》占法与"大衍之数". 深圳大学学报（人文社会科学版），1，62-64.

程水金（2012）. 龟卜筮占的递兴与《易》卦符号的性质. 周易研究，1，15-24.

杜预（注），孔颖达（正义）（1980）. 春秋左传正义. 载于阮元（校刻）. 十三经注疏. 北京：中华书局.

贾连翔（2014）. 清华简《筮法》与楚地数字卦演算方法的推求. 深圳大学学报（人文社会科学版），3，57-60.

孔颖达（正义）（1980）. 周易正义. 载于阮元（校刻）. 十三经注疏. 北京：中华书局.

廖明春（2013）. 清华简《筮法》篇与《说卦传》. 文物，8，70-72.

刘彬（2014）. 清华简《筮法》筮数的三种可能演算. 周易研究，4，24-28.

刘国忠（2009）. 清华简保护及研究情况综述. 中国史研究动态，9，21-27.

清华大学出土文献研究与保护中心（编）.（2013）. 清华大学藏战国竹简（肆）. 上海：中西书局.

孙劲松（2010）. 略论朱熹和郭雍的蓍法之辩. 汕头大学学报，6，19-25.

王夫之（注）（1988—1996）. 礼记章句. 载于船山全书编辑委员会（编）. 船山全书第四册. 长沙：岳麓书社.

张图云（2006）.《周易》筮法模式下的揲扐计算通用公式. 贵州教育学院学报，8，6.

赵毅衡（2016）. 符号学：原理与推演（修订本）. 南京：南京大学出版社.

郑玄（注），孔颖达（正义）.（1980）. 礼记正义. 载于阮元（校刻）. 十三经注疏. 北京：中华书局.

Battistella, E. L. (1996). *The Logic of Markedness*. Oxford：Oxford University Press.

Cook, C. & Zhao, L. (2017). *Stalk Divination: A Newly Discovered Alternative to the I Ching*. New York：Oxford University Press.

Dotson, B., Cook, C. & Zhao, L. (2021). *Chinese Buddhist Dice Divination in Transcultural Context*. Leiden：Brill.

Genette, G. (1982). *Palimpsests：Literature in the Second Degree*. Lincoln：University of Nebraska Press.

Liszka, J. J. (1989). *The Semiotic of Myth: A Critical Study of the Symbol.* Bloomington: Indiana University Press.

Tarski, A. (1944). The Semantical Concept of Truth and the Foundations of Semantics, *Philosophy and Phenomenological Research*, 3, 341 - 376.

Trubetzkoy, N. & Jakobson, R. (Ed.) (1975). *Nikolai Trubetzkoy Letters and Notes.* The Hague: Mouton.

作者简介：

赵璐，博士，上海纽约大学全球中国学助理教授，主要从事中国思想史和科技史研究。

Author:

Zhao Lu, Ph. D., assistant professor of Global Chinese Studies. His research is focused on Chinese intellectual history and the history of science.

Email: lz69@ nyu. edu

走出"善本崇拜"：从《逸周书》看古籍异文的意义再生机制[*]

王文意

摘　要： 推崇古籍善本是古典文献学的常规做法，然而在洛特曼文化符号学视角下，可以建立一种全新的"善本观"。通过对《逸周书》两组八处版本异文的详细探讨，可知异文是版本与版本之间"意义再生"的关键点。意义再生机制关注的是"不同"，而不是"优劣"；使古籍版本的研究范围从内结构走向外结构，从文献走向文化，可弥补传统古典文献学的局限。在这一理论指导下，异文与异文之间、版本与版本之间也不再有优劣之分。这对重新认识版本类型、高效把握版本信息、走出"善本崇拜"有重要指导意义。

关键词： 洛特曼，意义再生机制，善本，《逸周书》，版本异文

Moving Beyond the Worship of "Good Versions": A Meaning-generating Mechanism for Ancient Texts from the Perspective of *Yi Zhou Shu*

Wang Wenyi

Abstract: It is common practice in classical philology to advocate for "good versions" of ancient books. This article establishes a new concept of the "good version" from the perspective of Lotman's cultural semiotics. Through a detailed discussion of the two groups of eight texts in *Yi Zhou Shu*, the article shows that the variant verisons are the

---

* 本研究成果由国家博士后研究人员计划（GZC20231143）资助。

key points of meaning generation. Attention to the "meaning-generating mechanism" leads to a focus on comparing different texts or versions rather than assessing their advantages and disadvantages. To address some limitations of traditional classical philology, the scope of research into ancient book versions has shifted from the internal to the external structure, and thus from literature to culture. Under the guidance of this theory, versions no longer have advantages or disadvantages. This has important guiding significance for a renewed understanding of version types, efficiently grasping version information, and moving beyond the worship of "good versions".

Keywords: Lotman, meaning-generating mechanism, good version, *Yi Zhou Shu,* variant versions

DOI: 10. 13760/b. cnki. sam. 202401004

追求善本，是古典文献学研究中的一项重要课题。历代藏书家为收集善本，倾尽家财；历代治学者为收集善本，也踏破了铁鞋。傅熹年《藏园群书经眼录·整理说明》写道："先祖逐年南北访书时，必携带笔记和一部莫友芝撰《郘亭知见传本书目》。所见善本详记在笔记上，题名为《藏园瞥录》或《藏园经眼录》。"（傅增湘，2009，p. 1）这正是古代藏书家、治学者追求古籍善本的生动写照。

什么是古籍善本？程千帆《校雠广义·版本编》指出："从读书治学的角度看，善本就是接近原稿的书。"（程千帆，徐有富，2020，p. 225）2006年中华人民共和国文化部发布的《古籍定级标准》（WH/T 20－2006）对"善本"的定义是："具有比较重要历史、学术和艺术价值的书本。大致包括写印年代较早的，传世较少的，以及精校、精抄、精刻、精印的书本等。"欧阳摩壹在谈宋、明、清善本时，分别说道："在古籍善本中，宋刻本校刊精善，存量稀少，具有很重要的版本价值和文物价值。""南京博物院所藏明代善本中，有部分为明代内府本（明代宫廷、司礼监等）和国子监、南京吏部等刊刻的官刻本，校刊精善，印制精良，为明代刻本中的上品力作。""南博所藏清代善本，可分刻本、稿本、抄本三大类。刻本中，或为孤本，或为批校本、名家递藏本等，有较重要的版本文献价值。"（欧阳摩壹，奚可桢，2021）可见，"善本"往往是和年代早、稀少、接近原稿、校刻精善、名家藏校等关键词联系在一起的。而且，古籍时代不同，"善本"的认定标准也不同。宋代版本几乎尽皆善本，而清代版本必须稀见且价值重大才有可能被称作善本。善本的意义有几许，普本的意义有几许，善本的意义是否一定多于普本，是很难定量分析的。因此，我们需要一个理论图示来指导重新审视"善本"，以实现用全新的眼光认识古籍版本类型、把握古籍版本信息。

一、"意义再生机制" 对古籍异文的理论适用

苏俄文化符号学家尤里·洛特曼（Юрий Михайлович Лотман）的"文本－代码"图示（Lotman，1990，p. 15）可为我们重新审视"善本"提供指导。

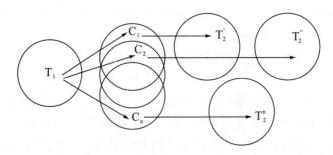

图1　洛特曼"文本－代码"图示

洛特曼（1990，pp. 14 –15）对这个图示的解释是：

> 这个呈现艺术翻译的图示显示，发送者和接收者使用不同的代码 C_1 和 C_2，它们有交叉但非完全相同。反向翻译将无法回到原始文本，而是产生第三个文本 T_3。更接近实际信息传递过程的情况是，发送者面对的不是一个代码，而是一系列代码 C_1、C_2、$C_3 \cdots C_n$。每个代码都是一个复杂的分层结构，能够生成与之相对应的一系列文本。这种不对称的关系和持续的选择需求，使得在这种情况下翻译成为一种生成新信息的行为，并且实现了语言和文本的创造性功能。

康澄（2006，p. 26）的举例可帮助我们更好地理解这一图示："设想文本 T_1 是诗歌文本，读者在解读或翻译的过程中，使用的不可能是统一的代码，而是 K_1，K_2，$\cdots$，K_n，这些代码可以有不同程度的交叉、重合，但不会完全一样，对应地可以产生不同的文本 T_2'、T_2''、T_2'''，如果再将这些文本翻译回去，我们也不会得到原来的文本 T_1，而是一个新文本。"

洛特曼称"艺术翻译"，康澄又以诗歌为例，那么，这个图示是否只适用于艺术文本呢？康澄（pp. 26 - 27）的一段论述可帮助我们打消这一疑虑："读者在阅读中世纪文本时所用的解码不会和文本创建者所用的一致，不仅代码变了，而且文本的种类也发生了变化。在创建者的系统中某些中世纪文本属于祭神文本，而在读者的系统中则属于艺术文本。可见，文化符号系统中的代码结构具有多级性和复杂性。"李幼蒸（2007，p. 639）在解读洛特曼文化符号学时也有类似的论述："现代读者在译解中世纪宗教文本时只能依靠与原作者不同的代码，甚至将原文本类型予以改变。如从宗教类型转变为文艺类型。"可见，在应用洛特曼的"文本－代码"图示时，原文本的性质是不重要的，诗歌、小说等文学作品和严肃的经史典籍是可以同等视之的，我们不需要因经史文献的严肃性而望而却步。洛特曼本人的一句论断更是点出了这个图示的精髓："文化符号学的主要问题是意义的产生问题。"（Лотман，2000，p. 640）

简言之，只要存在意义再生，就适用洛特曼的"文本－代码"图示。意义再生，包括彻底的改写，也包括细节的微调。前者可适用于小说对正史的改写，如从《逸周书》到《封神演义》，是对历史事件的彻底改写，实现了从严肃的史学文献向戏谑小说的转变；后者可适用于古籍版本异文的校勘，如从明代版本的《逸周书》到清代版本的《逸周书》，虽然只存在有限的、不影响总体架构的、细枝末节的文字差异，但这种文字差异同样会造成"意义再生"，可以为我们解读《逸周书》内容及了解校勘者、注解者、对应时代文化背景提供重要的信息。我们在进行古典文献学研究时，之所以要收集尽可能多的古籍版本，其根本原因在于各版本是有差异的。差异是"意义的生成器"（康澄，2006，p. 22），而善本与普本的分野，又正是建立在差异之上的。倘使所有版本都没有差异，那么就没有善本、普本的区别，所有的版本也可以被称为同一个版本了。用洛特曼的"文本－代码"图示来解读古籍版本的异文源流情况，可以从不同的时间维度上审视这些客观存在的异文，进而帮助我们建立全新的"善本观"，从而走出旧有的"善本崇拜"。

考虑到不同典籍的版本异文源流情况具有相似的规律，我们可以通过专注一部典籍来以小见大，更好地说明问题。因此，我们现以先秦史学典籍《逸周书》为案例，讨论《逸周书》版本异文中的"意义再生机制"，并思考这一机制下的善本问题。

《逸周书》，又名《汲冢周书》，是一部成书于先秦时期的典籍。《逸周书》现存最早版本是元至正十四年（1354）嘉兴路儒学刻本，现藏国家图书馆，简称元至正本或刘廷干本。从存世情况看，元至正本可以视作最早的 T_1。在明代版本中，主要有杨慎本（明嘉靖元年，1522）、章檗本（明嘉靖二十二年，1543）、程荣本（明万历二十年，1592）、赵标本（明万历二十二年，1594）、吴琯本（明万历间，1573—1620）、何允中本（明万历间，1573—1620）、钟惺本（明万历间，1573—1620）。清代版本数量较多，无法详举，较有代表性的有汪士汉本（清康熙八年，1669）、《四库全书》本（清乾隆四十四年，1779）、卢文弨本（清乾隆五十一年，1786）、王谟本（清乾隆五十六年，1791）、周光霁本（清嘉庆十四年，1809）、陈逢衡本（清道光五年，1825）、丁宗洛本（清道光十年，1830）、朱右曾本（清光绪十四年，1888）等。这些版本分别属于几级再生文本，取决于它们的底本。黄怀信（1992，p.139）梳理过《逸周书》的版本源流（图2），可资参考。

在图2中，实线箭头指向底本，虚线箭头指向参校本，如杨慎本的实线箭头指向元至正本，则元至正本是杨慎本的底本。以黄怀信的版本源流图为基础，可知杨慎本、钟惺本皆实线指向元至正本，那么意味着当元至正本是 T_1 时，杨慎在校改时使用的符码就是 C_1，杨慎本就是 T_2'；钟惺在校改时使用的符码就是 C_2，钟惺本就是 T_2''。当然，并非只有元至正本可以是 T_1，当杨慎本是 T_1 时，赵标在校改时使用的符码就是 C_1，赵标本就是 T_2'；当程荣本是 T_1 时，吴琯在校改时使用的符码就是 C_1，吴琯本就是 T_2'；当吴琯本是 T_1 时，汪士汉在校改时使用的符码就是 C_1，汪士汉本就是 T_2'；当何允中本是 T_1 时，王谟在校改时使用的符码就是 C_1，王谟本就是 T_2'。如此种种，不胜枚举。我们细观黄怀信的版本源流图，会发现它与洛特曼的"文本－代码"图示出奇地相似，只不过箭头方向相反，并且省去了作为代码的"人"。从一个作为底本的《逸周书》到一个作为校本的《逸周书》，就是从洛特曼的一个原始文本 T_1 到一个再生文本 T_2。当一个原始文本（底本）有多个再生文本（校本）时，就会有 T_2'、T_2'' 等。在黄怀信的版本源流图中，卢文弨本是多个后世版本的底本，那么，当卢文弨本是 T_1 时，《知服斋丛书》本、《四部备要》本、日本天保本、《丛书集成初编》本就是 T_2'、T_2''、T_2'''、T_2''''。

接下来，我们从《逸周书》具体的版本异文入手，探讨意义再生机制是如何在新版本（校本）与旧版本（底本）间演绎的，并思考为什么我们要走出"善本崇拜"。

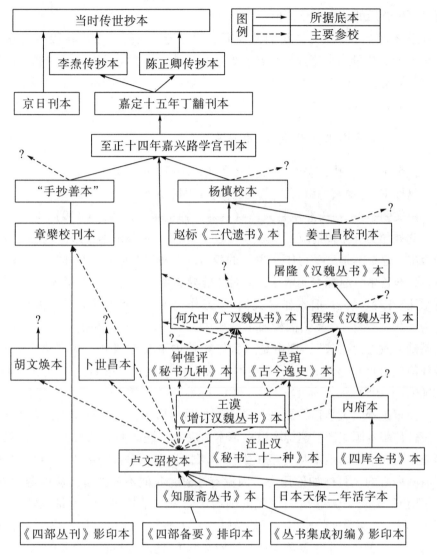

图 2　《逸周书》版本源流图

二、"意义再生机制"在《逸周书》异文中的演绎

异文的意义再生，首先体现在异文会使读者对《逸周书》内容产生不同的解读。版本不同，解读就不同。而且，版本异文除少数衍、脱、讹、倒外，大多是校勘者有意识校改的结果，能够反映校勘者的个人信息以及当时特定的时代文化背景。借助洛特曼的理论工具，我们可以更高效地发掘版本异文

意义再生背后的历史文化价值。

经全面梳理与比对，我们发现元、明、清、民国、当代各版本《逸周书》的异文数量十分庞大。现在我们随机选取《世俘》《商誓》两篇中的两组八处异文，探讨意义再生机制是如何在版本异文中演绎的，并发掘版本异文强大的意义再生能力。

（一）《逸周书·世俘》的异文

元至正本："执天恶臣百人。"（孔晁，2017，p. 84）
赵标本："执夫恶臣百人。"（赵标，1594，p. 55）
卢文弨本："执矢恶臣百人。"（孔晁，卢文弨，2015，p. 139）

此处异文有三种情况："天""夫""矢"。元至正本是最早写作"天"的版本，赵标本是最早写作"夫"的版本，卢文弨本是最早写作"矢"的版本。元至正本、赵标本无增注，未对此处异文做出解释。卢文弨本（p. 139）有增注，曰："矢，旧本作'夫'，又或作'天'。今案后文有'矢恶臣'，定为'矢'字。"卢文弨汇校旧本，知"夫""天"版本的存在，并在旧本的基础上改之为"矢"，理由是《世俘》篇内下文有内证"矢恶臣"。当代黄怀信在出点校本时，从元至正本"天恶臣"之说，并释之为"大恶臣"（2006，p. 195）。

元至正本"天恶臣"是我们能看到的最早版本，可以视作原始文本 T_1。按黄怀信版本源流图，赵标本以杨慎本为底本，杨慎本（1522，p. 10）以元至正本为底本。杨慎本从元至正本作"天恶臣"，赵标本始改之，可见赵标是有其用心的。具体如何用心，因没有注解，我们不好揣度。从内容上看，"夫恶臣"是对"天恶臣"语气的削弱。"夫"是发语词，不带感情色彩；"天"则有加深程度的作用，可从黄怀信"大恶臣"之说。作为再生文本 T_2 的赵标本，意义再生主要体现在对原始文本 T_1 的语气与感情色彩的削弱，对纣之恶臣的谴责之意有所淡化。

卢文弨参校众本，由卢注"矢，旧本作'夫'，又或作'天'"可知，卢文弨见过元至正本或其源流版本的"天"，也见过赵标本或其源流版本的"夫"。因此，就"X 恶臣"这一处异文而言，作为代码的卢文弨至少解码了两个原始文本——"天恶臣"与"夫恶臣"，而经解码后的两个再生文本都是"矢恶臣"。这样的解码是需要放在两个"文本－代码"图示中进行的，而非一个图示中存在两次解码。一个图示中只能有一个原始文本 T_1，代码 C_1 与再生文本 T_2 也只能是一对一的关系，不存在多个原始文本经一个代码解码出一个再生文本的情况。因此，卢文弨是在"天恶臣"的基础上校改出了"矢恶臣"，继而又在"夫恶臣"的基础上校改出了"矢恶臣"，而不是在同时参考"天恶臣""夫恶臣"的情况下校改出了"矢恶臣"——这也是符合校勘规律的。卢文弨的校改依据是"后文有'矢恶臣'"，因此"天""夫"并不影响卢文弨把这个字校改为"矢"。无论这个字位上是什么字，经卢文弨校改后，都只能是"矢"——这是由代码的个性决定的。从内容上看，"矢恶臣"是元恶之臣、首恶之臣，与"天恶臣"的语气和感情色彩基本相当，并强于"夫恶臣"。从元本的"天"到明本的"夫"，再到清本的"矢"，语气和感情色彩经历了"强—弱—强"的演变。同为较强语气的"天恶臣"与"矢恶臣"，表意也不相同："天"有先验之意，具有不可洗刷的"恶"的天性；"矢恶"是元恶、首恶，带有经验性，强调他们作恶是后天的选择。

当代黄怀信从元至正本，又作"天恶臣"。这是否是对原始文本的回归呢？其实不然。正如康澄（2006，p.26）所言："如果再将这些文本翻译回去，我们也不会得到原来的文本 T_1，而是一个新文本。"黄怀信的"天恶臣"与元至正本的"天恶臣"早已不是同一个文本。黄怀信的"天恶臣"是经过层层解码后生成的一个新的"天恶臣"。表面上看结果相同，但新"天恶臣"比旧"天恶臣"多出了大量的编码、解码过程。这个过程，具体来说指的是元至正十四年（1354）到黄怀信本出版之年（2006）之间多位学者对多个版本的汇校工作。新"天恶臣"，是作为代码的黄怀信对多个前代版本多次解码后的意义再生，而不是对元至正本"天恶臣"的直接沿袭。

（二）《逸周书·商誓》的异文

元至正本："告尔伊旧何父□□□□几耿肃执，乃殷之旧官人序文□□□□及太史比、小史昔，及百官里居献民□□□来尹师之敬诸戒！疾听朕言，用胥生蠲尹。"（孔晁，2017，p.91）

赵标本："尹"作"户"。（赵标，1594，p.60）

陈逢衡本："敬诸戒"作"戒敬诸"。（孔晁，陈逢衡，2015，p.389－390）

丁宗洛本："伊旧何父"作"伯舅伯父"，"戒"作"咸"。（孔晁，丁宗洛，2015，p.123）

朱骏声本（清道光至咸丰初）：第一个"□□□□"补"殷侯尹氏"，第二个"□□□□"补"庶士御事"，"□□□"补"今予其"。（朱骏声，

2006，p. 9598）

这句话实际上有七处版本异文：一处在元至正本与赵标本之间，一处在元至正本与陈逢衡本之间，两处在元至正本与丁宗洛本之间，三处在元至正本与朱骏声本之间。赵标本、陈逢衡本、丁宗洛本、朱骏声本相应异文的出现都属首次，是他们各自在元至正本或其源流版本的基础上校改的结果，而非沿袭自其他版本。所以，赵标本、陈逢衡本、丁宗洛本、朱骏声本都可以视作以元至正本为原始文本的再生文本。

赵标本无注解，未解释为何将"尹"校改作"户"。从下文"用胥生鬴尹"之保留"尹"字可知，此乃有意校改，非讹误。"户"若与下文"师"连读，则为官职"户师"，但遍查群籍，未见"户师"一职。若与上文连读为"来户"，更不可通。其实，这是赵标故意制造的古体字。据黄德宽《古文字谱系疏证》，在商周文字系统中，"尹"可以写作尹、日（2007，p. 3695），"户"可以写作户、户（2007，p. 1316），属于邻近字形，可以通用。赵标本属于《汇刻三代遗书》之一种，参《汇刻三代遗书》赵标序之佶屈聱牙①，可知赵标受明代前后七子复古运动的影响较深，在刊刻《汲冢周书》时故造古字是完全有可能的。此处鲁鱼亥豕之变虽无损于文意，但亦可见校者之个性及时代精神。此时谈"意义再生"，可包含两个层面：其一是文字字形层面，从元至正本的"尹"（T_1）到赵标本的"户"（T_2'），虽不影响文意，但产生了新的文字呈现样式。其二是时代精神层面，元至正本的"尹"（T_1）是客观呈现，并无特殊时代精神；赵标本的"户"（T_2''）则是刻意拟古，可以凸显前后七子复古运动这一时代背景以及赵标本人对复古精神的推崇。第一层面的代码 C_1 是赵标，第二层面的代码 C_2 是赵标的个性及赵标所处的时代精神。

陈逢衡将"敬诸戒"校改为"戒敬诸"，是语序的调换。陈逢衡注："'戒'字旧讹在'敬诸'下。"（孔晁，陈逢衡，2015，p. 390）此解释并未深入。察其用心，应为追求文通句顺。丁宗洛将"伊旧何父"改为"伯舅伯父"，将"戒"改为"咸"，也是同样用心。丁宗洛注："旧作'伊旧何父'。""咸，旧讹'戒'。"（孔晁，丁宗洛，2015，p. 123）也未深入。陈、丁是两个相似类型的代码，他们的解码规则都在于追求文词通顺，却缺少必要的依据。当元至正本"敬诸戒"是 T_1 时，陈逢衡本"戒敬诸"是 T_2'，完

---

① 如其中"朝家所颁播埏垓所尚趋""乌睹所谓古人之心于万禩而贲于用"（赵标，1594，pp. 1-2）等句，皆刻意复古，扞格难通。

整语序从"来尹师之敬诸戒"变为了"来尹师之戒敬诸",语义发生了根本的变化。T_1 无需断句:"来尹师之敬诸戒!"武王敬告尹师等官员,有"诸多之戒"需"敬"。T_2' 则需断句:"来尹师之戒!敬诸!""戒""敬"都是"敬戒"之意,即"恭敬谨慎";"诸"则为语气词。可见,代码陈逢衡(C_1)的校改实现了较大程度的意义再生。在另一个"文本-代码"图示中,丁宗洛的"伯舅伯父"(T_2')是对元至正本"伊旧何父"(T_1)的具象。"伊旧何父"可泛指父老乡亲,"伯舅伯父"则特指舅族血脉。考虑到小邦周与天邑商的世代姻亲,将整个殷商贵族群体视作周之舅族,也是合乎实际的。我们不需对代码丁宗洛(C_1)的这种校改做是非判断,只需知道两者含义不同——属于意义再生,即可。再看同样以丁宗洛为代码 C_1 的另一"文本-代码"图示,原始文本 T_1 是元至正本:"来尹师之敬诸戒!疾听朕言,用胥生蠲尹。"再生文本 T_2' 是丁宗洛本:"来尹师之敬诸!咸疾听朕言,用胥生蠲尹。"虽然异文仅在"戒""咸",但关系到这个字位的上属下连问题。T_1"戒"字上属,表示有"诸多之戒"需"敬";T_2'"咸"字下连,为后半句增加了"全都"之意,也使前半句的"诸"从"诸多"变成了语气词。一字之变,造成上下文同时出现了意义再生。

朱骏声将《商誓》这句话的佚文"□"全部补齐,靠的是猜想与"摹拟声口",缺少文献依据,在古典文献学上是不被承认的。但是,从文化符号学看,这种补齐正是一种意义再生。仅从句子结构上看,元至正本 T_1 是破碎不堪的,朱骏声本 T_2' 则是文通句顺、结构完整的。朱骏声补"殷侯尹氏",是将"殷侯尹氏"等官员与"伊旧何父"等父老乡亲、"几耿肃执"等世家大族并列;朱骏声补"庶士御事",是将"庶士御事"等低级贵族和官员与"太史比""小史昔"等官员并列——这两处都是对武王作诰对象的补全。朱骏声补"今予其",则是为敬戒之言补全主语,符合语境,声口也古。在不考虑填补内容合理性的前提下,代码朱骏声本(C_1)的填补工作功莫大焉。从文化符号学角度看,文化向前"爆炸"比往回溯源更重要,所以以文献原始面貌的重要性在意义再生面前是不值一提的。朱骏声填补的每一个字,都实现了文本内容的彻底改变,都是意义再生。

(三) 小结

通过以上两组八处异文可知,版本异文是典型的"意义的生成器",具有强大的意义再生能力。版本异文的意义再生首先体现在对文本内容的理解,其次体现在校勘者个性及其所处的时代精神。可以说,版本与版本之间只要存在异文，就一定存在意义再生。虽然这种意义再生有时是属于文本内结构的（内容），有时是属于文本外结构的（校勘者及时代），但它终究是意义再生，它以每一处异文细节为种子，爆发出无限丰富的历史文化信息。正如洛特曼（Lotman，2009，p. 169）所说："在二元结构中，爆炸时会打破连续的事件链，必然的导向是：不仅有深刻的危机，还有彻底的更新。"存在异文的此版本与彼版本，正是典型的"二元结构"，而版本异文导致的无限的"意义再生"，正是"彻底的更新"。当我们从古典文献学角度看版本异文时，会把这些异文视作应被消灭的对象，更会把无根据的校改视作历史虚无主义加以批判。然而，当我们用文化符号学的视角重新审视这些版本异文时，会发现每一处异文都灵动可爱，它们使古籍文献不再是死的客体，而是变成了活的意义生成器。每一处异文吐露着崭新的意义，不仅可以实时更新文献的内容，还可以帮助我们了解作为代码的校勘者及其时代文化环境。这样一来，每一处异文都成了有鲜活个性的主体，我们再也不用去评价异文的优劣、版本的优劣。正如人生而平等，在文化符号学视角下，异文与异文、版本与版本也是平等的。这就触及古典文献学中的一个重要命题——"善本"。按此思路，"善本"就不存在了。

三、"意义再生机制"对古籍"善本崇拜"的消解

古籍有善本与普本之分，是古典文献学研究的基本常识。长期以来，治学者、藏书家都在追求善本、崇拜善本。对于每一种古代经典而言，都有各自的善本，如《春秋左传》以南宋龙山书院《纂图互注春秋经传集解》本为善本、《史记》以黄善夫本为善本等。《逸周书》的善本除年代最早的元至正本外，还需关注的是开增注之潮流的卢文弨本。从上引黄怀信版本源流图可知，卢文弨参校了多个版本，并且是多个后世版本的底本。按照古籍源流承继的一般规律，这样的版本当是善本。黄怀信（1992，p. 138）的评价可视作对卢文弨本定位的学界共识："卢氏几乎校用了所有传世元明名刊，而且又广泛吸收了各家成果。无疑，其本应该比较精善。卢氏本人，又以校勘见长，在清代首推校勘大家，故其本自然高出众本之上，世推'最善'。自卢本出，各旧本渐转式微，除非校勘，世人几不读旧本。"因此，《逸周书》的善本至少有元至正本、卢文弨本两个版本。这两个版本也理所应当是我们研究、收藏（如有可能）的首选之本，其地位远在众多普本之上。然而，上文我们说到，在文化符号学视角下，异文与异文、版本与版本都应是平等的。

那么，对元至正本、卢文弨本等善本的崇拜还有必要吗？

版本与版本之间的差异，除了序跋等外结构因素，还有内结构因素，主要在于异文。善本之所以善，在于其价值高，具体来说，就是其异文价值高。因为善本版刻精善、错讹较少、内容完整、接近原稿，所以当善本与普本存在异文时，当以善本校普本。但是，在洛特曼文本的意义再生机制下，善本的这些"善"就不再具有任何优越性了。

首先，版刻精善者并不优于版刻不精善者。如果普本与善本的版刻一样精善，普本就没有自己的特点了。坊刻本版框歪斜、字体粗劣，正是当时民间刻书水平的体现。以宋本为例，浙本、蜀本、闽本质量参差不齐；同样是浙本，杭州本、衢州本、温州本的版刻精善程度也各不相同。这些不同，正可以反映当地的刻书文化、刻书水平。宋人叶梦得有言："今天下印书，以杭州为上，蜀本次之，福建最下。京师比岁印板，殆不减杭州，但纸不佳；蜀与福建多以柔木刻之，取其易成而速售，故不能工；福建本几遍天下，正以其易成故也。"（叶梦得、宇文绍奕，1984，p. 116）相对于精善的原稿底本（T_1）而言，浙、蜀、闽、京师是代码 C_1、C_2、C_3、C_4，浙本、蜀本、闽本、京师本是 T_2'、T_2''、T_2'''、T_2''''。在文化符号学视角下，我们只谈 T_2'、T_2''、T_2'''、T_2''''的不同，不谈 T_2'、T_2''、T_2'''、T_2''''的优劣。不同，意味着意义再生，而意义再生才是文化符号学研究的重心。当我们能够把握各地区版刻的不同时，就能够将文本研究引向代码研究，将文献研究引向文化研究。

同样的道理，错讹多少、内容完整与否、接近原稿与否，都不能将版本区分为"好的"与"不好的"。一个版本的错讹越多，越说明它具有更大能量的意义再生。每一个错讹之处，要么是对文献内容的改造，要么是对校勘者个性及所处时代背景的折射。错讹越多，改造与折射也就越多。至于内容不完整的残本、焦尾本等，也同样因其残缺而具有意义再生价值。假设某部典籍不幸经历了火灾，被焚前是完整的十卷（T_1），被焚后只剩下了残破的三卷（T_2'）。按传统认知，烧剩的这三卷的价值远不能与它被烧前相提并论，但从洛特曼的"意义再生机制"来看，烧后相对于烧前而言也是一种意义再生：虽然文字系统的内容变少了，但火灾本身就是代码，我们可以通过烧剩的三卷研究这一事件背后的文化信息——比如火灾背后是乱世的兵燹还是盛世的文化浩劫。至于接近原稿与否，从意义再生角度而言就更不是判断版本优劣的依据了。文化符号学是反对厚古薄今的，在此视角下完全没有必要将早期文化的价值置于晚期文化之上。经过大幅度篡改的后世版本虽然失去了一定数量的早期历史文化信息，但也填补进了大量属于篡改年代的历史文化信息。篡改的意义再生价值，足以弥补因篡改而失去的那部分原始价值。甚至，即使篡改达到了伪书、托名之作的程度——如梅赜古文《尚书》，也依然有其版本价值，只不过此时的"版本"概念自身也发生了意义再生。

由此可见，在洛特曼的"意义再生机制"下，讨论古籍善本的优越性已毫无意义，元至正本、卢文弨本也不能应其年代、版刻、校勘等因素而在《逸周书》各版本中居于优越地位。洛特曼的"文本－代码"图示帮助我们消解了"善本思维"，走出了"善本崇拜"，用全新的眼光去认识古籍版本类型，把握古籍版本信息。在这样的理论指导下，版本异文是没有优劣的，凡有异文处，便有意义再生，而每一种意义再生都会爆发出多到难以量化的文化信息。所以，意义再生机制下的古籍是没有"善本"的。

四、结语

本文从追求善本的合理性入手，尝试建立洛特曼文化符号学视角下全新的"善本观"。其核心理念在于走出"善本崇拜"，并将关注点放在版本间的意义再生机制上；而版本间意义再生的关键，在于版本异文。我们先讨论了洛特曼提出的"意义再生机制"对古籍版本异文的理论适用性，接着以《逸周书》为例，列举了《世俘》《商誓》两篇中的两组八处异文，并对其中的意义再生机制进行了详细讨论。我们发现，意义再生不仅包括文献内容层面，也包括文献内容之外——如校勘者的个性及当时的时代文化背景。然后，我们从常规的善本鉴定标准入手，认为洛特曼文化符号学"意义生成机制"下这些所谓的标准都无法证明善本的优越性。最后得出结论，在意义再生机制下，古籍是没有"善本"的。

追求善本，是古典文献学研究的常规做法。善本的价值（包括学术价值和经济价值）高于普本，故历代治学者、藏书家视若珍宝。然而，当"善本崇拜"达到一定程度之后，便不可避免地造成对普本的冷落。纯粹从版刻精善程度、文字讹误多少、内容完整与否、接近原稿与否等角度看，普本版刻确实不如善本精善，文字错讹也比善本多，但这些不能说明普本的"意义"不如善本。当早期历史意义减损时，校改时代的意义就会增加；当版本内结构意义减损时，版本外结构意义就会增加；当文献意义减损时，文化意义就会增加。此消彼长，难以量化，各版本各有特性，不存在善与不善之分。然而，由于长期固有的"善本崇拜"思维，普本中蕴含的丰富价值常被忽视。或者说，专注于文献内结构研究的学者很难意识到，当某个版本的内结构意义少于另一个版本时，它的外结构意义很有可能多于这个版本。这就决定了我们不仅要对古籍版本进行文献研究，还要进行文化研究，而文化研究的第一步就是消解对善本的推崇，将各个版本放在同一个平面上讨论。洛特曼文化符号学的核心是"文本"，而文本的核心是"意义再生机制"。版本与版本之间的差异，主要表现为版本异文。每一处异文都是"意义的生成器"，都是意义再生的起点。洛特曼文化符号学的文本观教会我们：在看到"不同"的同时，不要去评价优劣。因为每一种"不同"都有它的意义再生，而每一次意义再生都是一次文化的"爆炸"，我们难以量化哪一次"爆炸"的威力更大。总之，洛特曼文本的"意义再生机制"可以帮助我们走出"善本崇拜"，用一种全新的眼光去认识古籍版本类型，把握古籍版本信息，以弥补传统古典文献学视角的单一与局限。

引用文献：

程千帆，徐有富（2020）．校雠广义·版本编．北京：中华书局．

傅增湘（2009）．藏园群书经眼录（册一）．北京：中华书局．

黄德宽（主编）（2007）．古文字谱系疏证（册四）．北京：商务印书馆．

黄怀信（1992）．逸周书源流考辨．西安：西北大学出版社．

黄怀信（2006）．逸周书校补注译．西安：三秦出版社．

康澄（2006）．文化及其生存与发展的空间——洛特曼文化符号学理论研究．南京：河海大学出版社．

孔晁（注），陈逢衡（补注）（2015）．逸周书补注．载于宋志英，晁岳佩（选编）．《逸周书》研究文献辑刊（册三）．北京：国家图书馆出版社．

孔晁（注），丁宗洛（笺）（2015）．逸周书管笺．载于宋志英，晁岳佩（选编）．《逸周书》研究文献辑刊（册六）．北京：国家图书馆出版社．

孔晁（注），卢文弨（校）．（2015）．逸周书．载于宋志英，晁岳佩（选编）．《逸周书》研究文献辑刊（册一）．北京：国家图书馆出版社．

孔晁（注）（2017）．元本汲冢周书．载于杜泽逊（审定）．国学基本典籍丛刊．北京：国家图书馆出版社．

李幼蒸（2007）．理论符号学导论（下）．北京：中国人民大学出版社．

欧阳摩壹，奚可桢（2021）．南京博物院藏古籍珍善本撷要．南方文物，1，264－278．

杨慎（校）（1522）．汲冢周书（卷四）．明嘉靖元年刻本．

叶梦得，宇文绍奕（考异）（1984）．石林燕语（侯忠义，点校）．北京：中华书局．

赵标（编）（1594）．汲冢周书（卷四）．载于赵标（编）．汇刻三代遗书．明万历二十二年刻本．

朱骏声（2006）．周书集训校释增校．载于邓实，黄节（主编）．国粹学报（册十五）．扬州：广陵书社.

Lotman, J. (2009). *Culture and Explosion* (Wilma Clark, Trans.). Berlin, New York：Mouton de Gruyter.

Lotman, Y. M. (1990). *Universe of the Mind：A Semiotic Theory of Culture* (Ann Shukman, Trans.). London, New York：I. B. Tauris & Co. Ltd.

Лотман Ю. М. (2000). *Семиосфера*. Санкт-Петербург：Искусство-СПБ.

作者简介：

　　王文意，博士，南京师范大学外国语学院博士后，研究方向为文化符号学、中国古典文献学。

Author:

　　Wang Wenyi, Ph. D. , postdoctor of School of Foreign Languages and Cultures, Nanjing Normal University. His research interests include cultural semiotics and Chinese classical philology.

　　Email: 414091043@ qq. com

孙子诡道思想的符号学研究*

徐结平

摘　要：孙子思想在海外传播最广、争议最大者莫过于诡道十二法。西人在惊叹它的实用性的同时，又纠结于它对常态社会伦理规范的破坏。事实上，战争场域符号活动的特异性决定了一般交际理论难以阐释敌我双方的符号行为。研究发现，兵不厌诈乃场域内的普遍习性，战场上的符号编码中，"利"是内核，"投其所好"与"夺其所爱"是有效操控手段；在解码对策上，孙子秉持实用原则，识得意图为先；其思想中更是暗含不同类型符号在可信度与操控度上的差异。本研究是对传统经典的新阐释，填补了当前符号学界对谎言符号动态生成过程的研究空白。

关键词：场域，诡道，编码，解码，符号类型

Semiosic Thoughts in Sun Zi's Tao of Deception

Xu Jieping

Abstract: Of the works of Sun Zi, the most widely read and controversial overseas is undoubtedly his Tao of Deception. Westerners are impressed by its practicality but raise concerns over its disruption of conventional social ethics and morals. In fact, in the field of warfare, semiosis has its alterity, and normal social laws and communication theories are incapable of explaining sign behaviours when two sides are at war. This study finds a long-standing habitus in the field of the

---

　*　本文为安徽省哲学社科规划办青年项目"孙子的符号思想与国际形象构建"（AHSKQ2021D187）中期成果。

semiosis of warfare that nothing is too deceitful in a state of war; the core of the lie sign is "benefit", the aim is to take the enemy by surprise; and useful means are to satisfy his tastes and steal what he loves. In terms of decoding strategies, Sun Zi follows a pragmatic maxim of prioritising understanding of the intentions behind signs. Meanwhile, he expresses subtle thoughts on the credibility and manipulability of signs according to their types. This study produces a new interpretation of a classic that addresses the insufficient attention given by semiotics to the dynamic generating process of lie signs. Furthermore, it reveals the mechanisms behind the generation of these signs, which can offer practical guidance.

Keywords: field, Tao of Deception, coding, decoding, sign types

DOI: 10. 13760/ b. cnki. sam. 202401005

一、引言

《孙子兵法》是中华传统经典"走出去"的成功案例，书中思想具有广泛的适应能力与实用性，"中国古书，世界公认，谁都说好，这本书是代表"（李零，2010，p. 1）。李约瑟（Joseph Needham）（Needham & Robin, et al., 1994, p. 18）认为它是"军事思想上的独一无二的杰作"。诡道思想既广为流传又备受争议，闵福德（John Minford, 2002, p. 6）认为这是中国文化的黑暗面的代表，费正清（John K. Fairbank, 1974, p. 20）认为它开启了诡诈传统，Marcel Danesi（2020, p. 3）谴责将其应用于政治实践。翟林奈（Lionel Giles, 2008, p. 169）则认为对于战士们来说此书蕴含"深刻而精辟的真理"。Ralph Sawyer（2007, p. 379）从道德层面为其辩解，认为所谓"君子之争"在战场上很难实现，只有优势方才会声称保有美德比生存与财产更重要。安乐哲（Roger Ames, 2003, p. 60）认为在不伤及平民及避免多余暴力的前提下，有限的欺骗与操控是孙子所谓为将五德中"智"的体现。戴梅可（Micheal Nylan, 2020, p. 10）认为孙子教会人们如何面对困境。综上，海外学界多纠结于诡诈之术与伦理道德之间的矛盾。本文认为，此争议在于学界忽视了战争场域的特异性，常态社会中生成的交际规范难以阐释战场上敌我双方的符号互动。孙子诡道思想实则关于如何通过符号操控对手，以恰当的编码与解码实现克敌制胜的目标，对孙子诡道思想的符号学研究能揭示谎言符号的动态生成过程与正确的阐释之道。

二、诡诈制胜：战争场域符号活动的特异性

法国社会学大师皮埃尔·布尔迪厄认为，社会大世界由大量具有相对自主与独立性的小世界构成，即"场域"，每个场域都具有自身恒定不变的特性。斗争是场域的主旋律，生活其中的行为者因拥有的符号资本（同时可包含经济、社会、文化三种资本）的不同，在斗争中处于支配或被支配的位置。布尔迪厄同时指出，行为者在场域中的行为受利益驱动，这些利益包括经济物质形态或符号形态，如地位、场域内人际认可等。逐利既可为经过理性计算后的施为，也包括受内在欲望驱动的非理性或本能行为。行为者寄居于场域内的思考模式、性情倾向、策略取向谓之"习性"（habitus），是客观社会关系与主观个人经验相结合的结果，"是外在内化与内在外化的辩证统一"（Bourdieu, 1977, p. 72）。习性既是行为者过去经历与当下处境的叠加，也是未来的基石，故它是一种完型并不断构建的结构（a structured and structuring structure）（1994, p. 170）。在布尔迪厄看来，所有行为者的社会实践都是习性与资本带来的力量叠加所处的场域位置的结果：

$$[（习性）（资本）] ＋场域＝实践$$

需要指出的是，行为者的习性与其所在的场域存在相对的自主性。当行为者的习性合乎所在场域信念（doxa）时，就会产生一种如鱼得水的感觉，相反，当习性与客观社会环境出现错位，即出现"迟滞"（hystereis）现象，故"对应于新的经历，习性也应持续改变"（p. 132）。

布尔迪厄本人将场域描述为充满斗争的战场（le champ）。战场拼杀关乎群体的生死存亡，斗争强度远超其他场域。孙子对于战场资本构成与习性有着详尽阐释。

（一）战场符号资本构成

资本的占有，支配着战场斗争走势。孙子认为经济基础与人口规模为首要资本，胜败取决于客观经济实力，"地生度，度生量，量生数，数生称，称生胜。故胜兵若以镒称铢，败兵若以铢称镒"（《孙子兵法·军形篇》）。出师之前，决策者须考量本国的军事与经济实力，以及战线长短与后勤保障等因素。其次，战场资本包括现有军事实力，这些实力是立于不败之地的前提。

"昔之善战者，先为不可胜，以待敌之可胜。不可胜在己，可胜在敌。故善战者，能为不可胜，不能使敌之可胜。"（《孙子兵法·军形篇》）孙子此言战胜敌人的条件有二：其一，积累足够的军事实力，立于不败之地；其二，耐心等待敌方出现可以被战胜的迹象，例如主动犯错，故孙子针对战场上的实力差的建议是"不可胜者，守也；可胜者，攻也"（《孙子兵法·军形篇》）。再次，天时、地利等客观外在条件，是战场资本重要组成部分，是影响战争走势的重要因素。众所周知，占据有利地形，就能"一夫当关，万夫莫开"。孙子十三篇中，关注地形的有《军争》《九变》《行军》《地形》《九地》五篇之多，是战场争夺与左右战局的稀有资本。最后，将帅的才能与士气同样是战场不可或缺的重要资本。孙子同样将之列为"五事"，在七计中为"将孰有能？法令孰行？兵众孰强？士卒孰练？赏罚孰明？"（《孙子兵法·计篇》）是走向战争前决策者必须考量的重要资本。

这些资本都包含在孙子"形"与"势"概念中。李零（2010，p. 108）解释为："形是己所素备"，即可以在谋划阶段计算出的所占有的资本；"势是因敌而设"，即战场上合理调配资源与力量而形成的实时应敌部署。推而广之，"形"是事物或现象本身所具有的外部形态、内部结构和属性，具有符号表征且可被感知；"势"是合理运用现有力量而迸发出的潜力，是一种潜在的能量状态，需要被发掘和利用。要实现战斗目标，二者都是不可或缺的符号资本。

（二）战争场域行为者习性

战场上行为者以逐利为旨归。"利"既有物质形式，也包含诸如荣耀、地位、赞誉等符号资本。在孙子看来，战争本质上是对利的争夺。《孙子兵法》全书 6000 余字，其中"利"字出现 52 次，揭示了战争的一般本质，"兵以诈立，以利动"；要求"合于利而动，不合于利而止""非利不动""因利而制权"等。战场的逐利行为具有不同于其他场域的特异性。其一，相比而言，敌对双方之间的竞争更为激烈，如果说常态社会场域中行为者之间的竞争还有一套诸如公平、信任、尊重私有财产等"游戏"规则（布尔迪厄常将场域比作没有设计者的游戏），那么战争最大信念（doxa）就是克敌制胜。霍布斯（Hobbes，1999，p. 110）曾断言，"人与人之间的战争，没有正义可言，不存在所谓的是非对错"，故常规社会场域中的法规法则、个人情感、伦理道德在此常常失语。其二，常态场域中行为者的习性可具有一定个性化与自由度，而战场上的行为者因严密的组织、森严的等级、严格的纪律，其个性化与自由度将被限制。行为者习性的培养被强征一笔"入场费"，例如战前训练、战场上生死磨砺，行为者会被遴选。其三，战场对欺诈诡道的青睐。在常态社会中的任何场域，诡诈欺骗都被视为对公平竞争规则的践踏，是社会公义与行业信义的寇仇，然而，战场上欺诈成性，如艾森豪威尔所言，"没有计划与欺诈措施，就没有重大军事行动进行"（Rothstein & Whale，2013，p. 19）。

战争关乎生死存亡，关系国家命运。战场行为者习性的形成是过往经历的累积与现时处境所致，具有系统性的行为倾向。与其他场域不同的是，战场诡诈习性由来已久。在中国，三代以下到春秋早期，战场上还有严格的军礼限制，其时以礼治军、巡礼用兵，动兵以礼盛行，《周礼》《左传》《司马法》中皆有迹可循。到了春秋中后期，残酷的攻伐与兼并频发，使得"以礼为固向兵以诈立过渡"（黄朴民，2003，p. 85）。五霸之一宋襄公对"不鼓不成列"的坚守是典型的习性迟滞。《孙子兵法》的流行，实为兵不厌诈习性养成的表征。事实上，在西方，战场欺诈同样历史悠久，在公元前1274年，古埃及法老拉姆西斯二世对抗赫梯人的战争中就有诈降的确切记载；《圣经》中基甸对米甸人的战斗，虚张声势是成功的关键，却被奉为犹太英雄；近代如第二次世界大战中盟军的坚忍行动（Operation Fortitude）；等等。不胜枚举的实例说明诡诈行为早已成为战争习性的一部分。马基雅维利认为"任何重大的军事行动，都不能没有谋略和骗术……用骗术战胜敌人和用武力一样值得赞扬"（Machiavelli，2003，p. 299）。即便是推崇实力比拼，有西方兵圣美誉的克劳塞维茨也承认："一位指挥高超的统帅，其军队越弱小，就越偏爱诈术"（Clausewitz，1976，p. 203），此类诡诈具有"不平衡的平衡"（p. 14）效应。

非语言符号的异常活跃也是战争场域习性的特别之处。早在古代，战场上的指挥联络中，听觉与视觉等符号被广泛应用。"言不相闻，故为之金鼓；视不相见，故为之旌旗"；"夫金鼓旌旗者，所以一人之耳目也"，是实现"斗众如斗寡"的有效手段（《孙子兵法·军争篇》）。这些形名符号关乎军队组织、战场指挥。整个场域内各类符号的编码、解码与操控，有利符号的争夺关乎行为者斗争的胜败走向。

三、孙子的符号编码思想

基督哲学家奥古斯丁认为符号就是"一物代一物"，并罗列出视觉、嗅觉、味觉、触觉与听觉符号。"符号是一种超越了它本身的感官印象，能引发其他想法的东西。"（Manetti，2009，p. 26）符号具有替代对象的功能，但无论是理据或习惯相连，符号本身与所替代的对象之间事实上都是独立的存在。完全一模一样的两物形成不了指代关系，艾柯称之为复制（replica），而非符号。赵毅衡（2012，p. 15）同样说"符号一定只是对象的片面化指称"。因此，依理据（如雅各布森所说的相似或相近原则）或习惯（皮尔斯后期更倾向用 habit，而不是 convention）建立联系的符号与对象之间具有本质差异，使得欺骗有了可乘之机，成为符号谎言效应的根源。以符号为载体的编码－解码模型（coding-decoding model）与意图－识别模型（intention-recognition model）两支交际理论，不同程度地关注交际过程中发出者、接收者、渠道、模态、语境、文化、噪音等要素对交际效果的影响，产生了诸如言语行为理论、合作原则、礼貌理论、关联理论等重要理论。无一例外，这些理论应用到战场交际或多或少地出现水土不服。首先，战场上的语言符号的效应相比而言地位降低，参与者会更多地依据敌方排兵布阵与地形地势等制定相应的行动方案。其次，欺诈横行使得一般道义缺失，合作、礼貌、明示等语言学行为理论在此域难免失效。

（一）出其不意：符号编码目标

常态社会各场域行为者之间信息共享、关系构建、冲突避免、合作等交际行为，目的在于互利共赢。这些场域中的许多交际多讲求诚信、公正、互助等美德。战场上敌对双方更多是不合作，不存在共赢，为维护本方信念或获取利益，以赤裸裸的暴力进行维护、争夺，破坏或毁灭对手，无情地撕掉了人际关系中温情的面纱。因此，在战争场域，敌我双方更多的是误导、隐瞒、欺诈等行为。

孙子开篇即言"兵者，诡道也"，并做出如下概述："故能而示之不能，用而示之不用，近而示之远，远而示之近；利而诱之，乱而取之，实而备之，强而避之，怒而挠之，卑而骄之，佚而劳之，亲而离之。"（《孙子兵法·计篇》）后人称之为"诡道十二法"。

诡道十二法可视为孙子诡道战术的总纲，以符号学观之，孙子是在从符号发起者与接收者两方视角，针对战争场域的符号活动，提出符号编码要求。诡道前四句意在创造假象，迷惑敌人，西人断章取义地简化为"逆向思维"（Sawyer，2007，p. 3）。事实上，这四句的符号编码乃以发出者自己为中心，通过符号掩饰自己的真实实力、意图、军事行为，并制造假象符号，让敌人信以为真，然后在战事中占得先机，取得主动。毛泽东（1966，p. 203）将这一策略称为"示形"。示之假形，藏真形，即将本方部分兵力部署、战略意图、军事力量摆在敌人眼前，同时藏匿真实力量与意图。"示形"的成功取决于周密的战前谋划，以确保谎言符号编码逻辑上的自洽与合理性，同时做到对真形的保密措施。以楚汉相争中的刘邦为例，"烧绝栈道"是"无东意"的符号，"修栈道"是进军路线表象与假形，目的在于掩饰"以故道还"的真实行为。此诡道具有如下特征：首先，符号的编码过程多以我为主，战场考量的首要因素是本方的意图与利害得失，对手在战略的实施过程中多是被动或迎合。其次，此诡道多适用于整个战事或某一战役的初始阶段，其成功前提是对手对本方实力尚不明确，对于对手发送的符号难辨真假。如若交战双方有长期的实战接触，对于彼此情形洞若观火，隐藏真形、制造假象的行为不太可能让对手上当。最后，这种主动性十足的诡道战略取得成功的条件苛刻，需要适当的时机与对手的配合。故以自我为中心的诡道战术要求敌人的配合，实施难度大，表现得一厢情愿。很多情况下，敌人如提线木偶，故多数熟知案例多有后人虚构加工，历史上真正成功的案例并不多见。

（二）因敌制宜：符号编码前提条件

战争场域内的一切符号活动均需建立在了解对方实力、长处、缺点的基础之上，才可能达到理想的效果。孙子言："不知彼，不知己，每战必殆。"（《孙子兵法·谋攻篇》）战场上的行为设计不仅是将自己的真实意图加以伪装，同时要求根据敌方情形，迅速捕捉战机，从容不迫地修正战前一切调查与部署，便宜行事。孙子诡道头四句更多是要求符号发出者从自身做起，后八句则是将重心移到符号接收者，告诉我们，在战场上，应因敌制宜，根据对手的状态、实力、特性，量身定制合适的战略战术。"利而诱之"再"乱而取之"，利用对手贪婪本性，构建以"利"为内容的符号载体，诱而克之，或是以诱饵乱敌阵，继而取之。张仪诱楚怀王六百里商於之地即是此策，正所谓"敌贪利，必乱也"（杨丙安，1999，p. 14）。"乱而取之"也可指在战争相持中，觅得敌方自乱阵脚的战机，借助天时、地形与敌方心理改变，趁乱取之。"实而备之，强而避之"是劝诫行为者细致耐心地观察敌方虚实，必要时需避敌锋芒，识机再战，切不可硬碰硬。长平之战中的廉颇即用此策，奈何赵王急于求成，中途换来只会纸上谈兵的赵括。"怒而挠之，卑而骄之，佚而劳之，亲而离之"，则是要求行为者运用符号，搅乱敌人心智，以挑衅、示弱、骚扰、离间等行为使敌人失去理智、骄纵、陷入内讧或心力俱疲。

如何在战场上实施此八策？行为者至少需做到两点。第一，收集事关敌方有价值的符号。此处需要注意的是符号与对象之间的本质差异，符号的片面性与替代性提醒行为者在接收对手符号时，切勿将之视作对象本身。这些符号本身承载的，既可能是对方的行军布阵、主帅或士兵状态，也可能是对手的某种意图，其信息本身的价值低于意图意义，故识得对方意图与提取对手有用信息是关键。第二，从容应对敌方一切行为，找出破绽，构建符号，将自己的意图意义包裹其中，以期实现意图意义与阐释意义的有效融合。符号的编码一般遵循两条原则："不为所动"或"将计就计"。"不为所动"即探清敌方意图后，采取相反的行为行事：敌人希望我攻，则坚守不出；敌人希望我守，则进攻；同理，退则进，进则退。陆逊前期在夷陵之战中采取的即是此策，这也就是孙子说的"不致于人"。"将计就计"指以敌人期望的方式行事，制造上当受骗的假象，事实上暗地里留有后招。历史上有如此多诈降成功的例子，原因即此。即便是最早给孙子作注、用兵如神的曹操也屡上此当。"蒋干盗书"中周瑜则对此法做了高端应用。

（三）军争为利：战场符号编码内核

兵法强调"军争为利"（《孙子兵法·军争篇》），揭露了战争的功利性，"利"同样是一枚重要的符号，是重要的战术棋子，是诡诈符号的内核。上文已述，战场行为既有理性一面，也不乏受主观刺激而行动的案例。孙子言"兵以诈立，以利动"（《孙子兵法·计篇》）。围绕"利"而设置的战术，除了做好自身，还需精准定位潜在符号接收者，具备高超的符号编码与战场操控能力。

以"利"为内核的谎言符号，编码的第一对象，乃敌军特别是其指挥者。在发出"利"符号之前，需先做到知彼："凡军之所欲击，城之所欲攻，人之所欲杀，必先知其守将、左右、谒者、门者、舍人之姓名，令吾间必索知之。"（《孙子兵法·用间篇》）战争中常见的野战、攻城、刺杀等，在实施之前，首先要监控敌方内情，可以许之以利，直接收买来自敌方阵营的人，如乡人、乡导、敌方间谍，这也是"顺详敌意"的重要手段。孙子言："故为兵之事，在于顺详敌之意，并敌一向，千里杀将，此谓巧能成事者也。"（《孙子兵法·九地篇》）以利为诱饵，激发敌人的原始欲望，操控敌人的战场行为。以莫里斯（1971）行为符号学理论观之，人的行为难免受到某种内在欲望与外在刺激的驱动（impulse-controlled），是一个可分为定位、操控、完成三阶段的连续统（continuum）。在定位阶段，主体会依据自身的需求，审视周边环境，寻求解决办法。此时在眼、耳、鼻等感官的帮助下，主体会定位能满足需要的对象所在。在战场上，操控对手，首先需定位敌方欲望，可以采取两种策略：夺其所爱，即"敌众整而将来，待之若何？曰：先夺其所爱，则听矣"（《孙子兵法·九地篇》）；投其所好，"故善动敌者，形之，敌必从之；予之，敌必取之，以利动之，以卒待之"（《孙子兵法·势篇》）。敌方的所爱或所好，也就是孙子所说的"利"。

在孙子看来，以"利"为内核的符号的接收者也包括己方士兵。要想实现"犯三军之众，若使一人"，首先，要"施无法之赏，悬无政之令"。（《孙子兵法·九地篇》）战争场域中的赏赐大大高于其他场域，特别是对于生死一线的间谍，孙子直言"故三军之事，莫亲于间，赏莫厚于间，事莫密于间"（《孙子兵法·用间篇》），因为五种间谍组成的敌情网络系统是做到"先知"的重要手段。先知先觉是克敌制胜的先决条件，孙子甚至警告说"不知敌之情者，不仁之至也，非人之将也，非主之佐也，非胜之主也"（《孙子兵法·用间篇》）。其次，要向士兵传递"爱"的信号。需要做到"视卒如婴儿，视卒如爱子"，并且"知吾卒之可以击"，在战场上做到"可与之俱死"（《孙子兵法·地形篇》）。同时要注意两点：其一，"爱"与"利"的符号必须与"令"同行，做到"合之以文，齐之以武"（《孙子兵法·行军篇》），否则或导致"厚而不能使，爱而不能令，乱而不能治"（《孙子兵法·地形篇》）；其二，法令需平素就得到贯彻与执行，形成习惯，否则突遇战事，士兵执行不了相应的符号指令，部众也不会服从。

孙子在论帅时，以智为五才之首，在"五危"中也曾告诫急躁易怒、偏执极端的危害，"主不可以怒而兴师，将不可以愠而致战"（《孙子兵法·火攻篇》）。正确的战场思维是"不尽知用兵之害者，则不能尽知用兵之利也"（《孙子兵法·作战篇》），聪明的主帅需具有辩证思维，全面考量可能得失，"故智者之虑，必杂于利害。杂于利而务可信也；杂于害而患可解也"（《孙子兵法·九变篇》）。孙子构建的"利"符号同样针对战争之外的旁观者，如果战争的本质是逐利，难免会出现旁边观望的国家加入敌阵，"诸侯乘其弊而起"（《孙子兵法·作战篇》）。为了杜绝这种危险的出现，孙子谏言"屈诸侯者以害，役诸侯者以业，趋诸侯者以利"（《孙子兵法·作战篇》）。

四、孙子的符号解码思想

如果说符号的编码理论关注的是符号发出者，符号的解码思想则站在接收者的立场。在皮尔斯的三元符号中，解释项的存在，凸显了阐释者在交际中的主导角色。符号效应的解释项，具有开放性与无限衍义的特点（CP 2.203）。雅各布森与艾柯等都曾盛赞解释项思想，认为"认为解释项的提出是皮尔斯符号学理论中最巧妙的发现和最有效的手段"（Jakobson, 1980, p. 35），因为"解释项的概念说明，每一实体在文化生活内，其意义与符号载体可以相互独立存在"（Eco, 1976, p. 72），故在交际过程中凸显了阐释的自由性，这恰是接收者抗拒发送者意图意义与意图定点的有力手段，也说明接收者在交际中所占据的支配地位。在战争场域中，争夺符号、争取阐释权与辨识对方行为意图向来就是双方斗争的焦点，是攸关战争胜败的关键所在。

　　《孙子兵法》凸显多重解释项的存在，同一符号，在不同情境，阐释意义与符号效应不同。以在全书中出现17次的"水"为例，解释项有三。其一，战斗中，水是危险的表征，需远离。"欲战者，无附于水而迎客，视生处高，无迎水流，此处水上之军也。绝斥泽，唯亟去无留……"（《孙子兵法·行军篇》）其二，水是有利符号，能助战事。当敌人绝水而来，可"令半渡而击"（《孙子兵法·行军篇》）。其三，水的"无形"性质代表治军境界。战场上要求灵活迅捷的应变能力，因时因地因敌变化行军布阵，以激发自己势能，水成为指挥能力的象征符。"夫兵形象水，水之形，避高而趋下；兵之形，避实而击虚。水因地而制流，兵因敌而制胜。"（《孙子兵法·虚实篇》）孙子构建一符多义，并言同一符号、不同情境，会产生完全相反的符号效应。此举无疑提醒人们，战场上，即便面对同一情景，切勿僵化死板地加以对待，都要审时度势，开放、多变、动态地阐释与解码其可能带来的效应。深受孙子影响的韩信深谙此道，他打破右背山陵、前左水泽的布阵方略，采用"背水阵"，一方面极大地麻痹了对手，另一方面，切断了处于明显弱势的本方士兵的逃跑路线，反而激发了他们的战斗潜能，践行的是孙子所说的"陷之死地然后生，置之亡地然后存"（《孙子兵法·九地篇》）的策略，做到了孙子所言"以水佐攻者强"（《孙子兵法·火攻篇》）。故符号解码能力是衡量决策者的重要指标。

（一）战场符号类型与解码

　　符号分类中影响最大的来自皮尔斯依据符号与对象关系做出的像似、指示、规约三分。莫里斯、西比奥克等在此基础上进行了细化或阐释。奥古斯丁依据符号由来分为人为（artificial）、自然（natural）符号两类。文化符号学家艾柯进一步将人为符号分为交际符号，如语言、文字、旗语等，与为满足人类某种实际需求并具有标识或阐释意义的实用符号，如某民族特有的服装、建筑、饮食等相区分。自然符号分为客观自然符号，指被赋予某种意义的自然物或自然现象，如彗星掠空、瘟疫等；主体自然符号，指符号主体自身无意识地发出的具有阐释意义的某种自然反应、状态或动作，如皮肤上的红斑被解读为某种疾病的征兆。

战场上的旗、锣、鼓、数字电台、卫星信号等属于人为交际符号；士兵的着装、武器配备、后勤资源属于人为实用符号；天时、地形等属于客观自然符号；整军士气、单兵自然反应属于主体自然符号。在面临亡国灭族的生死之地，战场上欺诈谎言、恃强凌弱现象比比皆是，故此域中的符号复杂多变，解码需更谨慎小心。孙子针对这些符号，做出了不同的阐释建议。

（二）自然符号解码

客观自然事物或现象可成为具有阐释意义的符号，这类符号不存在发送者，本不存在意图，但由于符号活动的开放性，阐释者会依据自身认知与需要对其附加阐释意义。孙子在阐释中，既充满对客观外在的敬畏，又强调要加以利用。这也契合了现代符号学主旨，即对象决定符号，并通过符号决定解释项。对象的决定性要求阐释者尊重客观实在。

1. 敬畏之心——客观自然符号解码

孙子要求主体不能束缚于既定的或原有的认识框架之中，以功利与实用的视角去认识、把握、操控这类符号，并随着具体的符境、战况而灵活决定和改变相应的符号行为。这种敬畏态度完全不同于同样被奉为"兵圣"的克劳塞维茨。克氏也强调地形的战略意义，不过他更多解读自然环境的消极效应，"地形地貌对军事行动的影响无非有三，妨碍靠近，阻碍视线与阻挡火力"，他将森林、沼泽、峡谷、丘陵四大地貌一概视为战斗障碍，"势必让战争变得更难"。（Clausewitz，1976，p. 485）孙子的地利倾向明显，将自然符号的解读作为"五事"之列，出师之前要斟酌天气条件，并对指挥者提出要求："故将通于九变之地利者，知用兵矣；将不通于九变之利者，虽知地形，不能得地之利矣……"（《孙子兵法·九变篇》）

自然符号还包括人类社会中一国所具有的客观经济实力。《孙子兵法·作战篇》明确了战争与经济的关系，甚至警告统治者，"夫钝兵挫锐，屈力殚货，则诸侯乘其弊而起，虽有智者，不能善其后矣"。孙子对客观对象的尊重还体现在对迷信的态度，他明确反对当时盛行的鬼神与"天意"思想，提出"先知者不可取于鬼神"，陷入困境时也要做到"禁祥去疑"。（《孙子

兵法·用间篇》）

在孙子的思想中，客观对象不是静默的存在，其阐释意义与符号主体存在休戚与共的关系。例如，地形与士气以及战争走向关系密切。当士兵陷入孙子所说的死地，就会"投之无所往，死且不北"，越是走投无路，越能激发出士兵的斗志与极强的求生欲望，"甚陷则不惧；无所往则固，深入则拘，不得已则斗"（《孙子兵法·九地篇》）。故在孙子眼中，解码客观自然符号时，符号对象并非与主体处于相分离的恒常稳定的存在，应认识到战场上主客体的高度统一，从主体的功利实用角度去解读并占有客观自然符号，将解码与行动统一起来，而非止于阐释而已。"是故散地，吾将一其志；轻地，吾将使之属；争地，吾将趋其后；交地，吾将谨其守；衢地，吾将固其结；重地，吾将继其食；圮地，吾将进其途；围地，吾将塞其阙；死地，吾将示之以不活。"（《孙子兵法·九地篇》）

2. "蛮力"辨析——主体自然符号解码

主体自然符号指主体无意发出的符号，如《孙子兵法》中飞扬的尘土、受到惊骇的野兽、天空上盘旋的鸟类，也包括敌方来使或士兵的无意识动作、表情等。这些都具有阐释意义。孙子相敌三十二法中，对于主体自然符号做出如下解码："众树动者，来也；众草多障者，疑也；鸟起者，伏也；兽骇者，覆也；尘高而锐者，车来也……杖而立者，饥也；汲而先饮者，渴也；见利而不进者，劳也；鸟集者，虚也；夜呼者，恐也；军扰者，将不重也；旌旗动者，乱也……"（《孙子兵法·行军篇》）

在林间，大片树木摇动，说明敌人来犯；鸟儿惊飞，野兽惊逃，说明有伏兵。当然，在今天看来，孙子时代的这些相敌之法主要依靠眼耳等感官，是落后了，但抛开这些看似原始的侦察手段，孙子教给我们的是如何通过普遍联系的方法，透过表象而抵达本质的符号解码思想。顷刻间周边环境变化，对此现象的阐释在于辨析是何种蛮力（brute force）所致，后件与前件存在时空上的邻接关系，故不必只盯着观察对象本身，可以通过周边环境的变化或士兵无意识的行为联系到敌方状态与动向。这遵循的是通过空间关系与时间顺序、从后件到前件、从结果到原因的推理过程，与皮尔斯的指示符概念不谋而合：指示符与其对象之间成"实在连接"（EP 2：460）关系，这种物理性动态邻接使得孙子的阐释较为肯定。

主体自然符号与客观自然符号的区别在于是否有实在的符号发送者。发送者可能在交际源头上做文章，故相比而言，这类符号更易于操控。其阐释的难点在于，这些现象是自然状态还是故意为之。如若是发送者精心编码后的谎言符号，则其欺骗性较大，意图意义与阐释意义融合的可能性很高。树动草多、尘土飞扬难道一定昭示敌方大军奔来？张飞仅以二十骑"据水断桥"就成功吓退曹操追兵，是此类符号操控的成功案例。深究之，孙子精义展现其中：拆毁桥梁，以河流拒敌，践行的是孙子"令半渡而击之利"（《孙子兵法·行军篇》），让曹军不敢轻易向前；在附近密林制造尘土飞扬的景象，密林在旁、尘土飞扬，一股不可抗拒的蛮力作用于对手，指示伏兵危险，通过多重符号的组合运用，虚实相济、奇正相生的战术无疑增添操控效果。

（三）意图优先——人为符号解码

在战争场域中，出于交际或实用需要而与对象成像似、邻接或规约关系的像似符、指示符或规约符，与自然符号相比，因为发送者与目的性具在，更易于操控，成为谎言符号的可能性更高。符号的可操控性强，其欺骗性则弱，例如，穿上敌军的衣服，像似敌军，不足以蒙混过关，如果再操一口敌方口音，知晓对方的口令，像似、指示与规约符叠加运用，组成多重符号网络，无疑增加了欺骗性。从接收者端考虑，辨别谎言欺诈，要求识别行为背后对方的意图。意图的识别不能停留在对方的"示形"，即对方大方展示并主动传递的符号，不足以表明其内在驱动力；要借助多重符号，在明示行为或言语的表象之外，收集、掌握并正确解读对方下意识的符号行为。孔子从"听其言而信其行"改为"听其言而观其行"，就是发现，在现实生活中，单一符号行为的阐释，不足以认清真相，甚至会受到欺骗。另一原因在于，言语符号易于操控，需要与表情、行为等一干符号组成符号网络，在多重符号中发现端倪并做出决定。

诡道十二法中，有对目的性符号（intentional sign）的解码案例："辞卑而益备者，进也；辞强而进驱者，退也；轻车先出居其侧者，陈也；无约而请和者，谋也；奔走而陈兵者，期也；半进半退者，见利而不进者，劳也；诱也……兵怒而相迎，久而不合，又不相去，必谨察之。"（《孙子兵法·行军篇》）详细分析，不难发现孙子的解码思想的三大特点。其一，要善于在敌方明示符号（示形）的背后找到昭示矛盾的非目的性符号。敌人言辞谦卑在明，加强战备在暗，言语符号传递的意图与行为符号不相符。同理，进与退、没有根据的请和、见利不收、距离近却保持安静、距离远却不断挑衅等行为或则有悖常理，或则相互矛盾，阐释者可以依据这些征候，抓住本质。其二，孙子对于言语符号极不信任。"辞强而进驱者"与"奔走而陈兵者"，表面都是做好战斗的准备，孙子的解码结果却大相径庭，前者为撤退符号，后者为决战符号，区别在于，前者有言语符号的参与，后者只有行为符号。在孙子看来，对战状态中，军事行动不需要言语的过度参与，言语上的恐吓与威胁，配以行为上的咄咄逼人，意图是让敌人不战而退，实际上是想退出战斗。英语中同样有句俗语：吵闹的狗不咬人（A barking dog never bites）。既然要进攻，没有理由通过言语符号提前告知对方做好准备，这与孙子秉持的"攻其无备，出其不意"（《孙子兵法·计篇》）理念背道而驰。即便与士兵的话语，如果絮絮叨叨，语气和缓，反而说明将领已经失掉了人心，"谆谆翕翕，徐与人言者，失众也"（《孙子兵法·计篇》）。其三，应全面解析敌人的行为。战场上敌军的调度，敌军从统帅、将军到士兵的行为动作，是了解敌人真实意图，采取应对措施与克敌制胜的重点。敌方行为具有指示性，因为外在行为少不了内在驱动，且大部分情况下，从上一举动到下一行为存在连续性。

（四）符号类型——操控度与可信度重要参考

依据上文所述，对于符号的可信度可做如下总结：就可操控性而言，自然符号低，人为符号高。自然符号中，客观自然符号低于主体自然符号；人为符号中，实用性符号的可操控性低于交际符号。可操控性与可信度成反比，易于操控的符号可信度低，反之则高。故在战场上，单一符号可信度为客观自然符号最高，主体自然符号次之，实用性符号再次，交际符号最低，如图1。

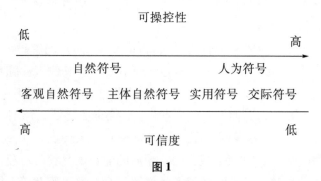

图1

对于存在发出者的符号，无目的性的自然行为的可操控性要低于目的性行为，二者都要低于交际符号。以皮尔斯像似－指示－规约三分野观之，主体自然行为在时空上的可延续性可视为指示符，目的性行为符号既存在邻接关系，也可能是诱导行为。孙子"诱之以利"中的"利"可为小利，也可能是像似利的符号，其操控难度高于主体的自然行为，但低于无时空约束且任意的规约符。以可信度而言，指示符最高，像似符次之，规约符最低。在战场上，敌人的自然行为可信度高于他的目的行为，二者皆高于他的交际话语，如图2。

图 2

五、结语

将现有交际理论应用于战场敌我双方互动，阐释力存在不足，正如文人期望常态社会中的伦理道德与价值取向在战争中——实现一样不切实际。原因在于诡诈谎言实为战争场域中的沉疴，真正经历实战磨砺的军事家大多深谙其道，两千多年前孙子提出的"兵以诈立"仍具现实意义。在关涉族群生死存亡的战争中，任何对孙子诡道的批判或对所谓的君子之争的倡导要么是未经世事，要么是居心叵测。本研究从新的视角观照孙子的思想，发现了新内涵，对谎言符号的动态生成过程的揭秘具有现实指导意义。然孙子思想博大精深，辩证思维贯穿全文，过度放大某一方面思想而无视其他，易误入片面解读的歧途，如若剥离时空语境将之应用于其他社会场域，难免造成负面效应。在推崇孙子对僵化的传统军礼的勇敢突破的同时，切不可忽略他对慎战、共生、符号伦理的坚守与他的大战略观，这也是需进一步研究的方向。

引用文献：

黄朴民（2003）. 从"以礼为固"到"兵以诈立"——对春秋时期战争观念与作战方式的考察. 学术月刊, 12, 82–90.

李零（2006）. 兵以诈立——我读孙子. 北京：中华书局.

李零（2010）. 唯一的规则：《孙子》的斗争哲学. 北京：生活·读书·新知三联书店.

李泽厚（2008）. 中国思想史论. 北京：生活·读书·新知三联书店.

毛泽东（1966）. 毛泽东选集（第一卷）. 北京：人民出版社.

邱复兴（2004）. 孙子兵法大典. 北京：北京大学出版社.

杨丙安（1999）. 十一家注孙子校理. 北京：生活·读书·新知三联书店.

赵毅衡（2012）. 符号表意的两个特征：片面化与量化. 福建论坛（人文社会科学版），5，
115 - 119.

Sun Tzu（1993）. *The Art of Warfare*（R. Ames, Trans.）. New York：The Random House
Publishing Group.

Danesi, M.（2020）. *The Art of the Lie: How the Manipulation of Language Affects Our Mind*.
Guilford, Connecticut：Prometheus Books.

Bourdieu, P.（1977）. *Outline of a Theory of Practice*（R. Nice, Trans.）. Cambridge：
Cambridge University Press.

Bourdieu, P.（1994）. *In Other Words: Essays Towards a Reflexive Sociology*（M. Adamson,
Trans.）. Cambridge：Polity.

Clausewitz, C. von（1976）. *On War*（M. Howard & P. Paret, Eds. and Trans.）. Princeton：
Princeton University Press.

Eco, U.（1976）. *A Theory of Semiotics*. Bloomington：Indiana University Press.

Eco, U.（1990）. *The Limits of Interpretation*. Bloomington：Indiana University Press.

Fairbank, J. K.（1974）. Varieties of the Chinese Military Experience. In *Chinese Ways in
Warfare*（F. A. Kierman Jr. & J. K. Fairbank, Eds.）. Cambridge, MA：Harvard University.

Giles, L.（trans）（2008）. *Sun Zi's The Art of War*. North Clarendon：Tuttle Publishing.

Hobbes, T.（1999）. *Leviathan*（Renascence Editions）. Eugene：The University of Oregon
Press.

Jakobson, R.（1980）. *The Framework of Language* Ann Arbor. Michigan：Michigan Studies in
the Humanities.

Machiavelli, N.（2003）. *The Art of War*.（C. Lynch, Trans.）. Chicago and London：The
University of Chicago Press.

Manetti, G.（2009）. Ancient Semiotics. In Paul Cobley（Ed.）. *The Routledge Companion to
Semiotics*. NY：Routledge.

Michael, G.（Ed.）（2008）. *Pierre Bourdieu: Key Concepts*. Trowbridge：Acumen.

Minford, J.（2002）. The Way of Cunning and Deceit, the Tao of Power and Expediency. In *Sun
Zi: The Art of War*（Minford, Trans）. New York：Penguin Group.

Morris, C.（1971）. *Writings on the General Theory of Signs*. The Hague·Paris：Mouton & Co.
N. V.

Needham, J. & Robin Y. , et al.（1994）. *Science and Civilization in China*, Vol. 5. Cambridge：
Military Technology.

Nylan, M.（Trans.）（2020）. Who Wrote *The Art of War*? In *The Art of War of Sun Zi*. New

York: W. W. Norton & Company.

Peirce, C. S. (1935). *Collected Papers of Charles Sanders Peirce*, Vols. 1 - 6 (Hartshorne, Ch. Weiss, Ed.). Cambridge, MA: Harvard University Press.

Peirce, C. S. (1967). *A Harvard Manuscripts* (Charles S. Peirce Papers, MS Am 1632, Houghton Library, Harvard University) as listed in Richard Robin, Annotated Catalogue of the Papers of Charles S. Peirce. Amherst: University of Massachusetts Press.

Peirce, C. S. (Ed.) (1998). *The Essential Peirce*, Vol. 1 - 2. Bloomington: Indiana University Press.

Rothstein, H. & Whaley, B. (2013). *The Art and Science of Military Deception*. Boston: Artech House.

Sawyer, R. D. (2007). *The Tao of Deception*. NY: the Perseus Books Group.

作者简介:

徐结平，博士，巢湖学院外国语学院副教授，主要从事符号学与二语习得研究。

Author:

Xu Jieping, Ph. D., associate professor from School of Foreign Languages, Chaohu University, with research interest in semiotics and EFL study.

Email: xujieping1020@ 163. com

广义叙述学 ● ● ● ● ●

永久陌生化：伊韦尔森的非自然叙述理论*

王长才

摘　要：伊韦尔森对非自然叙述的界定具有实用性的倾向，最初以"具体文本中场景、事件与故事世界的规则有难以解释的冲突"来界定，后来将"非自然"视为一种修辞手段，而非一种特定文类，扩大了所涵盖的范围，也因此造成非自然特性被稀释甚至被消除的风险。伊韦尔森反对阿尔贝将非自然叙述自然化的阐释方式，强调非自然叙述是"永久陌生化"。伊韦尔森还提出"难以媒介化的经验性"和"没有媒介化的经验性"等概念，对提倡自然叙述学的莫妮卡·弗卢德尼克以"体验性"为叙述规定性的观点提出了质疑。此外，他还就非自然意识指出了认知叙述学框架的某些局限。

关键词：非自然叙述，非自然叙述理论，永久陌生化，非自然意识，伊韦尔森

Permanent Defamiliarisation: Stefan Iversen's Unnatural Narrative Theory

Wang Changcai

Abstract: With his pragmatic tendency, Stefan Iversen initially defines

＊ 本文为国家社科基金项目"非自然叙述学研究"（16BZW013，已结项）阶段性成果。

"unnatural narrative" with reference to the unexplainable clash between scenarios or events and the rules governing a storyworld in a specific text. However, he regards "the unnatural" as a rhetorical device rather than a specific genre, which enlarges the scope of the concept and thus poses the risk of diluting or even eliminating the unnatural. Iversen opposes Jan Alber's interpretation of strategies as a naturalisation of unnatural narrative and stresses that unnatural narratives are "permanent defamiliarisation". In putting forward the notions of "demediated experientiality" and "unmediated experientiality", Iversen also criticises Monika Fludernik's views on experientiality and narrative, with her advocacy of natural narratology. In addition, he points out some of the limitations of the cognitive narratological framework with regard to unnatural minds.

Keywords: unnatural narrative, unnatural narrative theory, permanent defamiliarisation, unnatural minds, Stefan Iversen

DOI: 10. 13760/b. cnki. sam. 202401006

"非自然叙述理论"（unnatural narrative theory）或"非自然叙述学"（unnatural narratology）是近年来后经典叙述学中发展较为迅猛的分支之一，相关成果接连涌现，是西方叙述学界持续的学术热点，在国内学界也引起了一定呼应。其内部立场并不统一，尚未达共识，也有颇多争议，且存在一些误解。本文聚焦于国内尚未得到足够关注的丹麦学者斯特凡·伊韦尔森（Stefan Iversen）的非自然理论，从其对非自然叙述的界定、非自然叙述的效果、对自然叙述学的质疑、非自然意识等方面进行讨论。

一、偏向修辞立场的界定

斯特凡·伊韦尔森任教于丹麦奥胡斯大学美学与传播系，他有多种关于非自然叙述、早期现代主义、叙述修辞和见证文学的著述，与人合编文集《为什么研究文学》（*Why Study Literature?*，Aarhus University Press，2011）和《叙述虚构中的奇怪声音》（*Strange Voices in Narrative Fiction*，de Gruyter，2011）等。他是"现代文学理论"（Moderne litteraturteori）系列丛书的共同主编，并主持每年在奥胡斯大学举办的国际叙述理论暑期项目（the Intensive

Programme in Narratology, http://www.ipin.dk/)。他与布莱恩·理查森 (Brian Richardson)、扬·阿尔贝 (Jan Alber) 和亨里克·斯科夫·尼尔森 (Henrik Skov Nielsen) 一起发起了"非自然叙述学"的运动，并几次联名发表文章回应所遭受的质疑，也有多篇论文参与非自然叙述理论的讨论。他与其他非自然叙述学家的观点有共性，也有明显分歧。

伊韦尔森最初对非自然叙述的明确界定是：主导故事世界的规则与其中发生的情况或事件之间存在难以解释的冲突的叙述 (Alber et al., 2012, p.373)。这样的界定与阿尔贝以现实生活的参数作为衡量标准的界定明显不同。按照阿尔贝的看法，只要存在着物理、逻辑和人力属性上的不可能，就是非自然叙述。而对于伊韦尔森来说，如果故事世界的设定是一个魔法世界，而其中发生的情况符合这一设定，那么它就不属于非自然叙述。这样的界定将通常的神话、寓言、传奇、童话故事、科幻小说等常见文类排除在非自然叙述之外，比起阿尔贝的定义，大大缩小了范围，被排除的部分也大致相当于理查森所说的非模仿叙述①。

在伊韦尔森看来，"非自然是与具体叙述所规定的自然性相对照的非自然，而不是与某种统一的自然性相对照，不管那是什么" (Iversen, 2013, p.98)。即确定"非自然"要落实到具体文本中，也就是文本中的事件、场景与该文本的规则（自然性）相冲突，从而构成非自然，而不是基于与某种统一、确定的自然性相对照的非自然的特性。因而伊韦尔森的"非自然叙述"具有一定的动态性，也暗含了一种实用主义的倾向，后来伊韦尔森又进一步扩大了这种倾向。

在2016年《文体》(Style) 杂志"非自然叙述理论"特辑中，伊韦尔森提出了更激进的观点："与其把非自然叙述说成是一种特定类型的虚构叙述，一种自主创新的或实验性的文本，我们可以考虑用实用主义的方式把非自然作为一种修辞手段来谈论，这种修辞手段由产生意义的存在过程的关联来界定，而不是由与存在的文本或诗学的关系来界定。" (Iversen, 2016, p.455) 这一说法更强调非自然叙述作为修辞手段的性质，而非特定的叙述文类，因而扩大了涵盖范围。非自然叙述不仅包括典型的先锋文本，还可以涵盖传统

---

① 理查森对非自然叙述的界定是指与"模仿的"和"非模仿的"(non-mimetic) 叙述相区别的"反模仿"(anti-mimetic) 叙述。模仿叙述是以似真性为目标的非虚构叙述或与之相似的现实主义的虚构作品。非模仿叙述是指童话、寓言、超自然小说、幻想作品、经典科幻小说等叙述，它们在模仿叙述基础上增加了超自然成分。而非自然叙述是包含着明显的反模仿事件、人物、背景、框架的叙述。(王长才, 2021, pp.113 - 114)

叙述中局部的非自然，也可以涵盖典型叙述之外的诗歌、日常交流或广告、政治等其他形式的公共修辞话语中的非自然现象。他举了一则"小狗猴宝宝"（puppymonkeybaby）的电视广告为例，在这则广告中出现了小狗的头、猴的身体，穿着纸尿裤的婴儿屁股和腿组合成的奇怪动物，以暗示饮料由汽水、果汁、咖啡三种成分混合而成。这种现实中不可能的动物在广告的修辞语境中承担了特别的功能。伊韦尔森认为，他的界定比起理查森的看法更有优势，避免了依赖模仿叙述的麻烦，也更容易去描述和讨论非自然的不同功能，还将文本特征和阅读效果相结合，使得讨论文本中局部和整体上的非自然以及文学作品之外的非自然要素成为可能（p. 460）。

在笔者看来，伊韦尔森的新界定尽管扩大了非自然的范围，但被纳入其中的对象过多，以致非自然叙述的特性被稀释，甚至被抹杀。比如，在上述广告例子中，这个"小狗猴宝宝"的组成部分与所推广产品的配料构成对应，并没有与主导其故事世界的规则相冲突，仅仅起到夸张的效果，将其当作非自然因素，会令人产生"到底什么是非自然"的困惑。在笔者看来，非自然叙述的确承担了修辞功能，但如果仅仅将它当作一种修辞手段，就会将它纳入主流模仿框架之中，其独特性面临被消除的危险。伊韦尔森将非自然视为一种修辞手段，在某种意义上消解了非自然叙述的特性，与最初倡导超越模仿模式的初衷有了较大的偏离。

二、永久的陌生化

虽然伊韦尔森的定义前后有些矛盾，但在如何解释非自然叙述方面则与理查森、尼尔森等理论家保持一致[①]。尽管伊韦尔森认为由心智哲学、认知语言学和认知心理学等领域发展起来的认知叙述学对实际心理如何运作的知识有助于理解叙述，但他对阿尔贝毫无保留地拥抱认知叙述学、将非自然叙述再自然化的做法[②]持反对态度："在我看来，对叙述采取全面的认知方法，坚持将有些叙述设法捕捉到的心灵、事件和情景的令人不安、惊异的异界幻象（otherworldly visions）完全重新自然化或重新认识，一个其固有的主要局

[①] 在如何解释非自然叙述的问题上，大致可分为两类，理查森称为内在论与外在论两大阵营，前者包括理查森、尼尔森和伊韦尔森，强调非自然叙述的特殊性并在阐释中保持这种特殊性，后者以阿尔贝为代表，将非自然叙述自然化是其最终目标。（Richardson, 2015, p. 19）

[②] 扬·阿尔贝（Alber, 2016, pp. 47 - 57）提出了非自然叙述的九大阐释策略，其中，前八种都是将非自然叙述"自然化"。（王长才, 2021, pp. 110 - 127）

限性是，它有降低这种叙述的情感力量和共鸣的风险。"（Iversen，2013，p. 96）伊韦尔森认为，在解释非自然叙述时，不能将它翻译、转化为自然的叙述，而要保持非自然的特性，为此他改造了什克洛夫斯基的"陌生化"概念。

"陌生化"概念是俄国形式主义理论家什克洛夫斯基在《作为手法的艺术》中提出的概念，指艺术采用陌生化的手法，增加感觉对象的难度和时间长度，从而使人感觉到事物，而不仅仅是知道事物。什克洛夫斯基的"陌生化"更偏向于形式，对象本身相对不重要。因为最终能够感知对象，这一被延长的感觉过程本身就成为更值得玩味的审美过程。伊韦尔森则提出"永久陌生化"（permanent defamiliarization）的概念，指的是"给受众带来不断抵制着人们认识的无法解决的谜语，以及永久的不可识别性"（Iversen，2016，p. 460）。它不同于什克洛夫斯基的界定，陌生化在他看来并不仅仅是延迟感知的过程，而是一直保持着陌生感。另外，在什克洛夫斯基那里，陌生化是与艺术联系在一起的，甚至是艺术的本质性特征，而伊韦尔森的陌生化则不限于艺术，他所认定的非自然叙述更为宽泛，比如，在某些具有挑战性的自传叙述（比如创伤叙述等）中，非自然因素也可能会出现并发挥重要作用，也会形成这种"永久陌生化"。

伊韦尔森将非自然叙述视为一种"永久陌生化"，与什克洛夫斯基的原初定义有区别，突出了非自然叙述并不能轻易被自然化的特性，对于我们把握非自然叙述有一定启示。但是，陌生是一种主观感受，"永久陌生化"是否可能？在笔者看来，再新奇、古怪的现象反复出现之后，都可能失去陌生感，变得司空见惯，成为什克洛夫斯基所说的"自动化的过程"，读者接受时也不再有新奇感、震惊感。那么，当非自然叙述成为读者所熟悉的规约，不再有陌生感时，这种"永久陌生化"的性质是否会变化呢？另外，伊韦尔森强调修辞属性的说法似乎也与这一界定有抵牾。比如，上述"小狗猴宝宝"广告的例子中，观众很容易接受广告的预设，并将这一奇怪动物的三个组成部分与饮料的成分对应起来，显然也很难属于"无法解决的谜语""永久的不可识别性"。

三、对弗卢德尼克自然叙述学的质疑

叙述与意识（mind）的关系是认知叙述学的核心问题。按照伊韦尔森的归纳，有四个方面产生了重大影响：

（1）对叙述而言，意识更重要。通常所称意识理论－方法（Theory of Mind-approaches）不仅帮助我们理解叙述是如何运作的，而且还解释了它之所以如此毫不费力地运作是因为我们在与他人的日常互动中习惯于读解意识。（2）意识是建构的。意识在阅读过程中是被建构的，这一见解将重点放在读者和读者所依赖的文本线索上。（3）叙述中的意识有更多的意义。读者对思想的重构，比传统的方法更需要借助叙述中的数据。（4）意识对于叙述是至关重要的。在莫妮卡·弗卢德尼克的《走向"自然"叙述学》（*Towards a "Natural" Narratology*，1996）中，有一种最早、也是最有影响力的表述，即必须将体验着的意识视为叙述的一种构成要素。在弗鲁德尼克所说的"自然叙述学"中，体验着的意识的唤起，或如她所说的经验性（experientiality），被视为建立叙述性的必要和充分标准。（Iversen，2011，pp. 89－90）

在伊韦尔森看来，这些讨论的基本前提是："叙述对人类经验进行编码的能力和读者对所再现经验进行解码的能力是绝对的，它们根据自然或原型参数进行操作，这些参数来自我们（作为与其他自我共存的自我）的日常经验。"（Iversen，2011，p. 90）弗卢德尼克倡导的自然叙述学将确定叙述的标准归结到"经验性"上，并由此重新审视叙述相关问题。在自然叙述学看来，如果将某个对象视为叙述，它就总会让读者从中认识到经验性，并且这种经验总是能够被认知（p. 90）。但有些叙述所呈现的故事世界和叙述行为与我们通常认为在正常的、典型的或自然的逻辑原则下行事的经历不同，"一些经验可能超出叙述的理解范围，而一些叙述呈现出的经验可能无法被认为是我们通常所说人类意识的一部分"（p. 93），从而对传统意识的模式和参数提出了挑战，使经验性陷入了某种危机。在《"在熊熊火焰中"：非虚构叙事中的经验性危机》一文中，伊韦尔森讨论了大屠杀幸存者的自传性非虚构叙述。在有创伤记忆的叙述者回忆过去时，他所经历的事件和对事件的叙述之间产生了分裂，引起记忆的分裂，进而又引发叙述者自我的分裂。因而大屠杀叙述幸存者所呈现出的意识是破碎的、不连贯的，如果将这种非常规的意识状态在读者接受的叙述化过程中简化为一个意识，就忽略了这些叙述的特性。读者需要清楚地意识到其中缺少统一的声音，意识到叙述主体内部的分裂与冲突。这种令人不安的意识状态，使人们无法将讲述主体与经验主体统一起来，只能看到一些破碎的痕迹，而根本无法采取叙述的形式①。这种文本对于弗卢德尼克判断叙述的规则"意识的中心性"（the centrality of consciousness）提出了挑战。而大屠杀叙述的回忆经常会出现重复讲述、遗漏和中断讲述又继续等情况，对事实的回忆和噩梦、幻觉混合在一起，因而也超出了自然的时空框架，与弗卢德尼克判断叙述的规则"具体性"（specificity）相背离。伊韦尔森提出了两种特别的"经验性"。"难以媒介化的经验性"（demediated experientiality）和"没有媒介化的经验性"（unmediated experientiality）。"难以媒介化的经验性"通常发生在既让读者进行意识的重新建构而又阻碍它重建的叙述中，也就是同时引起相互排斥的经验性框架。就像在贝克特的某些文本中，读者知道其中有一些符号意义，但不能将它们归结到某个明确主体的经验中。"没有媒介化的经验性"是指正在媒介化的意识无法捕捉或把握所叙述的事件，在对创伤性事件的叙述中经常会出现。有些事情已经经历过了，但经历的是什么，如何经历的，叙述主体并不清楚。从意识和媒介化的关系来说，前者是符号大于生活经验，后者是生活经验大于符号（Iversen, 2011, p. 102）。显然，这两种特殊的经验性形态与弗卢德尼克对"经验性"的讨论有很大的差距。伊韦尔森通过对大屠杀幸存者的自传回忆文本的分析指出，这样的文本对自然叙述学的经验性提出了挑战。如果只采用自然叙述学的框架，尽管可以理解其中的大部分，但我们不能把握其特殊性。由此可见，伊韦尔森也主张将自然叙述与非自然叙述区别开来，分别采用不同的阐释框架。这一立场与理查森是一致的。

四、非自然意识

伊韦尔森曾以三个故事为例说明什么是非自然意识。第一个故事，一个人醒来变成了甲虫，有着人的意识，而这一切发生在梦中。第二个故事，一位性格温和的科学家变成力大无穷的绿巨人。第三个故事，就在像我们所身处的世界中，一个人醒来变成了甲虫，外在样子已不是人类，但保持人的意

---

① 美国叙述学家 H. 伯特·阿波特（H. Porter Abbott）提出的"不可读的意识"（unreadable minds）与此情况类似。他认为面对这种不可读的意识有三种回应方式，通用模式（the generic stereotype，即将奇怪意识解读为疯狂意识）、催化剂（the catalyst，奇怪意识的功能是激发起另一个角色的特征）和符号（the symbol，将奇怪意识读作隐喻或寓言）。三种情况可以一起发挥作用，但只有第一种解读是对人类意识的再现。他认为当"不可读的意识"被接受为不可读时，会引起焦虑和好奇，唯有在此时，"不可读的意识"存在的价值和效果才是最佳的。这一点，与努力让不可读的事物有意义、得到解释的扬·阿尔贝的立场有明显不同。（参见 Abbott, 2013, pp. 123-146）

识。三个例子的相似之处在于，都向读者呈现了在现实世界中不可能出现的身体和意识的组合，但我们对这三个故事的阅读方式是不同的：第一个故事中的变形是在梦中，并没有真正发生，因而是自然的故事；第二个故事中的变形不可能在现实生活中出现，但借助动作英雄漫画的文类规约，这种意识可以被自然化；第三个故事中，对这种由生理上不可能的变形产生的意识，读者无法借助文本内外的线索加以自然化或规约化。在伊韦尔森看来，第三种故事中的意识，就是非自然意识："非自然意识是一种呈现出的意识，其功能或实现违反了主宰其所处可能世界的规则，其方式是抵制自然化或规约化。"（Iversen，2013，pp. 96 – 98）显然，伊韦尔森对非自然意识的界定与其最初对非自然叙述的界定相一致，强调了文类和规约概念，从而将第二类故事排除在非自然意识之外。

伊韦尔森着重探讨了变形人类的意识（the mind of the metamorphosed human）。变形是古老的文学题材，从古至今，从奥维德《变形记》等各种神话到童话、幻想故事、科幻小说等，有大量的作品中都存在着变形。在伊韦尔森看来，其中大部分变形都是叙述的可能世界所设定规则的一部分。而卡夫卡的《变形记》、威廉·S. 巴勒斯（William S. Burroughs）的《裸体午餐》（*Naked Lunch*）、玛丽·达里厄塞克（Marie Darrieussecq）的《母猪女郎》（*Pig Tales*）等作品中的"现代人类－动物－变形的意识"的情况则相反，它们是非自然与非规约化的，"本该没有人类意识却出现了人类意识；一种意识拥有此前身体欲望和信仰的记忆以及新身体带来的新的冲动和经验"（Iversen，2013，p. 106）[1]。对于这类非自然意识的理解，伊韦尔森认为认知叙述学的工具在结构和接受层面有着宝贵的帮助，但将统一的意识再现理论建立在意识理论（Theory of Mind，简称ToM）基础上则存在着一定的弊端。意识理论"可以帮助阐明是什么让这些叙事变得非自然，但它们的非自然仍然难以被完全翻译、规范化或识别"（p. 110）。

认知神经科学家西蒙·巴伦－科恩（Simon Baron-Cohen）1995 年在《意识障碍：关于自闭症和意识理论的论文》（p. 3）中提出了关于"读解意识"（mindreading）的进化和发展模型，他认为，"我们一直在读解意识，毫不费

---

① 伊韦尔森也提及"不可能的意识"，并视其为非自然意识的一种："不可能的意识是一种在生物上或逻辑上不可能的意识，例如能读他人意识的意识、死者的意识、极端的跨层意识、没有可容身硬件的意识。"但是他又以绿巨人为例说明这种"非自然意识"通常可以由文类的知识而规约化。能够由文类而规约化的不可能意识为何又被称为非自然意识，对此伊韦尔森没做进一步解释，似乎与他对非自然叙述的界定有矛盾。（参见 Iversen，2013，p. 104）。

力、自动地，而且大多是无意识地在读解意识"。这种"读解意识"活动是我们解释、预测和参与社会行为和交流的自然方式。如果我们不能把思想、欲望、知识和意图等精神状态归于他人，我们就无法理解他人的行为和意图。自闭症儿童正是由于"读解意识"能力的损伤才形成意识障碍。认知叙述学家们受此启发，将意识理论与文学理解关联起来。美国肯塔基大学的认知叙述学家丽莎·詹赛恩（Lisa Zunshine，2006，p. 10）认为，我们之所以能够理解文学，就是因为我们具有读解意识的能力，使得我们赋予本来只是语言塑造出的"人物"以各种潜在的想法、感觉和欲望，然后从种种线索中猜测他们的感受，预测他们可能采取何种行动。由此，阅读小说也可以帮助人们训练认知能力。意识理论认为，人在处理真实意识和虚构意识时遵循同样的原则。这也是认知叙述学家的基本立场，比如大卫·赫尔曼（David Herman）就主张对虚构和非虚构叙述中意识的再现和接受采取统一的方法。但在伊韦尔森看来，这种认知叙述学的观点，在处理与真实意识运作相似的叙述作品时是令人信服的。但"偏离、破坏或颠覆我们民间心理能力的规范或规则的叙述"对此构成了挑战（Iversen，2013，p. 103）。他以《母猪女郎》为例加以说明。这部小说记述了一位年轻漂亮的姑娘变形为一头猪的荒诞故事。和《变形记》类似，《母猪女郎》的主人公也经历了从人到非人的动物的变形，并且在变形之后仍然保持着此前人的意识，并由于身体的变化而产生了在泥里打滚之类的新愿望。伊韦尔森指出，主人公有能力将各种心理状态归因于他人，但她经常并不这样做。更引人注目的是，小说中几乎没有他人将欲望或信仰归于主人公的段落，使作为内在现象的意识和作为社会现象的意识之间有了错位，因而，显示了认知叙述学家艾伦·帕尔默（Alan Palmer）的归因理论（attributions）和人际意识（intermental minds）框架的局限性。

在笔者看来，意识本身就是一个尚未被认清的领域，包括各种形态，尤其因为有梦和无意识、潜意识的存在，作品中各种特殊意识，也往往可以被归结为被再现的某种意识状态。伊韦尔森对非自然意识的界定似乎并不清晰，《变形记》和《母猪女郎》中的变形也可以被视为一种寓言，从而可以像第二类故事一样得到解释。在《母猪女郎》中，人们没有将欲望和信仰归于主人公，是因为在他们眼中，主人公只是母猪，并不具有人的意识，或者他们故意否认她有意识。就像卡夫卡《变形记》中父亲、妹妹对格里高尔态度冷酷，原因之一也是在他们眼中，变形的格里高尔只是可怖的甲虫，而不再是自己的家人。进一步讲，这种冷酷和是否变形关系不大。在带有歧视性色彩的任何叙述中，被歧视的一方通常都得不到应有的理解和尊重，因而在外在意识表现和真实的内在意识之间必然存在着错位。甚至，没有归因，也是一种特别的归因，即将空白的意识归之于某个本来丰富的内心意识。这种错位、无视、误读本身就值得认真讨论和思考，变形只是以一种更为夸张和醒目的方式将人与人之间的隔膜与无视、误解更具象地呈现出来而已。诚然，认知叙述学将认知科学的成果应用于叙述研究，往往对虚构叙述和非虚构叙述并不做区分，以真实世界的规则与逻辑去讨论故事世界，在处理特定的非自然叙述时，往往会出现问题，但是，就意识而言，再复杂和奇怪也都可能是对某一种意识的再现，且都能在现实世界的意识中找到影子，这种"非自然意识"与几种非自然叙述的界定似乎并不容易整合起来。

结　语

伊韦尔森对非自然叙述的界定具有实用性的倾向，最初他以"与主导故事世界的规则有难以解释的冲突的场景和事件"来界定，并将确定非自然叙述的依据落实到具体文本中，具有一定动态性。后来他又将非自然视为一种修辞手段，而非一种特定文类，扩大所涵盖的范围，但也因此造成非自然的特性被稀释甚至被消除的风险。伊韦尔森反对阿尔贝将非自然叙述自然化的阐释方式，强调非自然叙述是"永久陌生化"。伊韦尔森还提出"难以媒介化的经验性"和"没有媒介化的经验性"等概念，对提倡自然叙述学的莫妮卡·弗卢德尼克以"体验性"为叙述规定性的观点提出了质疑，主张非自然叙述与自然叙述要采用不同的阐释框架。此外，他还对非自然意识进行了探讨，指出了认知叙述学框架的某些局限，但因为意识本身的复杂性，是否可以在非自然叙述的意义上讨论非自然意识，似乎还可商榷。

引用文献：

王长才（2021）. 非自然叙述学. 叙事研究, 3, 110 – 127.

Abbott, H. P. (2013). *Real Mysteries: Narrative and the Unknowable*. Columbus：Ohio State University Press.

Alber, J., et al. (2012). What Is Unnatural about Unnatural Narratology?：A Response to Monika Fludernik. *Narrative*, 20, 3, 371 – 382.

Alber, J. (2016). *Unnatural Narrative: Impossible Worlds in Fiction and Drama*. Lincoln：University of Nebraska Press.

Baron-Cohen, S. (1995). *Mindblindness: An Essay on Autism and Theory of Mind*. Cambridge：The MIT Press.

Iversen, S. (2011). "In Flaming Flames": Crises of Experientiality in Non-Fictional Narratives. In Alber J. & Heinze R. (Eds.), *Unnatural Narratives-Unnatural Narratology*, 89 - 103. Berlin: Walter de Gruyter, Inc.

Iversen, S. (2013). Unnatural Minds. In Alber J., Nielsen H. S. & Richardson B. (Eds.), *A Poetics of Unnatural Narrative*, 94 - 112. Columbus: Ohio State University Press.

Iversen, S. (2016). Permanent Defamiliarization as Rhetorical Device; or, How to Let Puppymonkeybaby into Unnatural Narratology. *Style*, 50, 4, 455 - 462.

Richardson, B. (2015). *Unnatural Narrative: Theory, History, and Practice*. Columbus: Ohio State University Press.

Zunshine, L. (2006). *Why We Read Fiction: Theory of Mind and the Novel*. Columbus: Ohio State University Press.

作者简介：

　　王长才，西南交通大学人文学院中文系教授，主要从事叙述学研究。

Author:

　　Wang Changcai, professor in the Department of Chinese Language and Literature, School of Humanities at Southwest Jiaotong University. His research field is narratology.

　　Email: Wang_changcai@ 163. com

故事世界的多模态表征：《摩登时代》里的无厘头歌曲*

张新军

摘　要： 跨媒介叙事学将叙事识解视为从符号模态到故事世界的映射。卓别林电影《摩登时代》中的餐馆试唱实质上是一个多模态叙事（音乐哑剧小品），调用了多种符号模态来表征这首无厘头歌曲的故事世界。其中，具身模态（动作表演）取代了语言（歌词）成为支配性叙事模态，音乐伴奏和声乐为辅助模态。本文以韩礼德"元功能"概念来刻画各种模态在建构故事世界中的功能；从"可述性"切入，结合电影的文本语境和历史语境，阐释这种多模态配置的审美政治含义。

关键词： 跨媒介叙事学，故事世界，多模态，卓别林，《摩登时代》

Multimodal Representation of the Storyworld: The Nonsense Song in *Modern Times*

Zhang Xinjun

Abstract: Transmedial narratology conceptualises narrative construal as the mapping of semiotic modes onto the storyworld. The audition episode in Charlie Chaplin's film *Modern Times* turns out to be a multimodal narrative (a musical pantomime), in which an array of semiotic modes are exploited to represent the storyworld of the nonsense song, with embodied modes (gestures and motions)

---

* 本文为教育部人文社会科学研究规划课题"跨媒介叙事学视角下的'故事世界'研究"（19YJA752026）中期成果。

displacing the verbal (song lyrics) as the predominant modes, with the musical and vocal modes taking the subordinate position. In this article, the functions of different modes in constructing the storyworld are examined in terms of "metafunctions", as proposed by Halliday. The aesthetic politics of the multimodal configuration is interpreted in the textual and historical context of the film with reference to the notion of "tellability".

Keywords: transmedial narratology, storyworld, multimodality, Charlie Chaplin, *Modern Times*

DOI: 10. 13760/ b. cnki. sam. 202401007

查理·卓别林（Charlie Chaplin）著名电影《摩登时代》（*Modern Times*，1936）片尾有一个插曲：小流浪汉出狱后经女朋友引介到一家餐厅应聘侍者，在唱歌表演开始时由于甩掉了写有歌词的护腕，只好胡编乱造，但凭借滑稽的声音与动作表情赢得了满堂喝彩。按"查理·卓别林"官网的说法，这是卓别林专注于默片20年后，第一次向观众展示自己的声音；该电影在国外发行后期制作时特别指出，卓别林以"胡诌的"语言唱了一首歌，无需翻译。① 问题是，既然电影里小流浪汉唱的纯属悖言乱辞，那么虚构观众（电影里的食客）和现实观众是如何识解的？或者说，电影里的这场试演究竟讲述了什么内容？

餐馆老板本意是让小流浪汉唱歌来娱乐顾客，但实际情况是歌曲演唱变成了哑剧表演。现实生活中，在不懂外语的情况下，人们的确可以欣赏外文演唱的美声歌曲，凭借歌名提示来领略所表达的情绪意境，因为音乐（包括声乐）这种艺术形式尤其擅长情感表达。然而在《摩登时代》的这个场景中，观众之所以捧腹大笑，是因为小流浪汉通过动作表演讲述了一个故事。从文本类型上讲，这次表演从歌曲的表达功能转向了哑剧小品的表征功能，也就是说，从抒情变成了叙事。因此，从跨媒介叙事学的视角分析这段影片，不仅能够厘清动作表演作为一种叙事媒介的具体可供性，而且有助于解读其模态资源配置所涌现的符号政治意蕴。

本文首先阐述跨媒介叙事学的基本分析模型；然后依据此模型对试演场

---

① 文章链接：https://www. charliechaplin. com/en/films/6 − Modern − Times/articles/114 − Nonsense − Song − from − Modern − Times − Titine − .

景进行具体分析，还原其故事内容及讲述方式；最后诠释各种符号资源如何服务于主题意义的表达，即"形式的意识形态"。

一、《摩登时代》中餐馆试唱的歌曲

《摩登时代》里小流浪汉演唱的这首歌，从曲调来看，是法国作曲家里奥·丹尼德夫（Léo Daniderff）1917 年创作的喜剧歌曲《我在寻找蒂蒂娜》（*Je cherche après Titine*），法语原词作者是路易斯·莫邦（Louis Mauban）和马塞尔·贝塔尔（Marcel Bertal）。这首歌得以闻名正是由于电影《摩登时代》的引用。1925 年该歌曲曾出现在百老汇音乐剧《1925 之谜》（*Puzzles of 1925*）中，易名《蒂蒂娜》（*Titina*），贝塔尔、莫邦和罗恩（E. Ronn）做英文填词，大意是一个男孩满世界寻找他心爱的女孩蒂蒂娜。该歌曲还有其他许多填词版本，但均出现在电影《摩登时代》之后，因此不予讨论。

就歌词内容而言，《摩登时代》里提供的是一个全新的版本。电影刻意通过在护腕上写小抄的镜头，向观众展示了开头部分的 5 行歌词（图1）：

> 一个漂亮的女孩和一个快活的老头（A pretty girl and a gay old man）
>
> 在林荫大道上调情（Flirted on the boulevard）
>
> 他是个又胖又老的家伙（He was a fat old thing）
>
> 但是他的钻戒（But his diamond ring）
>
> 吸引了她的目光……（Caught her eyes as...）

但他的钻石戒指迷住了她...

图1　《摩登时代》试唱场景的护腕歌词小抄镜头

这个镜头对理解随后的表演起着非常关键的作用，后文详述。

二、跨媒介叙事学的理论模型

叙事学虽然最初的发展主要是基于文学文本即（书面）语言媒介，但如今已经走向了跨媒介的道路。跨媒介叙事学需要对其核心概念"叙事"与"媒介"进行重构，开发出通用的分析工具，探讨除语言之外的媒介类型的叙事可供性和局限性。换言之，其核心概念必须具有普适性，能够刻画各种文本类型所共享的叙事元素和媒介特质。目前的研究进路是以"故事世界"来重构叙事概念，以"多模态"来充实媒介概念。

（一）故事世界

就"叙事"概念而言，当下的跨媒介叙事学已经达成了基本的共识，即叙事并非一个非此即彼的事情，而是一个标量（scalar）概念。这就是说，特定文本可以在不同程度上具有叙事性。由此而来，需要设定叙事性的基本条件，这个条件就是"故事世界"（storyworld）。叙事被看作通过各种符号通道（亦即媒介）在接收者心中唤起一个故事世界。对叙事性的这种重新概念化，虽然尚存在诸多争议，但至少有某种趋同，"叙事乃建造世界的表征，让接收者（重新）体验可能世界，这已经成为普遍认可的观点"（Wolf，2011，p. 159）。

对故事世界的概念化主要有两条进路。第一条是可能世界叙事学，如玛丽-劳尔·瑞安（Marie-Laure Ryan，2016，p. 13）："简单地说，故事世界是一个想象的整体，按照故事中的事件而演变。追踪一个故事就意味着，利用文本提供的线索，在心理上模拟故事世界中发生的变化。"瑞安依据符号学的三元模型（能指、所指、指涉物），将文本、故事、世界之间的关系概括如下：叙事是故事的文本化，是物质客体（能指），故事世界是意义（所指）；就非虚构而言，现实世界是指涉物；而虚构则没有外在指涉物，故事创造自己的世界，并构成对此世界的唯一通达模式。因此，一个世界可以有多个故事（如肥皂剧）；一个文本可以有多个世界（如《十日谈》）；一个故事可以有多个文本（如经典作品的各种改编）。

第二条进路是认知叙事学，如戴维·赫尔曼（David Herman，2009，p. 106）将故事世界定义为"全面的心理表征，让阐释者能够设置关于情景、人物以及事件的推论，它们被叙事文本或话语明确提及或暗示"。叙事制品提供了蓝图来创造和修改这种心理上配置的故事世界。叙事是一种表征，包括两个方面：（1）表征媒介所采用的文本或符号提示；（2）这些提示所表征的故事世界（人物、情景、事件）。叙事认知就是叙事接收者根据文本提示和推论来重构故事世界，在心理上转移至故事世界。

"故事世界"这一概念工具的优点主要体现在三个方面。（1）用于探讨叙事呈现的多重媒介化身，为媒介比较提供了一个共同的支点。比如《红色娘子军》的电影、京剧、芭蕾舞剧、电视连续剧、连环画等，可以说一个故事世界对应多个媒介文本。（2）故事世界存在于文本之外，彻底同文本/媒介拆卸开来，可以实现跨媒介的适用性；故事世界要大于文本所直接呈现的事物，大于叙事的此刻此地。这在戏剧演出中尤为显见，舞台只能呈现有限的场景、人物、行动，而故事世界是观众的心理建构，包含行动的背景、人物讲述的事件等舞台没有或无法呈现的内容。（3）故事世界蕴含了叙事性的核心元素，又克服了之前叙事性概念所隐含的特权媒介视角，能够更好地揭示单个媒介的叙事资源。比如，《红色娘子军》的电影、电视剧可以表现更广阔的故事世界时空维度、情节发展，而芭蕾舞剧和京剧则更擅长情绪渲染。总的来说，与传统术语"故事"等相比，"故事世界"能够更好地捕捉叙事阐释的生态。（Herman，2002，p. 13）

（二）符号模态

要进行跨媒介的叙事分析，"媒介"概念也同样需要提炼通用的分析范畴，也就是从所有媒介中抽象出某种程度上超越具体媒介的共享特质。学界的初步共识是，媒介是一个多维度的概念，基本认可玛丽－劳尔·瑞安和拉尔斯·埃勒斯特罗姆（Lars Elleström）的"符号－文化－技术"三分法（见表1）。需要说明的是，这种划分不是指三种独立的媒介类型，而是思考媒介的三个理论视角。

表1　媒介的三个维度

媒介的三个维度	玛丽－劳尔·瑞安	拉尔斯·埃勒斯特罗姆
符号学	符号媒介（符号代码、感官通道、时空维度、示意模式）	基本媒介（物质模态、时空模态、感官模态、符号模态）
社会文化	文化媒介	资质媒介
支撑技术	技术媒介	技术媒介

就这三个维度而言，关注的重心是符号媒介/基本媒介。从符号学的视角来看，媒介的必要构成条件就是从物质性走向符号性。对媒介产品的感知与

认知运作紧密相关，制品的物质特性作用于感官通道，作为符号被接受与阐释，符号性从而产生意义。

瑞安的"符号媒介"包括图像、声音、语言、动作等范畴。这些基本类型的符号可以从时空外延、示意维度（即图像的线条、颜色、形状、维数，或者声音的音高、节奏、响度）、感官冲击（听觉、视觉）和示意模式（像似性、指示性、象征性）等方面做进一步分析。（Ryan，2014，p.29）

埃勒斯特罗姆将"基本媒介"分解为四个方面，称"媒介的模态性"：（1）物质模态，指媒介潜在的物质界面，可以被感知；（2）时空模态，四维的时空体，其属性可以被人的头脑把握；（3）感官模态，媒介的物质性必须被感官感知，包括视、听、触、嗅、味；（4）符号模态，媒介通过符号阐释产生意义，主要是皮尔斯的三分法，即规约（象征符）、相似（像似符）、邻近（指示符）。（Elleström，2010；2021）

可以看出，二人的思路相当一致，从物质性、感官、认知来对媒介概念进行基本的符号学分析。只不过埃勒斯特罗姆采用了多模态（multimodality）理论术语。多模态研究严格区分媒介与模态。"模态"（mode）是指用于生产意义所采用的、社会塑造的、文化给定的符号资源（Kress，2010，p.84）；而"媒介"（medium）是生产符号产品和事件所使用的物质资源，包括所采用工具和材料（Kress & van Leeuwen，2001，p.22）。模态处于交流的内容层，是符号学资源，通过特定媒介得到物质实现；特定模态可以出现在不同媒介中，同一媒介可以实现不同的模态。

总结一下，"符号媒介"分解为四个方面的模态性：物质载体、时空界面、感官通道、示意模式。倘若"符号媒介"成为文化或审美意义上的规约形式，就被视为"文化媒介"，或确立为一种艺术形式。"技术媒介"则是指施行媒介化功能的物理现象或实体，在物理意义上实现并展示"符号媒介"。举例说明，《红色娘子军》的芭蕾舞剧，在"符号媒介"层面，物质载体是舞蹈和音乐，时空模态为空间三维加时间维度，组合了两种感官模态（视觉和听觉），示意模式主要是通过像似性（动作和音乐），但音乐有时也发挥指示功能（如人物主题）。芭蕾作为"文化媒介"的地位不言而喻，已经取得了文化体制上的规约资质。其"技术媒介"主要包括人体、乐器、舞台道具、灯光等。演出本身既是生产也是展示，是一个媒介化过程。若拍摄成电影，其空间就变成二维；或者拍摄剧照，失去时间维度和听觉模态，这是其他技术媒介的"再媒介化"（remediation）；或者拍成电影，可以添加电影媒介的表征方式（如特写、特效）。

（三）分析模式

综合各家洞见，可以将跨媒介叙事学的通用分析模式初步提炼如下：

其一，叙事媒介的基本分析单位确定为符号模态，指"用于传递意义的选择系统"（Page，2010，p. 7）。特定物质资源要成为符号模态，必须能够传达某种意义，前文已提及三种示意方式（即皮尔斯符号学模式）。现借用韩礼德的功能语言学理论，将符号模态在叙事中所起的作用划分为三种元功能：（1）概念功能，即传递内容、知识、经验的能力；（2）人际功能，即在对话者之间建立社会互动的能力；（3）文本功能，指交流实体作为一个不同的文本（或媒介）统一体的连贯性。（Halliday，2004，pp. 29 – 31）

其二，故事世界概括为三个最基本的方面。（1）语义元素：存在物（人物、物品、时空）、规则（物理法则、社会规范）、事件（物理事件、心理事件）；叙事制品可以直接或间接呈现这些元素，或由叙事接收者建立相关推论。语义元素是故事世界的组成部分，主要在概念功能范畴下讨论。（2）语用元素：评论、批注、情绪渲染、镜头运用等。语用元素处于故事世界的外围，不属于故事世界，而是辅助实现对故事世界的表征，主要在人际功能范畴下讨论。（3）句法元素：叙述分段、分层，预序、倒叙、插叙等，如电影的镜头剪接、戏剧的幕场切分，在文本功能的范畴下讨论。

其三，叙事理解就是将媒介实体即"符号模态"映射到"故事世界"之上。用索绪尔的术语来说，就是在能指和所指之间建立映射关系；用皮尔斯符号学的话说，物质符号被阐释为表征体（representamen），表征某个对象。比如，京剧表演中，舞台上的物质资源"椅子"成为一种符号模态，代表故事世界里的"城墙"；"脸谱"则指示着故事世界里人物的性格特征。逻辑上说，各种模态资源所构成的界面世界并不是故事世界，而只是一种提示，在接收者心里唤起故事世界。比如芭蕾舞剧《红色娘子军》，不能从舞台表演推导出故事世界中的人物都会跳舞，都不说话。叙事认知所要求建立的这种映射关系，需要调用接收者已有的现实世界知识和艺术类型的表达规范。

三、故事世界的多模态表征

《摩登时代》电影本身投射了一个故事世界，餐馆试唱表演则投射了另外一个故事世界，作为一个子世界嵌入电影的故事世界之中。这里讨论的焦点是歌唱表演的故事世界。完全可以假定，在电影的故事世界里，小流浪汉的唱词是一种可理解的语言；或者，依然是一种胡诌的语言，食客们并不理解，但食客们熟知这首歌曲，因此能够轻松地理解其表演，亦即能够轻松建构歌曲所诱导的故事世界。本文考察的重点是，对现实世界的观众而言，歌词的语言不可理喻，内容完全陌生，或者，即使有些电影观众了解这首歌，也会发现它根本不是原初的内容（参见第一小节对歌曲的介绍），那么，现实观众是如何理解的？这场试演如何通过多模态资源来表征一个全新的故事世界？

（一）模态资源

特定模态可以通过不同的方式彼此关联，在意义建构中互补、映衬，或按等级排列。在特定文本中，往往是一种模态占主导地位，其他模特处于辅助地位。《摩登时代》里的餐馆试唱表演主要调用三类模态资源（表2）：

表2　《摩登时代》试唱表演的符号模态

物质资源	符号模态	感官通道	示意模式	元功能
护腕［歌词］	语言［书面］	视觉	象征式	概念
人体［声乐］	语言［语音］	听觉	象征式	概念［伪装的］、文本
	旋律	听觉	像似式	文本
人体［动作］	动作	视觉	像似式	概念、人际、文本
乐队［伴奏］	音乐	听觉	像似式	文本、人际、概念

1. 语言

语言是叙事的第一媒介。就《摩登时代》里的这次歌曲演唱而言，最具有叙事表征能力的自然是歌词，表现为三种模态形式：

（1）书面语言，就是女孩将歌词写在护腕上的一个特写镜头（图1）。小流浪汉和女友在房间里演练，因记不住歌词，女友将歌词写在护腕上。这些都属于电影的故事世界的行动。但歌词本身表征的却是另外一个故事世界。虽然仅仅呈现寥寥数语，但实现的是概念功能，即表征了歌曲的故事世界。提示的相关信息包括：①时空（空间为城市的林荫大道，时间默认为拍摄电影的时代）；②人物（女郎、老头）；③物品（钻戒）；④关系（调情、女郎为钻戒所吸引）。需要特别说明的是，这些信息是针对现实观众的（餐馆里的食客观众看不到），等于向电影观众提示了歌曲故事世界的初始状态。

（2）语音语言，表现为演唱的歌词。对现实世界的观众而言，歌词不是任何一种语言，失去了概念功能，歌唱实际上只剩下音乐维度（旋律）。

（3）歌词的旋律，通过旋律的重复，以及歌词 tu la wa 的押韵，实现的是文本功能，其音乐性将叙事自然切块，相当于小说里的章节、戏剧的幕和场，客观上也对故事世界的发展演化做了时间标记。

2. 动作

在失去语言媒介的情况下，动作表演成为主导性的叙述媒介。然而，除了规约编码的情况（如手语、交警手势，以及日常生活中约定俗成的常见动作，像挥手［再见或打招呼］、亲吻、握手），人体动作本身和所表达的意义之间并没有确定的映射。面部表情固然可以表达情绪状态（喜怒哀乐），但难以表达心理内容。动作表演需要借助道具、布景、节目标题等手段作为语境化提示，以激活受众相应的生活"脚本"。所谓"脚本"（script）是指描述特定语境里事件模式化序列的一种结构，由各种插槽（如角色、道具、进入条件、结果、场景）组成（Schank & Abelson，1977，p. 41）。比如，王景愚的哑剧《吃鸡》，在没有道具的情况下，如果没有语言题目，纯粹的动作必然会让观众困惑。正是题目提示"吃鸡"迅速唤起了观众的相关生活经验，让他们定向解读演员的系列动作。在《摩登时代》电影中，对现实世界的观众而言，护腕歌词的特写正好为理解后来的哑剧动作提供了语境化的提示。

虽说各种手势动作并没有组织成社会化的代码，没有构成单独的"手势语言"，但贾斯汀·卡塞尔和戴维·麦克尼尔在《手势与散文诗学》一文中将自然的动作分成四大手势类型：拟像式（iconic）、隐喻式（metaphoric）、节拍式（beat）、（抽象）指示式（deictic），以揭示手势对叙事话语的贡献（参见瑞安，2019，pp. 99－125）。前两种为表征型手势：拟像式模仿或像似命题内容的元素，隐喻式表征抽象的思想或概念关系。后两种属非表征型手势：节拍式通过有节律的动作标记新话题的启动，（抽象）指示式表明特定方向、位置、物品。

唱歌表演与之前的歌词小抄是完全不同的媒介形式，虽然相互独立，却指涉同一个故事世界。如前所述，二者是两个文本、一个世界的情形。小流浪汉的哑剧表演扩充了歌词小抄的故事世界，引入了一些新的物品元素，细化了调情行动，并封闭了叙事。之前歌词小抄的不完整文本，造成了歌曲故事情节的不完整，而在后来的哑剧表演中得以充实。

3. 音乐

在《摩登时代》试唱场景中，乐队伴奏实现的主要是文本功能。模式化的旋律和节奏将歌曲切分成若干小节，同时也将故事世界的情节发展切分成几个小块。从叙事学来看，动作表演，尤其哑剧小品，失去了时间二重性，话语时间和故事时间重合；由于动作表演的相对完整性，在不借助其他符号模态的情况下，难以独立表征故事世界的空间转移、时间跳跃。这时，伴奏音乐的重要意义就体现出来了。

其次，音乐还实现人际功能，表现为对故事世界事件的隐含评论（相当于小说中的叙述者评论）。电影的这个场景采用的是喜剧歌曲《蒂蒂娜》，意在通过音乐的滑稽效果来表达故事世界的滑稽。

当然，音乐也有概念功能，如小提琴协奏曲《梁祝》，通过像似性表征某种情绪与想象，往往要借助多模态手段如文字标题，来进行互文性或媒介间性的提示（所谓标题音乐）。《摩登时代》餐馆试唱里的突出例子是乐器模仿汽车鸣笛，表征歌曲故事世界里的元素和事件。音乐的纯粹时间性，比如呈示部、展开部、高潮等结构，可以表征故事世界的情节线，但难以独立表现事件的具体语义内容。总的来说，就表征故事世界而言，音乐的叙事可供性非常有限，难以和语言与图画相提并论。

（二）表征方式

现在重点探讨《摩登时代》餐馆表演对歌曲故事世界的多模态建构。从叙事识解的角度看，符号模态最重要的是实现概念功能（即表征故事世界），但是，由于护腕的丢失，小流浪汉即兴演唱的不是任何语言，失去了这一最强力的模态资源。弥补方式就是动作表演，动作诉诸视觉，此时成为最具可供性的叙事资源，取代语言成了表征歌曲故事世界的支配性模态。叙述的成功与否，取决于能否通过动作来呈现故事世界的细节及发展。音乐伴奏、人声演唱均为辅助模态。

1. 叙事加框

小流浪汉丢失护腕、四处找寻，迟迟没有开始演唱，食客开始起哄，这时他做了个手掌竖起、掌心向外的动作（图2）。这个动作具有一定社会规约性，在日常生活中表示停止（争吵）、集中注意力的意思；这里的动作比较轻柔，甚至含有妥协的意味，主要是暗示观众安静下来，正式演出马上开始。毋庸讳言，这个动作实现的是人际功能。

用手势类型学的话来说，这个手势属节拍式，导入新的场景，表示接下来是正式的表演，实现了故事世界的本体论分层，提示之后表征的是另一个时空，即歌曲的故事世界（嵌入在电影的故事世界中）。从文本功能的角度看，这个动作起到了叙事加框（framing）的作用，标记两个不同本体论层次的故事世界之间的边界，提示一种指示转移，即从电影故事世界（餐馆）的此时此地转移到歌曲故事世界的此时此地。

图 2　竖起双掌表示演出开始

2．人物出场（1—2 小节）

歌曲的每个小节有清晰可辨的结构，包括人声演唱和中提琴旋律的四个乐句，小节的结尾标记是歌词（tu, la tu, la wa）、乐器合奏。

第 1 小节引入第一个人物——女郎，表征资源是作为像似符的动作模态，主要通过四个手势动作（图 3），提示一个漂亮、苗条、时尚女孩的出场。首先是左手在面部画两次圈，属指示式手势，指向故事世界中的人物，意为这是个漂亮的脸蛋。接着双手在胸前向外翻手掌（隐喻式），暗示胸部丰满甚至有些暴露。然后双手以拇指为轴指向腰间，手背向下由水平转竖直（指示式），表示柳腰丰臀。第四个动作，右手呈 OK 手势，半伸向右前方，左手从右手位置向左下方做下拉的动作。这个动作是拟像式，即表征故事世界里的人物动作，可能是撑开阳伞，也有解释为挎上坤包，因为之后右手一直半举着，左手提裤（表示故事世界中的提裙）。因为之前呈现了护腕歌词镜头提示，电影观众可以根据生活常识，在这些具身模态（表演动作）和故事世界元素（人物及行动）之间建立起映射关联。

第 2 小节引入第二个人物——老头，同样有四个动作。首先是双手捻髭（图 4）、右手捋须，是个指示式手势，表示接下来扮演的是老头。接下来是双手半叠掌从颈前到小腹来回画弧线，形容大腹便便（隐喻式手势）。然后是左手擦拭右手戴的戒指（拟像式，依据护腕小抄歌词提示）。最后是右手甩动物品转圈，是个拟像式的炫富动作，虽然确切意思不明，但结合电影其他部分进行互文性推理，转动的可能是小流浪汉的标志性物品拐杖。

在之后的小节里，面部画圈和双手拈髭成为一种模式，用来标记人物（指示式手势，表明故事世界的特定人物）。这一点很重要，因为一个身体表征两个人物，二者之间的切换必须非常明确。另外，人物也通过站位进行区分，小流浪汉面向右方表征女孩，面向左方则是表示老头。

因为之前有护腕歌词的提示，这里故事世界的空间默认是在大街上，时间默认是电影故事世界的时代，即美国20世纪二三十年代。

图 3　面部画圈标记人物（女郎）

图 4　双手捻髭标记人物（老头）

就文本功能而言，第1和第2小节之间除了通过音乐伴奏和声乐来标记文本边界，动作表演也同步发挥了这种功能：伴随着歌唱小节结尾句押韵的 tu, la tu, la wa，小流浪汉小步回转走了一个圆圈（第1小节是顺时针，第2小节是逆时针），成为一个小节的标记，这个转圈动作属节拍式，标记新话题的启动（即故事世界的新行动或事件）。

3. 人物相遇（过场1）

过场没有人声演唱，伴奏音乐呈现出片刻的旋律变化，然后恢复正常节奏。

两个人物的相遇以动作来表示：先是老头的人物标记捻髭（指示手势）；然后是脱帽致意，目光随之转动（表明女孩从身边走过）；右手在衣服上摩擦后在左眼下抖动（擦拭戒指、炫耀）；眼神勾引；走近女孩（从右侧碎步走向左侧）。这一系列动作都是拟像式，表征故事世界里的行动。

动作表演的概念功能，前面说过，一般情况下人体动作和所表达的意义之间并没有确定的映射关系。对特定动作的理解需要语境提示，激活观众已有的关于现实世界的脚本知识。这里，电影观众理解其动作所参照的可以称为"调情"脚本，由护腕小抄镜头提示。

4. 人物初识（第3小节）

两个人物初次交流。指示式人物标记为拈髭。接着是一连串的拟像动作：脱帽致意，邀请坐车（转方向盘的动作），拉门，上车；最后是右手伸出转几个小圈，这个动作解读为隐喻式，表示开车兜风。顺便说一句，拟像式动作表示故事世界确实发生了这个行动，而隐喻式动作不能做字面理解。比如，不能说故事世界里的老头伸出右手画圈；同理，拈髭这个动作固然可以解读为拟像式，表示老头的确在捻捋自己的髭须，但这个动作频繁出现以至于成为模式，就只能解读为指示式，除非说这个老头有频繁拈髭的小怪癖。

这个小节引入了故事世界的新元素——汽车，之前的护腕歌词中并没有提到。因为示意模式是像似性，激活的是观众的"开车"脚本，所以对熟知驾驶汽车的观众而言比较容易识解。

除伴奏音乐外，唱词 tu，la tu，la wa 以及身体逆时针转圈标志该小节结束。

5. 空间转换（过场2）

无人声演唱。乐器（长号）模仿汽车鸣笛声音，人体模仿方向盘驾驶动作（拟像式），表示故事世界的空间转换，从大街转向车里。

6. 人物互动（第4—5小节）

第4小节开头是一个节拍式手势（双掌竖起），进一步确认了场景转换。通过拂面和拈髭来分别标记人物，然后呈现了两个心理事件：女士害羞（缩首叠掌，拟像式），老头盘算（拇指轮转，隐喻式）；老头挑逗（吻手指，伸手抚摸）；女孩打手，瞪眼。这时一个媒介（身体）同时表征了两个人物，因为都是拟像式手势，观众根据已建立的情景模型，解读起来相对容易。以唱词 ti la tua 以及顺时针转圈走步标记该小节结束。

第 5 小节在转圈走步的同时，右手平举呈 OK 状手势，左手提臀，站位面朝右，这些都构成指示式动作，标记女孩，通过手指来回指表示索要戒指（隐喻式，故事世界里应该是通过言语表达的；也可以解读为拟像式，女孩没有说话，通过动作来表示）。拈髭标记老头，取下戒指递过去。以唱词 vi la tua 标记该小节结束。

7. 调情成功（过场 3）

无人声演唱，以齐肩抱双臂及扭屁股动作来表示两人的亲昵（拟像式，一个身体表征两个人物）。而后仿佛拉下拉链的动作，从概念功能上看，可能是拉下汽车窗帘（拟像式手势）；也可以解读为人际功能（即隐喻式手势，向观众表示这些内容不宜表现）。

8. 结局（第 6 小节）

通过拂面标记女孩，呈害羞状，双手掐老头脸颊，拉过亲吻，挥手再见。以唱词 la la la la la la 标记整个故事的结束。

9. 补记（电影剪掉了的部分）

原本还有去当铺检验钻戒为赝品的镜头，最终在电影中被剪掉了。

四、模态配置的审美政治

美国马克思主义批评家詹明信（Fredric Jameson）在其《政治无意识》（1981，p. 84）中提出"形式的意识形态"，指共存于特定艺术过程及其一般社会形态中的各种符号体系所释放的象征意味。并不是说特定表达形式本身携带有什么具体的政治内涵，而是说，在特定的文本语境和历史语境中，特定的艺术形式会涌现出某种意识形态意蕴。这个思路可以用来诠释叙事中模态资源配置的主题表达功能。下面从"可述性"（tellability）切入，对《摩登时代》餐馆试唱表演中所调用的符号模态进行批评诠释。

"可述性"指的是让故事值得讲述的特征，即"值得关注"（Baroni，2011），依据叙事学的经典模型"故事－话语"，可区分为故事层面和话语层面的可述性，也就是说，事情本身非常值得讲述（往往同语境相关），或者，一个平淡的故事可以讲述得非常精彩。西摩·查特曼（Chatman，1978）将话语进一步分解为表达的形式与材质，这里的材质解读为媒介。这意味着，可述性也可以体现在叙事媒介上，或者用瑞安（Ryan，2016，p. 25）的话来说，是"对媒介本身的兴趣"。

餐馆试唱所表演的故事固然有其叙事趣味，但是可述性更多是源自话语的媒介特征。前面提到过，这段表演的故事尾声是钻戒在当铺被检验为假货，但电影最终剪掉了这个尾声。这一事实表明，餐馆试唱的可述性并不是要突出故事世界本身多么具有趣味性或者戏剧性，而是通过动作表演来呈现故事世界，表演本身（即媒介）才是叙事趣味之所在。简而言之，就是通过特定的模态配置来实现叙事的陌生化效果。

这是因为，原本语言才是叙述的第一媒介，相比之下，纯粹通过身体动作来讲述故事，具有非常大的挑战性。"说到叙事能力，媒介的资质是不一样的；有些媒介是天生的故事家，有些则具有严重残疾。"（Ryan，2006，p. 20）瑞安按叙事能力把媒介降序排列为语言、图像、音乐。简单的例子就是搞笑配音，同样的一个镜头序列如果配上不同的对白（语言的语音模态），叙事意义会大相径庭。同样，如果小提琴协奏曲一开始就没有冠名《梁祝》作为语言提示，其叙事意义的表达也会大打折扣。

《摩登时代》中，小流浪汉记不住歌词，甩掉写有歌词的护腕，这一情节设计固然有其搞笑娱乐成分，但核心是刻意地废除语言作为叙事第一媒介的地位，通过无意义的歌词解构语言媒介的叙事优先性。不仅餐馆试唱这一片段，而且整个电影都呈现出一种特别的媒介资源配置：动作模态一直是支配性叙事模态，抗拒甚至颠覆了语言（尤其口语）的模态特权地位。这种模态配置的意义需要结合电影的具体语境才能诠释。

首先，从历史语境看，这反映了卓别林个人的艺术倾向。在《摩登时代》所处的20世纪30年代，有声电影已经成为主流的生产模式，美国的电影工业走向繁荣。《摩登时代》体现了卓别林之前的一贯立场：抗拒有声电影的历史大势。他虽然接受了电影的声音轨道（如使用音乐），但近乎偏执地拒绝语音轨道。安纳·普雷明格（Aner Preminger）在《查理·卓别林演唱无声的安魂曲》一文中指出，卓别林将无声电影作为一种哑剧艺术来捍卫；《摩登时代》更青睐一种抽象的、机理的声音，而不是人的声音。"他再次向观众证明，表演、舞蹈、哑剧和音乐比有声语言能更好地讲述故事。再一次，卓别林忠于他的艺术视野，成功地表达了他对新的有声电影媒介深深的怀疑。"（Preminger，2013，p. 176）

电影实质上是一种"再媒介化"，演员的表演才是对故事世界的初次媒介化，电影不过是对表演的一种记录和展示。虽然电影在发展初期，还只能实现镜头剪辑，添加声音轨道，无法对动作表演进行后期处理，但卓别林可能已经敏锐地感觉到了媒介技术对表演艺术的威胁。毕竟哑剧调用的是身体媒介，而身体（在进化出语言之前）是人类最初、最朴素的交流媒介，其叙事可供性较为有限，更需要艺术家的灵感与创意。但是，随着技术的不断发展，电影媒介的表征能力日益强大，如今不仅视听效果日臻完善，而且特殊影院甚至还能实现嗅觉、触觉等感官体验。技术媒介对艺术的反噬效应，在今天尤为显著，电影的各种特效与加工技术，已经严重地冲击了对演员表演创造性的要求。因此，从历史化的角度看餐馆试唱情节，演唱因忘记歌词而变成音乐哑剧，就体现了一种审美政治的选择，即坚守表演艺术的本真性、创造性，批判电影媒介的技术性、工业化。

其次，从文本语境看，模态资源的选择与配置毕竟要服务于主题表达的需要。卓别林所推崇的身体表演，作为符号模态，在多模态理论中称作"具身模态"（embodied modes），指（非语言的）手势、注视或姿势等，如音乐、印刷或布局就是非具身模态（Norris，2004，p. x）。具身模态贯穿《摩登时代》整个电影，一直是主导性的叙事模态资源，语言沦为非具身形式的"字幕卡"（intertitles）。但是，在电影开头的工厂场景中，的确出现了对语音语言的使用，这也是电影中唯一使用语音语言的场景。这一使用的含义非常微妙。电影中，语音语言模态的使用有两处：一是生产加速的指令和卫生间的监控；二是推销喂饭机的产品说明的录音。这种刻意的模态配置产生了一种对立：具身模态对抗语音模态。作为具身模态的各种动作总是与人的欲望、本能、情感、行为相联系，表达的是人性主题；与之对立的语音模态代表的是资本主义生产方式的秩序、效率、技术等方面的权力话语。众所周知，"异化"是《摩登时代》的核心主题，具身模态在表现这个主题上（相对于语音语言）就显得更有效率，更形象具体，降低了观众的认知负荷。比如试用喂饭机、拧螺丝强迫症、机械师卷入巨型齿轮等镜头，生动地表现了资本主义工业化将人变成机器的景象。因此，在这部电影中，对叙事的第一媒介（语言）的解构，就涌现出了意识形态的意蕴，象征着对工业化的抗拒、对资本主义生产方式的批判。

理论上，各种符号模态的叙事可供性千差万别，但各有千秋。露丝·佩奇（Page，2010，p. 4）甚至主张"模态民主"："多模态对交际中使用多种资源的坚持，是和民主立场相联系的，即所有的模态都是平等的。"话虽如此，我们必须承认，各种模态资源的叙事能力，并非是生而平等的，还是要看想要突出表现故事世界的哪个方面。正如玛丽-劳尔·瑞安（2014，p.20）所说："图画和音乐的讲故事能力虽然有限，但这并不意味着它们就不能为叙事意义的形成做出原创性贡献。语言、图画、音乐的可供性相互补充，在多通道媒介中一起使用时，各自构成整体想象经验的不同侧面：语言是通过其逻辑和对人类思维的建模能力，图画通过其沉浸式空间性、音乐通过其氛围营造和情感力量来分别实现的。"在卓别林后来的有声电影如《大独裁者》（1940）中，语音语言的模态地位显著提升，典型表现在电影结尾处的一场精彩演讲。这未必就表明卓别林改变了对有声电影的态度，恐怕还是出于主题表达的需要。因为在《大独裁者》这部影片中，卓别林想要直接向观众表达思想；就直接表达命题内容而言，演讲作为语言媒介（当然演讲本身伴有手势模态，语音本身携带音乐模态），表达效率自然要优于书面语言，相比之下，图像、动作、音乐就很难单独胜任了。

引用文献：

瑞安，玛丽-劳尔（2014）. 故事的变身（张新军译）. 南京：译林出版社.

瑞安，玛丽-劳尔（2019）. 跨媒介叙事（张新军等译）. 成都：四川大学出版社.

Baroni, R. (2011). Tellability. In Peter Hühn, et al. (Eds.), *The Living Handbook of Narratology*. Hamburg：Hamburg University. Retrieved from http://www. lhn. unihamburg. de/ article/ tellability

Chatman, S. (1978). *Story and Discourse*. Ithaca：Cornell University Press.

Elleström, L. (2010). The Modalities of Media. In Lars Elleström (Ed.), *Media Borders, Multimodality and Intermediality*, 11－48. Basingstoke：Palgrave Macmillan.

Elleström, L. (2021). The Modalities of Media II. In Lars Elleström (Ed.), *Beyond Media Borders* Vol 1, 3－91. Basingstoke：Palgrave Macmillan.

Halliday, M. A. K. (2004). *An Introduction to Functional Grammar*. London：Holder Education.

Herman, D. (2002). *Story Logic*. Lincoln：University of Nebraska Press.

Herman, D. (2009). *Basic Elements of Narrative*. Malden：Wiley-Blackwell.

Jameson, F. (1981). *The Political Unconscious*. Ithaca：Cornell University Press.

Kress, G. & van Leeuwen, T. (2001). *Multimodal Discourse*. London：Arnold.

Kress, G. (2010). *Multimodality*. London：Routledge.

Norris, S. (2004). *Analyzing Multimodal Interaction: A Methodological Framework*. London：Routledge.

Page, R. (2010). Introduction. In Ruth Page (Ed.), *New Perspectives on Narrative and Multimodality*, 1－3. New York：Routledge.

Preminger, A. (2013). Charles Chaplin Sings a Silent Requiem. In Lawrence Howe, et al
（Eds）. *Refocusing Chaplin: A Screen Icon through Critical Lenses*, 163 – 185. Lanham：
Scarecrow.

Ryan, M. -L. (2014). Story/Worlds/Media：Tuning the Instruments of a Media-Conscious
Narratology. In Marie-Laure Ryan & Jan-Noël Thon (Eds.), *Storyworlds across Media*, 25 –
49. Lincoln：University of Nebraska Press.

Ryan, M. -L. (2016). Texts, Worlds, Stories：Narrative Worlds as Cognitive and Ontological
Concept. In Mari Hatavara, et al (Eds.), *Narrative Theory*, *Literature*, *and New Media*, 11 –
28. New York：Routledge.

Schank, R. C. & Abelsonn, R. P. (1977). *Scripts*, *Plans*, *Goals and Understanding*.
Hillsdale, NJ：Lawrence Erlbaum Associates.

Wolf, W. (2011). Narratology and Media (lity)：The Transmedial Expansion of a Literary
Discipline and Possible Consequences. In Olson Greta (Ed.), *Current Trends in Narratology*,
145 – 180. Berlin：Walter de Gruyter.

作者简介：

张新军，博士，湖北医药学院教授，主要研究方向为叙事学与英美文学。

Author:

Zhang Xinjun, Ph. D., professor of Hubei University of Medicine. His research field covers
narratology and English literature.

Email: zhangxinjun@163. com

角色、时间与意义：关于自我的"情节"

文一茗

摘　要：传统意义上，有关"情节"的探讨，主要围绕文本凝缩之后所得的具体信息，及其可被还原的某种叙述模式。本文基于符号叙述学的视角，将叙述之于自我的意义，视为情节构建及分析的关键，并认为："情节"构建中的叙述元素，应当同时在"什么"（what）与"如何"（how）两个层面展开，由此为卷入文本的自我（无论是文本的发出者、接收者还是其中的角色）提供一个意义栖居之处。

关键词：情节，角色，时间，意义，自我

Character, Time, and Meaning: The Plot of the Self

Wen Yiming

Abstract: In literary studies, debates over "plot" traditionally centre on the message from the condensed text and its reducible narrative pattern. This paper, adopting a semiotic narratological approach, takes the meaning of the self offered by narrative as the key to an analysis of the plot. It argues that in literary texts, an understanding of the narrative elements in plot construction should be developed from the two dimensions of "what" and "how" to make the text meaningful to the self (regardless of the sender, receiver, or character of the text).

Keywords: plot, character, time, meaning, the self
DOI: 10. 13760/b. cnki. sam. 202401008

情节（plot）既是撑起一个文本的骨架，也是一个文本的灵魂。因为构成情节的三大叙述元素——角色、事件与时间，同时在"什么"与"如何"两个层面得以展开。仿佛一张无边无际的意义网络，情节努力地为自我交代一个清晰可见的终结或感知终结的意义方向。叙述学界曾赋予情节（plot）很多定义与相关术语：如 mythos, story, histoire, eventfulness, narratability, emplotment, conflict……情节的情节，令人生畏。本文想通过回归情节构建中最基本的元素——角色、时间与意义，从而探究情节可能被理解的路径。

作为叙述得以展开与接收的基本动力，情节应当从三个维度延展开来：一是传统关注较多的"发生了什么"（what），其中，关键的元素是角色（character）及其卷入的事件（event）；二是当下认知转向中所关注的焦点"如何发生这一切"（how），即角色与事件得以再现的方式；三是上述所有叙述元素为何被理解为一个朝向未来意义向度的符号自我，也就是说，情节得以展开的目的在于，为自我的终结或者暂停赋予某种意义或解释。所以，我们应该从三个层面同时进入情节：角色关于是"什么"，事件关注的是"如何"，时间则回答了"为何"。此三者，构成了立体的情节魔方。如此理解情节，意味着将之视为一种立体的意义展开过程，在这一符号化过程中，情节的每个元素都应当同时在"what"与"how"两个层面对读者构成冲击。

由此，本文的探索始于角色与事件之间的意义关联。角色是自我的文本符号化投射。对情节的探索，服务于对角色的意义定位。文学终归是有关"人"的学问，即便是打破以人为中心的视角下的叙述，也最终反指人的自身，并由此进入有别于过去自我的新领域。

一、事件：角色的担当

将"character"强调为"角色"而非"人物"，是因为一个角色需要被理解为一个具备示意能力的拟人格。除了传统叙述中出现的浑圆/平面（round/flat）人物，角色是能够令人实在可感之"人"。角色也可以是童话中的动物、植物、一片云甚或想象的造物。那么，应当如何界定"角色"呢？

要成为一个角色，它只需要为读者呈现一个"自我"的符号，具有能体现自我表述、反思并且与世界形成交流的意义能动性。尽管，这个符号化的"我"可能在文本中并未完全或充实地展示这种话语主体性（比如，一个功能性的平面角色"泄密者"，或者一个面临外在境遇而无能为力的"观察者"）。给出上述定义，是为了突出角色乃符号化的话语能力。唯有如此，才能成为构筑情节的载体。反过来讲，情节必定是角色展示其话语主体性的过程。

传统的角色分类，一般是根据其在文本中呈现的形式样态，如刚才提到的浑圆/平面（round/flat）、主要/次要（major/minor）、动态/静态（dynamic/static）、开放/封闭（open/closed）构建之说。如此划分，固然精准却囿于现象，未能深入解释作为意义单元的角色。如果从其话语主体性及其对文本理解方式之作用而言，角色分类或许可以从更深的意义层面而非构建语法来展开。从符号叙述学的角度出发，我们或许可以得到以下两类角色：意义能力不足者，意义能力充分者。意义能力不足者，即有关该角色的叙述所指向的自我形象，在文本中未能充分展示（不需要或者说不能够），从而未能与读者形成充分的意义交流。反过来，意义能力充分者，在被接收时，应当能够对读者形成明显甚至十分强劲的阐释动力。

而角色的意义能力，往往落实于事件的构筑局面。"冲突"（conflict）一直是学界分析情节的关键词，即角色必须卷入两种对立的力量较量之中，从而形成有一定轮廓感的事件发展样态。此处的"轮廓感"喻指读者能够感知到的文本意义样态（如古典主义美学所推崇的开头、转折、高潮、终结这一整套叙述布局及其对应的叙述策略）。比如，在轮廓感较强的寓言故事中，冲突往往设置为两个对立角色（如善与恶、美与丑、构建与拆毁）之间的对抗；在社会问题故事中，是某个角色与外在环境力量之间的博弈；心理分析故事中，则是轮廓感强弱的不同自我之间的交流与妥协。总之，轮廓感可强可弱，或隐或显，可以是人与人、人与语言、人与时间等。

事件应当被理解为一个有目的的过程——角色意识到自我的某种"缺失"，即自我作为符号的根本属性，并且为此展开应对，如弥补、回归或探寻等，最终以自我的方式为"缺失"命名（赋予意义）。有时，轮廓感会弱化到一种近于"无事之事"（non-events）。浦安迪（Andrew H. Plaks）在分析《红楼梦》时，曾惊奇地发现，以《红楼梦》为代表的中国故事情节，竟然是在"无事之事"的叙述格局中展开的：

> 古今中外，叙事研究的基本单位都是"事"或者"事件"（event）。如果没有一个个这样的基本"事件"单位，整个叙事就会变成一条既打不断也无法进行分析的"经验流"。然而，研究叙事的基本单位"事件"，并为它下定义，看似容易，其实很难。在西方文学理论中，"事件"似乎是一种"实体"。人们通过观察它在时间之流中的运动，可以认识到人生的存在。与西方文学理论把"事"作为实体的时间化设计相反，中国的叙事传统习惯于把重点或者是放在事与事的交叠处（the overlapping of events）之上，或者是放在"事隙"（the interstitial space

between events）之上，或者是放在"无事之事"之上。（浦安迪，2018，p. 46）

像《红楼梦》这样有着复杂叙述分层的故事（尤其是主层叙述者石头回忆补述并理解的红尘往事），流连于无尽的游园、茶会、拌嘴，并在其中得以升华与沉淀。由此可见，事件的可感知性，并非我们界定角色意义能力的标尺，除了上述对《红楼梦》"无事之事"的分析，那些经典的意识流作品（如《达洛维夫人》《尤利西斯》等），无不展示出角色如何游走于那无迹可寻的、流动的事件中。与西方文学中的概念相异，"事"在中国的叙事传统里，并不是一个真正的实体。在中国古代的原型观念里——静与动、体与用、事与无事等——世间万物无一不可以划分成一对对彼此互涵的观念，然而这种原型却不重视顺时序的直线运动，却在广袤的空间中循环往复（浦安迪，2018，p. 47）。这种事件轮廓感扁平的"无事之事"，在许多后现代主义文学作品中，甚至转换为主动出击，为自己寻找并承担事件的角色，从而有力扭转了（亚里士多德在解读悲剧时界定的）为"事件"所挟裹的工具性角色形象。

比如，以元叙述见长的小说家保罗·奥斯特（Paul Auster）[①]，在其创作的《布鲁克林的荒唐事》（*Brooklyn Follies*）中塑造了一个"写作事件"及卷入其中的群像角色（后现代文学中典型的边缘人物）：在零散、虚无中任由放逐的自我，将传统意义上的文学事件割裂为看似毫无意义、支离破碎的"荒唐之事"。但是，这部小说中的荒唐角色为后现代之后的迷茫开辟出某种新的意义方向可能性，从而有别于史诗中英雄"出走—完成使命—回归"，即角色承载事件的情节模式。《布鲁克林的荒唐事》中的边缘人物，体现出一种强大的意义能力或曰自我文本化能力：向生活主动出击，为自己主动塑造（而非被动填充）事件，由此打破了边缘人物因自我放逐而遭遇的意义焦虑与叙述困境。

小说开篇的"我"，是一个被事件割裂的个体，与他者剥离了意义关联，丧失了进入事件的意义条件；通过第一人称的视角，这样的角色与读者共享受了他对未来事件的不确定性感知。"我在寻找一个清净的地方去死"，故事开头的第一句话抛出一个自相矛盾的自我符号：我主动选择了退隐，主动割

[①] 保罗·奥斯特在当代文坛具有相当高的创作活力与影响力。其作品展现出诸多方面，如对人的自我认知、意义交流方式以及跨符号视域的再现模式等，对"后现代性叙述"形成相当程度的自省，提出了新的意义维度与思考方向。

裂了与他人的关联，主动消灭了所有可能发生的事件。但正是这一点，充分展示了角色塑造事件的全部过程和完整的意义能力。如此的离群索居，是为了实现一种事件的可能性，即建立与他人更深的符号关联，并且探索一种截然不同的存在样态，从而，"我"赋予余生某种新的意义。我退隐至众人之外，却记下了有关众人的《人类愚行大全》，目的是让自己快乐，因为"生存大于生活，生存是所有人的生活都加在一起（Existence was bigger than life. It was everyone's life all together）"（奥斯特，2019，p. 115）。"我"有一种强大的叙述本能："我"要写一本关于他人行为的故事集。在他们的故事中，"我"以双重角色（旁观叙述者与同伴角色）置身其中。写作本身对于"我"而言，是一种建立与他人关联的方式，因为"我"决定了他人事件的可叙述性，并且，在种种有关他人的事件中，"我"既是一种偶然，也是一种不可或缺的必然。可叙述性正体现在与"我"的关联性使自我的某一面得以实在化。这里形成了一个意义回环："我"退隐/叙述—记录他人的故事—实现我的价值。这构成了情节的冲突，而串联这一回环链条的动力，不是现成的事件，而是叙述本身。写作的绵延与展开，令"我"的写作行为（the act of narration）成为写作事件（the event of narration），从而建立起与他人的身份意义关联。

二、时间的承诺

叙述展开的轨迹，可以总结为从源起到终结。卷入事件的角色，都会呈现出一个时间的意义向度：自我意义化的终结或者暂停。换言之，任何叙述的目的，都是使自我更为明晰地朝向未来，萨特曾言，对自我敞开的时间维度只有一个，便是未来：人处处遭遇他的规划，他遭遇的只是他的规划。所以，萨特式的自我从未曾回归自身，而是处于不停歇的逃亡之中。因为人的过去和当下都不能给予自身一个可以进入意义的基础。所以，必须为自己搭建一个意义基础，其方法就是将自己投射向未来（毕尔格，2004，p. 157）。

根据柏拉图的"理念"之说，自我对世界的认知呈现为三分图式：理念世界、现实世界与艺术世界。由于理念是绝对与完满本身，所以，理念世界是所有符号再现最终——尽管徒劳——的所指对象。自我经验的现实世界，是理念世界的影子（符号再现）。而艺术世界（广义叙述世界），不过是影子的影子，被真相隔开至无限远方。失去乐园之后的自我，只能根据对自我完满状态的隐约回忆与由此形成的理念，去再现经验世界中的自我缺失。这似乎道出了文学创作的宿命：情节的展开，似乎不过是沿着三分图式的逆水行舟而已。难怪，世界文学叙述的"源起"，总是被呈现为某种自我的缺失与错位（如《红楼梦》中石头的"无才补天"，古希腊悲剧中关于英雄的不祥神谕，史诗中的生存幻灭等）。事件中的角色诉诸不同的符号，将这种缺失或错位对象化（objectify），而文本末端的"结尾"，不过是单次符号化行为的暂停，并不安地指向自我完满的理念。《红楼梦》中因无才补天而自怨自艾的石头，苦苦哀求僧道二仙助力幻形入世，从"无"入"有"再回归"无"。《海的女儿》则从"无"进入"有"的幻影，再进入永恒。在《海的女儿》中，小美人鱼始于美丽却终化为泡沫。"爱"成为抵制自我有限性的理念的符号。为了追寻"永恒的符号"，美人鱼浮出了水面，进入尘世人间，却发现尘世之爱只是永恒之爱的影子。美人鱼所做的最终选择，不是《红楼梦》中的无解回归，而是通过彻底的自我转换进入永恒本身，文本叙述中的"泡影"可谓意味深长。

在王尔德的《夜莺与玫瑰》中，夜莺是一个十分复杂的角色。如前所述，根据传统角色分类，夜莺是一个静止而平面的功能性角色，代表了某种抽象的品质——比如"爱"的理念本身。然而，夜莺成为真爱之符号的方式，却是波澜起伏的动态过程。也就是说，她是以动态的方式（情节中反复出现"三"之意象：三次寻花、三次被拒、三次歌唱直至死亡等），去诠释静态的意象——这是夜莺这一角色对读者提出的阅读与理解方式的要求。夜莺遭遇"爱"的姿态，是成为绝对的"无我"，即交付出自我最好的全部。首先，她毫无保留地献出最美好的歌声（"夜莺"这一角色被命名的由来）——"我会为你献上最美妙的曲子"（I will sing you my sweetest song），从而换取那最红的玫瑰（真爱的理念的符号）。当得知需要奉献更为完全的自我（生命本身）时[①]，夜莺选择的是顺从。也就是说，这个故事的情节是夜莺这一角色历经三次自我拆毁，从而换取爱的理念的影子的影子（即真爱—恋人起舞的承诺—红玫瑰）。夜莺自我的符号也经历了三次转换：夜晚的歌声—生命—有情人。只不过，正如世界文学情节图式所示，理念的影子的影子，总是指向自我缺失的更深处——红玫瑰被有情人弃于阴沟。

---

① 原文为：If you want a red rose, you must build it out of music by moonlight, and stain it with your own heart's blood. You must sing to me with your breast against a thorn. All night long you must sing to me, and the thorn must pierce your heart, and your life-blood must flow into my veins, and become mine. （如果想要一朵红玫瑰，你就得在月色之下唱歌，并用你的心之血染红花朵。你要用一根花刺抵住你的心，并整夜为我歌唱；花刺将穿透你的心脏，你的生命之血将流进我的血管，成为我的生命之血。）

至此，笔者欲以一个情节极为简单的书信体小说《窄门》（纪德，2015）为例予以说明。该故事所呈现的，是叙述者兼人物"我"（杰罗姆）追忆已故的恋人（表姐阿丽莎）。二人曾在灵与肉、世俗之爱与天国情怀之间苦苦纠结，在追寻通向永恒之道的窄门中，不停推迟但仍最终关闭了实现尘世之恋的通道。若以"角色""事件"与"时间"为关键词，可将这个故事还原为某种"在推迟中前进"的叙述格局，而推迟的原因，是对符号揭示真相的怀疑。

"我"与阿丽莎的恋情，始于年少的知己之情。两人通过彼此可以更为明晰地认知自我的形象。但"我"与阿丽莎的感情，在某种意义上指向更高的天国之道（最高级的幸福），即"我们的爱"是永恒之爱投射于尘世生命的符号。然而，恋情的命名（婚姻）会戳破这个符号的幻影。如果执守于这个脆弱的符号，将之置于所指对象之上，反而会将后者推至更远方。所以，该故事所隐含的冲突在于符号再现与所指理念之间的对抗。在文本中反复表现为二人即将临近爱情的符号化（表白与确定关系）时，都无一例外地选择推迟并将其演化为更为微妙复杂的符号形态：

> 她在花园里端。我朝圆点路走去，只见紧紧围着圆点路有丁香、花楸、金雀花和锦带花等灌木，这个季节正好鲜花盛开。我不想远远望见她，或者说不想让她瞧见我走近，便从花园另一侧过去，沿着一条树枝掩护的清幽小径，脚步放得很慢。天空似乎同我一样欢快，暖融融、亮晶晶的，一片纯净。她一定以为我要从另一条花径过去，因此我走到近前，来到她身后，她还没有听见。我站住了……就好像时间也能同我一道停住似的。我心中想道：就是这一刻，也许是最美妙的一刻，它在幸福到来之前，甚至胜过幸福本身……（纪德，2015，p. 99）

因此，随着情节的进一步展开，冲突模式悄无声息地转换为角色与时间的一场竞赛——未来"我"与此种被滞后的无限之间的对抗。在通向永恒之爱的窄门与尘世之恋所承诺的大道之间，自我的出路到底在何方？叙述时间的意义，再次涉入亘古谜题的阐释旋涡之中。无论叙述者"我"的等待，还是阿丽莎的死亡，都未能将之推入那扇窄门。即便是对于选择了自我拆毁的阿丽莎而言，她依然留下（并指定交给"我"的）日记，从而完成了纪德所说的"叙述先行"的艺术家形象：不是原原本本地讲述经历的生活，而是原原本本地经历要去讲述的生活（2015，p. 8）。在临近作为理念的窄门的那一刻，符号再次绕开了自我。

或许，所有的情节构筑都是一种努力，想挣脱过去的羁绊，奔向茫然的未来。在瞥见未来之幻影时，自我才忆及起点；每一步迈向未来的逃亡，都把自己带回到隐约记忆中的原点；指向未来的叙述终结，都在过去找到了最好的回应与慰藉。

三、情节与意义：叙述之外，自我何以安身？

归根到底，叙述是经由某种形式而实现的自我指涉。正如反身代词"自我"（oneself）清晰所示，任何形式的自我指涉，反过来，都将自我作为只能以符号（语言）隐喻的对象。我们所留意的思想史中的主体，从古典时期那个安之若素的自我，滑向现代主体——那个极度自恋，并因此焦虑空虚的孤影。其间运动轨迹是：叙述的重心从自我之外转而指向自我本身，并深入自我之内，涉入后现代的自我迷宫。叙述，不仅在审视自我的行为与诸种符号链接，而更在意我如何感知那个被称作"我"的造物。那么，关于叙述的最大谜题浮出了水面：叙述必须以走出自身之外为动力；或者说，没有符号所承诺的方向——自我的终结，叙述无从展开。由此引发的另一个麻烦在于：自我的内在必定是特殊的存在，而自我表达（叙述化）又必须依附于其基础是作为共性感知的语言符号。语言的承诺终归是苍白的：我们希望通过向自我再现确立自身的独特性与本真性，却总是落入普遍性之中。因为叙述本身，其基础是自我与他者所共有的示意符号。这真令人泄气，从源头上击败了自我设计的所有范式。

作为内部的思维，一定经由外部的语言符号得以塑形与分类。难怪古今学者时常提醒语言的不可靠性，警告人若将思考诉诸语言，会令人陷入茫然，因为"这种经验首先是恐惧的经验，而这一恐惧显然源于赋予日常存在以坚实性和可靠性的一切范畴的失效"（毕尔格，2004，p. 177）。自古以来，我们被告训"道可道，非常道""太初有道，隐于无形"。这么看来，自我并非叙述文本的主人，而是其符号化过程中的一个器皿。那个自古典浪漫主义（认为作品乃自我示意之结晶）起的自我，不过是一捏就碎的泡影而已。自我依凭于符号化的思维，只能被隔在真知的透明之门外。任何感知于自我而言都在即刻之间遭遇语言符号的转换，这种变形被萨特总结为文学叙述可资利用的优势：感知便被示范性地构造了出来，它最多也就适合放进一本装订好的书（毕尔格，2004，p. 158）。

然而叙述之外，自我似乎无处安身。所以，无处安身的这一境遇，愈发成为叙述的对象。叙述既是开启，也同时遮蔽了自我。自我总是（也似乎只能）通过叙述，来证明自身存在的合理性。

那么，文学是自我迷失其中，还是找回自己的场所？看来，言说自我注定是一场离心运动，是自我用符号实现出离自身。叙述，证明了自我与语言符号之悖论，而文学，成为对这一认知的最好揭示。任何文学叙述，都指向自我的缺失而非圆满。唯有将自身与世界拉开距离，才能开启自我指涉。而各种指涉的努力，不过服务于一个循环叙述的怪圈：自我进行认知，却无法认识自身及世界。并且，在这一认知怪圈中，自我必然分裂为"说"与"被说"两种存在样态。认知，不过服务于自我渴望认知的诉求。

尽管如此，唯有叙述，才可能将自我置于自身的缺失与苦难之上。正如狄德罗所言：我书写下的思想，就是我。用符号得以文本化的思想，才是自我。我，是叙述这一符号化的过程。"使我成为我的，不是意图、计划，也不是回忆，而只是当下的行动，即写作。"（毕尔格，2004，p. 65）没有一个文本其意义是确定不变的，因为每一次解释都可以解释出一部作品中不同的因素①。符号与自我的意义关联，在于一种再现式的"无限接近"。

既然语言符号无法告知自身关于对象的真相，那么，文学的使命何在？文学的最大使命不在于向自我告知什么，而在于打破自我习以为常的认知语法，刷新程式化的诸种再现模式；还原如若初见的视角，重新接受并激活世界的意义。因为文学使人明白：我并不能如其所是地还原事物，就如真正的智慧始于敬畏，伟大的文学赋予我认知的幸福感，自我在其中被陌生化了。

> 由于我不再拥有使自己对世界进行排序的坐标系，所以它觉得一切都仿佛是第一次看见……不是因失去定位而产生的不安，而是身体上无所适从的感觉。与这种感觉结伴而来的，仿佛是有一种不曾相识的幸福的临近。仿佛一个新的意义向我开启，它在词语与态度上觉察到了极富含义却又非意欲之含义的东西。（毕尔格，2004，p. 126）

比如，文学向我诉说一棵树时，仿佛我从不知晓"树"为何物。此刻，我与"树"构成霍夫曼斯塔尔（Hugo von Hofmansthal）所说的"最充实崇高

---

① 赵毅衡（2019，pp. 156 – 163）在论及艺术家主体性的表现方式时，曾指出，艺术的存在，本来就是通过媒介再现出来的违拗主体意愿的存在，在任何情况下都不可能是主体意图的直接呈现。艺术作品是人造的对象，同样，艺术家也成为"对象性的人"，不可能称为艺术的绝对创造者。从任何体裁的一部艺术作品，都不可能看到艺术家的全部人格，也不需要看到全部主体性，才能理解作品。就此艺术文本而言，只有这个拟人格才是确实的、必需的。

的在场"。的确，自我符号化时是分裂的：既遭遇外在，又将自身体验为内在。难怪，自我的元化成为当代文学转向中一种广谱的意识。文本的元意识是一种将自我文学化的意义能力，这成为对付空虚的一个审美支点。

元意识本身并不解决自我的谜题，而是将回归自我时的茫然对象化。为了回应"道可道，非常道"之警示，自我主动退隐于语言符号的排列组合游戏之中，从而守护语言符号那苍白的承诺。因为语言符号总是承诺从一般性滑向特殊性，从外部走向内在。

自我明明是残缺不全的，为何时常为空虚与厌倦所扰？自我被以自我为中心的视角之下的符号域欺骗得团团转？当现代主体击破古典自我（将内在与外部置于理所当然的对应秩序之中）之后，将对世界的认知视作服务于自我的目标时，唯一的出路，只剩下叙述中与空虚共存。在写作中，一次又一次地再现孤独与空虚，用欲望符号将之包裹起来。然而，随着现代性的不断推进，文人更多是"强烈体验到自己的存在被自己生活其中的秩序所遮蔽"（毕尔格，2004，p. 124）。意即，被理性程式化，对自我存在构成强制性的叙述干预。再一次地，自我不得不栖居于叙述之中。所以，现代主体叙述图式的悖论在于无法叙述自我。现代性自我表述，将自己构想为一个规划，并最终将自己设计为"它本来就是的自我"。

自我的"真相"是一种未进入叙述编码之前的存在样态。尽管符号是最为根本的自我属性，然而，它却无法借此进入真正的自我。所以，现代文学中弥漫着一种双重自我关涉所持有的焦虑，及由此形成的元意识的思维气质——"作为一切可能的认知依据，以及作为对自我设立的依据之不可靠性的恐惧"（毕尔格，2004，p. 82）。

叙述，似乎成为一个使自我出离自身的离心运动，因为寻求意义的符号化过程，是应对弥漫着焦虑的存在的本能。元自我意识发现了对付"特殊性"的方法，"我被从其思想表达的内容上"引开，被迫进入语言给出的可然性空间，自我迷失在语言中，但同时又未完全失去自己，因为自我"在语言中找到了表达的可能性"。（毕尔格，2004，p. 82）语言符号所承诺的，不过是关于自我的影子的面或点，因为文学史中的符号自我经历着从普遍到特殊、从外到内、从与世界交往到坠入孤独的运动轨迹。到最后，只能拥抱那个说与被说的自我。笛卡尔的"我思故我在"，使自我确凿地建立于认知（知识与原理）的普遍性之上。然而，蒙田《随笔》中那个随丰富经验而变动不居的我，以及帕斯卡尔在《思想录》中对思想之脆弱与人性之空虚所发出的嘲笑，又将自我卷入经验的特殊性。

帕斯卡尔批评笛卡尔时那句"我将自己视作一切的中心"，如使命一般地追求个体特殊性，是自蒙田以来现代性主体的最大动力：服务于一个证明自我存在的设计——"我针对源于自我个体化的威胁而写作"（毕尔格，2004，p. 209），并且，将"自己感知、思考和体验的一切与自我相关涉"。现代性主体是第一人称视角所勾勒的一幅自恋画像。然而，拉康所坚持的心理治疗方式，就是要使接受者在"由自恋占据的我中认清幻想所折射的结果"（p. 81），从而放松对自己的固守与近乎强迫性的专注，进而击破因普遍性（认知与符号）与特殊性（内在）挤压而痛苦不堪的自我。于是，自我明白了：苦难源于自我，不能与自我分离，与世界或他人没有实在的关联，只一味地围着自己转（p. 119）。而自己又是一个循环怪圈，致使叙述不断趋向元化，听凭语言的摆布，希望在叙述中实现自我的放弃。

然而，叙述（尤其是文学）的"自信"似乎在进一步收敛，愈发强烈的文本元意识与受众参与意识，将叙述本身上升为一种人生方式：一方面尝试着在片面化的文本中重温与世界的关联，转向与"你"的共在；另一方面将这一渴求对象化地置于自我的面前。从中，可以依稀听到圣·奥古斯丁的"我对你说"，和德·赛维涅夫人对所爱之人（女儿）敞开心扉的叙述之流中"世界之于我的存在，只是因为我能对你诉说它……她对每一桩小事都感兴趣，因为她在经历它的那一刻就已经知道，她将会将它们告知所爱之人"①。自我植根于与他人的叙述交流图式之中，通过关涉他人而获得力量。所以，自我必须接着指向过去的叙述（因为叙述都是作为预设的"完成时"）永不停止地向前运动，朝向一种自我新的可能性前进，实现因叙述而存在的另一个我。

文学最大的使命，不在于向自我告知什么，而在于打破自我习以为常的认知语法，还原如若初见的视角，重新拥抱这个世界。

---

① 德·赛维涅夫人的自我设计，是通过叙述走出自我，感受到自己是一个为了爱他人而生活的人，并且，由此获得第二个存在维度：她的此时和此在充盈着对女儿的爱。"她对每一桩小事都感兴趣，因为她在经历它的那一刻就已经知道，她将会将它们告知所爱之人（女儿）。"因此，这样的自我"不是笛卡尔的孤独无形的自我，而是感受到自己生活的我，因为对它来说，有他者的存在"。确立一切的重要经历，不依赖于对自我反思式的回归，而是基于同他者的关系。（参见毕尔格，2004，p. 44）

引用文献：

奥斯特，保罗（2019）. 布鲁克林的荒唐事. 北京：九州出版社.

毕尔格，彼得（2004）. 主体的退隐（陈良梅，夏清，译）. 南京：南京大学出版社.

纪德，安德烈（2015）. 窄门（李玉民，译）. 北京：中国友谊出版公司.

浦安迪（2018）. 中国叙事学. 北京：北京大学出版社.

赵毅衡（2019）. 主体部件的出租：论作品中艺术家主体性的表现方式. 思想战线，5，156－163.

作者简介：

文一茗，四川外国语大学教授，主要研究领域为叙述学、符号学理论、比较文学。

Author:

Wen Yiming, professor of School of English Studies, Sichuan International Studies University. Her research fields are narratology, semiotics, and comparative literature.

Email: wym1023@163.com

升格与复归：符号三联体在演示叙述中的表意路径[*]

胡一伟

摘 要：身体与日常物（实在物、虚拟物）是形成演示叙述的主要媒介，在进入演示框架之后，二者的意义会发生改变，呈现出符号三联体的滑动态势：进入演示框架的日常物，会跃出其原本携带的使用功能，或回到澄明的物质本源，呈现出日常物向实用符号、艺术符号滑动的升格趋势；进入演示框架中的身体，会转化为某种器－物或姿态物，体现出身体向物性的复归。符号三联体的横向滑动影响着身体和日常物的升格与复归，共同构成演示叙述的两条纵向表意路径，更清晰地勾勒出演示叙述的三类演示性质：以人为主导的演示形态（包含物被拟人化的情况），融合人、物的演示形态（包含表演者成为器－物、人＋装置等情况），以物为主导的演示形态（包含纯物表演、身体被数字化的情况）。

关键词：符号三联体，演示叙述，姿态物，数字技术

Ascension and Restoration: The Sign Triplet's Ideographic Path in Performance Narration

Hu Yiwei

Abstract: The body and everyday objects (real and virtual) are the main media for forming performance narratives. After entering the performance

* 本文为国家社科基金青年项目"演示类叙述的数字化传播特征及价值内涵研究"（18CXW022）、江西省宣传思想文化人才专题项目（23XCRC02）阶段性成果。

framework, the meaning of both changes, presenting a sliding trend of the sign triplet. When everyday objects enter the performance framework, they jump out of their original carrying functions or return to their clear material origins, showing an upward trend of everyday objects sliding towards practical signs and artistic signs. When the body enters the performance framework, it transforms into a certain object or posture, reflecting the return of the body to materiality. The horizontal sliding of the sign triplet affects the upgrading and restoration of the body and everyday objects, together forming two vertical expressive paths of performance narratives, and more clearly outlining the three types of performance properties of performance narratives: human-dominated performance forms （including situations where objects are anthropomorphised）, integrated human/object performance forms （situations where performers become objects, people and devices are integrated, etc.）, and object-dominated performance forms （including pure object performances and situations where the body is digitised）.

Keywords: sign triplet, performance narratives, posture, digital technology

DOI: 10. 13760/b. cnki. sam. 202401009

    符号三联体即"使用物－实际意义符号－艺术符号"三联体，指任何物（或事物）都可以成为使用物、实际意义符号、艺术符号，称其为三联体是因为任何物（或事物）的意义都可以在物意义、实用符号意义、艺术符号意义三者之间滑动。符号三联体一方面强调的是物－符号的属性，另一方面强调了滑动、转化的状态，即两方面呈现了物与艺术符号两端切换的动态过程。此处，物与艺术符号是相对而言的，在不同情境之下它的某一属性可得到凸显。在演示叙述中，受众可以直观符号三联体滑动的状态，这与演示叙述媒介等时等值的特性有着密切关联。演示叙述需要用身体、实物等作为媒介符号讲述故事，其所使用的媒介是非特制性的，与日常物无根本差别，而源出于日常生活的使用物，在特定的演示空间中等时展开，这使得受众可直观呈现日常物与艺术符号相互滑动的状态。不仅如此，使用身体、实物进行演示，本身就体现了物与实用符号、艺术符号的一种联合编码的过程，即在被展出的符号场域之中，身体会被物化（工具化），日常之物会超脱寻常属性，二者交互协同呈现出符号三联体的三重状态各自转化的过程。其中，符号三联体如何相互转化、物用与超出物用的媒介感知何时交替产生、被数字化的演示媒介是否具有物质性等情状均会作用于符号三联体在演示叙述中的表意路径，而这将是本文要论及的主要内容。

一、被重置的视角：超脱日常物用

演示叙述涉及诸多类型，譬如：戏剧、仪式、演奏等仅以演示为目的展开的符号文本，比赛、决斗等为竞争获胜、赢得各种目的物而展开的符号文本，以及各种游戏（包括电子游戏）等似乎无目的或仅具有虚拟目的而展开的符号文本（赵毅衡，2013，p. 41）。虽然这些类型之间有着重大区别，但是它们在使用媒介符号之时，均指向了物与符号间的转化过程。

（一）跃出日常使用之义

从符号学角度来看，大多数符号媒介都有其物质性源头，当其被使用时，物－符号的功能被凸显出来，在不同的语境之下，它也可以向任何一端（物或符号）靠拢。演示叙述所使用的媒介符号亦是如此，其非特制性不仅体现了它与现实生活中事、物之关联，也在一定程度上为其超脱原本事、物提供了可能。

对于戏剧演出所使用的媒介符号，戏剧符号学家早已指出其源自日常又超出于日常的特点。塔德斯·科赞（Tadeusz Kowzan）（1986）提到戏剧"不断地从自然界、从社会生活、从各行各业和艺术的一切领域中提取符号加以运用"。安娜·于贝斯菲尔德（Anne Ubersfeld）（2002，pp. 159－160）认为戏剧演出所用之"物体"，是游戏的"物体"，它历经被表现展示、毁灭重构的过程，"是重新注入语义的对象，这种语义注重工作在我们看来是戏剧获得意义的关键过程之一。如此，用一物体来表演，比如一支武器，可以产生意义"。不仅如此，于贝斯菲尔德总结出戏剧演出的不同阶段，"物体"展现出的作用是不同的：在古典戏剧中它多是"功能的"，非"生产性"的；在近现代戏剧中它不只具有生产性，甚至是一种"产品"——尤其是在当代，"物体总以'自然'的方式被表现，对取自自然的物体和文化使然的物体（即人类生产的结果）并不作区分，直到近几十年来（布莱希特）才看到物体与原始用途脱离，转向生产功能"（2002，p. 160）。反观具体的戏剧演出文本，会发现，进入了演出空间中的事、物意义被重构，即进入演出框架的日常物逐步向携带演出情境中的实用意义乃至艺术意义延展。

那些被选入影像文本中的物体在摄影镜头的作用之下，同样散发着超出日常物用的独特意味。为人类工作生活提供不同场所的建筑物，在影片中亦有此呈现，但是镜头之下的建筑物却携带了不同语境下的"无用"意味。《大都会》（*Metropolis*）中高达 1000 层的未来大型城市建筑，《银翼杀手》（*Blade Runner*）中富有科技感与未来感的建筑，《金刚狼 2》（*The Wolverine* 2）中由 140 个模块组接而成的胶囊大楼，《第五元素》（*The Fifth Element*）中由高耸大楼、立体交通和无数连廊形成的巨型城市构架，《撕裂的末日》（*Equilibrium*）中巨型尺度和小型零件构成的建筑，《创：战记》（*TRON Legacy*）中带有数字感的优美曲线和光滑圆润表皮的建筑和装置，等等，都是为了营造出电影的科幻色彩。建筑物在电影中反复出现、被凝视，并不仅是为了迎合电影类型或者吻合故事展开场所，它还经常用于契合电影镜头转场、进行场面调度等。此时，这些建筑并不只是发挥日常生活中的功用，而是携带了类型电影中所需要的实用意义。日常所使用的家用电器亦是如此，笔者曾搜集梳理了近百部影片中的"冰箱"符号，发现：在个人生活类的影片中，冰箱往往被赋予了其他可供联想与想象的含义；在动作、犯罪片中，冰箱的坚硬外壳与内部的制冷剂经常被派上用场；在科幻、恐怖、惊悚片中，冰箱总被插上想象的翅膀。即电影的风格主旨会影响冰箱的性质，电影中的冰箱已然超出存储食物、冰镇啤酒饮料的日用功能，转而成为某种纪念物或成为特殊人群、外星生物、鬼怪突现之处，甚至能化身为人与人类一起冲浪、为人类采购食物。实际上，对于时长有限的电影，物的频繁出镜总是有其深意的，该深意很可能让其溢出日常使用功能。

有意思的是，电影中的物体更多时候是大体形貌上类似于日常生活物品，其背后的存在逻辑、表现风格等与日常生活中的使用物是有差别的。以下结合电影《布达佩斯大饭店》（*The Grand Budapest Hotel*）中的建筑展开具体说明。影片中充满梦幻色彩的布达佩斯大饭店在外形上更像是现实生活中欧洲深山里肺结核病人的疗养院，饭店内的结构设计也不符合日常生活中的建筑力学原理。比如，饭店精美的中庭布置，完全是为了达到导演想要的影像效果，因为在日常生活中，放置在宽厚的拱梁之上以支撑整个饭店天井的环形结构需要有敦实的基座，而影片中支撑环形结构的拱梁下只有滑稽的立柱支撑，立柱下方却空空如也。中庭那延伸到整个空间中间的空中阶梯亦是如此，在现实生活中，阶梯很难悬空置中，一般是让宾客从侧边或底部看天井，但影片为了达到唯美的视觉效果，让人们可以在阶梯上看天井。也就是说，影片中悬空阶梯、环形结构及其周围的柱子只是作为装饰，局部建筑的实用价值高于使用价值。另外，建筑师会对用色比较谨慎，避免过早落入过时的行列，但在影片中，中庭阶梯以及周围装饰物的色彩更像是画家的用色——整体颜色鲜艳跳脱，粉红色彩配以浅奶油色，鲜红地面又搭粉红与橘色。如此配色是因为导演想让视觉尽量饱满到夸张，用红色可以把观众的目光直接吸引到中央。影像画面中建筑的外形属性让其由实用意义向艺术意义过渡。换言之，出现在影像作品中的物，尽管还留有其在日常生活中的局部状貌，但是其携带的意义会随着文本的语境发生偏转，产生符号三联体滑动效应。

在流动的实验艺术中，物也总是会以一种模棱两可的意味出现在艺术展示之中。例如，在 2007 年举办的弗瑞兹艺术节上，里查德·普林斯（Richard Prince）展出了一辆鲜艳的橙黄色的美式"肌肉车"（造形由一辆可以正常运作的机动车和一个躯壳构成），并且还让一个体态丰盈的女子围绕着车子摆出一些定点动作（与车并行，坐在一边，或是趴在这"第一个代道奇者"的引擎盖上）。这件具有演示性的艺术作品似乎散发出贸易展销会的气息，就像是商业活动中被放置出来的吸引消费者购买的商品一样，但它确是在一个艺术展的空间中被展示出来，原有的机动车已然跃出了日常使用之义。它们不像商业活动中的香车与美女吸引着观者眼球，反而会触发观看者的"丑闻即视感和隔靴搔痒的战栗"（奥西安·沃德，2017，p.59），充满着一种嘲讽的气息。Studio Swine 艺术设计工作室①创作的多感官人体交互体验艺术作品 *New Spring* 也是一例，该作品的主体部分是高达六米的、由回收铝制成的树形装置，其枝头会不断冒出米白色泡泡，慢慢从空中掉落，掉落在环保材料上会被弹开，接触到皮肤则会破裂。尽管该工作室设计的作品均取材于垃圾，但是在作品之中的垃圾已然失却了垃圾的属性。比如，在 *New Spring* 中的装置已然不是原有物的属性。从造型上看，主体装置类似 1976 年费德里科·费里尼（Federico Fellini）执导的电影《卡萨诺瓦》（*Casanova*）中的烛台，飘落的泡泡类似黑泽明 1954 年执导的《七武士》中的花开场景，它们共同映现了日式"物哀"美学。此类改变原有物使用功能的例子还有很多，而其超脱日常物用的最典型做法便是让其置于一个阐释旋涡之中，携带着似又不似的意味。

（二）回返物本真之义

回返物本真之义即是让物体"去蔽"，呈现出原初本真的状态。物回返

---

① 该工作室由建筑师村上梓（Azusa Murakami）和艺术家亚历山大·格罗夫斯（Alexander Groves）这对夫妻组成，二人被称为"垃圾控"。

本真的过程，也是符号三联体向一端滑动的过程。具体来说，艺术符号、实用意义符号、使用物三者均有"物因素"，并且该因素在艺术符号中是稳固存在的，如海德格尔所论，"在艺术作品中，物因素是如此稳固，以至我们毋宁反过来说：建筑品存在于石头里，木刻存在于木头里，油画在色彩里存在"（孙周兴，1996，pp. 239 - 240），即艺术符号文本在被创造、承载、表现的阶段，总是需要一个物载体，或者说在被创造、承载、表现之时，"物因素"进入了艺术符号文本。而艺术符号文本之所以携带艺术意义，是因为它让进入艺术符号文本的"物因素"被凸显出来。此处的凸显并非使用及消耗"物因素"，而是对物的一种保持及回返。何为保持，海德格尔用建造神庙、绘画、作诗的过程进行了说明："神庙作品由于建立一个世界。它并没有使质料消失，倒是才使质料出现，而且使它出现在作品的世界的敞开领域之中：岩石能够承载和持守，并因而才成其为岩石；金属闪烁，颜料发光，声音朗朗可听，词语得以言说"（p. 266）；"虽然画家也使用颜料，但他的使用并不是消耗颜料，倒是使颜料得以闪耀发光。虽然诗人也使用词语，但不像通常讲话和书写的人们那样必须消耗词语，倒不如说，词语经由诗人的使用，才成为并保持为词语"（p. 268）。被保持的物性（色泽、声音等）可以使得创造出来的符号文本携带艺术意义，保持这一动作，呈现了由使用物、实用意义符号向艺术符号滑动的态势。

何为回返，即需要经历光照（Liehtuing），最终真正地显示出"仅仅是物"的物。在海德格尔看来，艺术品可以让物言说自身，让物回返到物本身，使其澄明。他以农鞋为例对回到物本身展开了具体说明。器具物的普遍特征是具有上手性、可靠性、有用性，它存于大地之上并归属于大地，农鞋便属于这一类典型。当农夫/农妇穿着它行走的时候，农鞋便愈适用愈可靠，但农鞋本身的世界、农鞋与大地的关系，在被使用时却被遮蔽住了。当它不被使用、进入另一视域框架之中（被画出、被拍摄等）时，农鞋乃至其指涉的周遭世界才得以敞开。然而，何为物之物性？如何回返？海德格尔（1996，p. 1174）直言物的本性便是聚集，即聚集是物性的一大特点。他曾以壶为例道出了物性本质："这种多样化的质朴的聚集乃是壶的本质因素""壶的本质乃是那种使纯一的四重整体入于一种逗留的有所馈赠的纯粹聚集"。当然，被遮蔽的聚集并不能让物闪耀着物性的光辉，即进入物性的澄明还需要在场者呈放、涌现以开启自身。也即是说，物之物性就是显现和聚集，显现即存在，是自然的涌现和自行开启，它让物作为它所是的物在澄明中在场；聚集则意味着关系上的切近，它把天、地、神、人聚集在相互对面之切近性关系中，使之在四重整体中栖留（赵奎英，2018）。而从符号三联体滑动两端的态势来看，由使用物滑向艺术符号一端的时候，便是物之物性开始聚集之时；成为艺术符号的时候，便是显现出物之本真之时。

在演示文本中，回返物本真亦是让媒介物失去其日常使用性，呈放出其物性本质。制造空无的场景氛围，凸显演示文本中的媒介物是一种较为典型的方式。马丁·克里德（Martin Creed）的《作品第 227 号：这些灯忽明忽暗》（*Work No. 227: The Light Going on and off*）便属此类：一间空空如也的房间里灯火通明，接下来便随机陷入半黑暗之中，五秒钟之后，伴随着几乎听不见的咔嗒声，灯光又重新在房间里亮起，如此周而复始。空荡荡的房间里什么都没有，灯光的明灭让人开始打量墙上的开关，随后开始困惑，进而重新思考空房间（空旷建筑）的本真含义。此处，建筑的物性在灯光的忽明忽暗中聚集并显现出来，建筑不再作为承载日用家居的物理空间，"无用"的空间让该符号携带上了艺术意义。该手法与约翰·凯奇《4 分 33 秒》有着异曲同工之效，均在展现空无之时，让人重新反思何为音乐，何为声响。他们的作品直指媒介物本身，它们从在日常生活中的有用转化为无用，又因无用而带有纯粹的艺术意义。

林德罗·厄利什（Leandro Erlich）围绕建筑空间展开创作的作品也可视为典型案例。最具人气的作品《建筑》（*Building*）在实体建筑中展开，依靠镜子的反射实现看与被看的景象——观众一边趴在放置于地板上的"建筑墙壁"上，一边通过地板上方的镜子观赏作品（众人仿若克服了重力，以杂耍般的姿势，悬挂在建筑物的窗框或墙壁上）；在观赏之时，观众本身也成了作品的一部分。《泳池》（*The Swimming Pool*）巧用日常生活中所用的游泳池，但不一样的是，它被一个 50 厘米的隔离水层分成了两个世界——现实世界与水底世界，进入泳池内部的观众与站在泳池上的观众分别体验了两种不同的"水中世界"。厄利什借助视觉差、空间结构和声音，把建筑物本真留在四重整体的切近性关系中，进而引发人们对虚实的探讨。在这个过程当中，建筑空间被重新审视，人们抛开对既定使用物的认知，去蔽式地看待事物。

如果说厄利什比较侧重于用"看"的方式让人们重新审视事物本身，那么池田亮司（Ryoji Ikeda）则擅长用"听"的方式呈现物的本质。那些刺耳的、无法容忍的、在人类听觉范围边缘的声音，如收音机干扰信号、电视节目录音、发报机的滴滴声、轰鸣声等，即正弦波、电子"短时脉冲波形干扰式"的声音、白噪音等未加工的声音，在他的精准控制（物理塑造）之后，会呈现出无法比拟的纯净美态。将日常声音数字化，实际上是物性聚集的一个过程，池田亮司通过艺术创作的方式，让声音不再具有传递信息等日常功用，呈放了声音的初始物性，让人开始思考宇宙与当下人类存在的问题。黑川良一（Ryoichi Kurokawa）也善用数码技术细致雕塑影音关系，不同的是，他偏好结合现场进行行为表演，这样便可根据具体情况随时调整物与人的关系、显现与隐蔽状态。黑川良一强调随时调整，主要是因为演示叙述文本本身具有即时性，随时调整可以避免遮蔽、消解物的本真。

克里斯蒂安·欧内斯特·马克莱（Christian Ernest Marclay）的史诗作品《钟》（The Clock）虽然以影像的形式呈现了各种时间镜头（包括手表、闹钟、机场、火车站的显示屏，数字和模拟电路的计时器，以及许多带有"时间"含义的其他镜头），但是它直指时钟这一物。为了形成这样一部时长 24 小时的作品，马克雷和工作人员从成千上万相关的电影片段中整理出与时钟的每一个时刻精确对应的镜头，以及那些与"时间"主题有关的展现人们活动的长镜头。比如，早晨七点钟就是大多数人醒来的时间，这一时刻在很多电影镜头中都借助人物有所体现，如电影《回到未来》（Back to the Future）中的迈克尔·J. 福克斯，以及电影《男孩别哭》（Boys Don't Cry）中的希拉里·斯万克。关于"中午"的镜头经常是一个西部牛仔从轿车中走下来，例如电影《正午》（High Noon）中的加里·库珀。午夜时分，通常象征着某种高潮的来临，此时，所有教堂的钟声响起，例如在电影《V 字仇杀队》（V for Vendetta）中，大本钟在接近午夜时分响起，类似的情节还在电影《陌生人》（The Stranger）中有所体现。（沃德，2017，pp. 24 - 25）也就是说，一天中的每一小时乃至每一分钟都在马克雷的这部史诗影像作品中得到了完美阐释，镜头之间的流转、呈现出的张力使得人们不得不重新思考时钟的深刻含义：什么是物的全貌及其指涉的周遭世界。影像之下的时钟，就像凡·高笔下的《农鞋》，敞开了物所遮蔽的隐形物性，即由使用物滑向了艺术符号。

上述作品说明在进入展示框架之后的日常物会携带/回返隐蔽的意义，但不论是跃出日常物之义还是回返物本真之义，它们都以日常物的形象出现在观众面前，可能因为异常大/小、空/满等情状被标出，被悬隔器用，或重构了物的意义，或显现出物之隐形意义。

二、淡出主体的身体：反向延伸物性

演示媒介的"非特有性"，集中表现在其身体性上，因为所有的演示叙述都需要以身体为中心展开，其所用的道具、场面、光影等都被作为身体功能的延伸。然而，随着后现代演出观念的发展以及新媒体技术的运用，往常作为身体延伸的物质性媒介反过来作用于身体，形成了一种翻转的态势，这在某种程度上也体现了媒介等价的特性，即物质性材料可以替代身体，身体可以演出非肉身性的媒介材料。此时，身体的物质性可被凸显，艾利卡·费舍尔－李希特（E. Fischer-Lichte）（2012，p. 109）在分析当代剧场表演过程时，就强调了表演的物质化倾向："自（20 世纪）60 年代戏剧和表演艺术向行为表演转向以来，已发展出许多方法都把注意力吸引到演出中行为表演所产生的'物质性'上，并突出了聚焦于条件的因素和完成的模式。这同样适用于演出的形体及演出的空间性和音响等方面。这些方法允许我们进行几乎是细微地观察特殊的'生产'过程，这些过程是'演出'采用了对它合适的物质性来完成的。"这里，演出的形体属于物质性要素，它之所以被视为物质性的，主要是强调对身体形体姿态的关注，而不是对肉身性的关注。例如，舞台上经常使用被投射的身体动作（影子或影像），而不是演员的肉身，等等。身体的物质性特征在技术美学盛行之后愈加明显，当作为主体的身体与万物相融，其肉身性开始向物质性转化。正如汉斯－蒂斯·雷曼（Hans-Thies Lehmann）（2006，p. 212）分析当代戏剧时指出，"当代剧场实践在某种程度上恢复了物品的价值"；而当物性自主性成为一种模式，它便以颠覆传统剧场的符号转换模式来建构新的剧场模式（濮波，2020，p. 61）。"物之起义"在演示叙述中有着比较直观的表现，其中以身体转变为符号物为典型，它包含两类情况：一是身体成为演示的一种背景或成为表演的一种道具，二是身体成为一种影像、姿态的投射。

（一）身体作为一种器－物

身体作为器－物指身体作为演示叙述的一种工具物、演示内容的承载物、凸显演示核心的背景物等。在诸多行为表演艺术中，身体不仅是创作的工具，还是演示的工具，例如：视觉艺术家希瑟·汉森（Heather Hansen）习惯在身上涂抹碳粉，在巨大的画布上舞动，留下的肢体律动轨迹展现了力与美的结合；行为艺术家普鲁·斯蒂文森（Prue Stevenson）则用脚蘸取颜料，通过跆拳道腿法在画布上留下黑色轨迹以展现宣泄与消耗；超现实主义艺术家艾伦·希德琳（Ellen Sheidlin）则直接将身体作为承载图像的背景，她喜欢在身体上作画，通过时尚装扮与物的巧妙融合，展现不同情绪与意味；号称"物理戏剧家"的尤安尼·布尔热瓦（Yoann Bourgeois）喜用身体表现悬浮与平衡的物理美感，借动态的肢体语言诠释当下人们所遇到的困顿；雕塑艺术家米莲娜·纳内芙（Milena Naef）让身体与石头巧妙融汇在一起，以探索石头的物理重量和精神内涵；行为艺术家伯拉罕·伯安什瓦尔（Abraham Poincheval）进行行为艺术表演时偏好让身体与不同的介质结合，以便通过体验异质的物质时间探索观察世界的新方式；"85后"艺术家童文敏将自己视为植物、森林和自然界的一部分，或作为岩石、海浪、塑料瓶等感受自然界，最大限度地去接近现场和真实的时间。这些艺术家共同揭示了一个创作趋势：演示叙述中的身体逐渐与物融为一体，成为表达自我、观察人与世界的一种物质媒介。因创作与演示的过程同时开展，身体感知的意义与作为工具使用的意义同时呈现，身体的肉身性和物体的物质性边界模糊，身体的实用意义或艺术意义退却，使用意义增强，此时，身体多作为一种使用物出场。

艺术家偏好将身体本身作为器-物进行创作并成为作品的一部分是有其原因的。首先，身体是使用最便利的一种媒介，易于操控且不用花费其他材料。伯拉罕·伯安什瓦尔在接受采访时就曾提及，当一个艺术家很穷时，最好用且便宜的创作媒介就是身体，而且它非常耐用，他的作品《604800秒》《流浪骑士》等就是利用身体的温度以及徒步能力，去展现观察、感受世界的新方式。又如，童文敏在云南考察时，发现某种榕树会寄生在其他树木上吸收养分直至把宿主杀死，于是，她便与另一位朋友分别扮演绞杀中的两棵植物，二人手脚并用扭打在一起以还原森林里最原始、最激烈的对抗。上述例子说明，在没有更多物质媒介的情况下，身体是可以直接替换成其他物来使用的，而用身体拟物是最典型的方法。

其次，身体的可塑性与可挑战性非常强，即可供展示的可能性有多重。可塑性包括身体的柔韧性、延展性等，这些特点能够与物较好地交融在一起，形成整个展示物，引发人们对这一新型质料的思考。米莲娜·纳内芙"转瞬即逝的部分"系列作品就是将大理石与人体的有机形式并列，通过展示身体的物理存在与缺失，进而抑制或解放人们的物理形态。在可挑战这方面，身体除了经常被当作图文的承载物，或用来测试力度、耐性，更有甚者会取出身体中的一部分展开行为艺术表演。比如，何云昌极具挑战性的作品《一根肋骨》（以手术方式取出自己的一根肋骨制成项圈，再邀请其母与几位女性朋友戴上该项圈分别合影）、《天山外》（赤裸上身感受身体抵挡土炮的轰然一击）等，它们均在一定程度上强调了身体的物质性作用。

再次，身体可以随机地、动态地呈现使用物体的过程，且其即兴能力更强。在尤安尼·布尔热瓦的系列作品中，身体不仅连接起不同的物（阶梯、蹦床等），还通过倾斜、坠落、反弹等运动勾勒出抛物线条。但是，每次演出勾勒出的抛物线条都是不同的，因为在表演的过程中他并不知道身体与建筑、装置互动具体会发生什么——"创作动作的过程往往不是由我或同事去先行设计，而是亲身走进装置，然后倾听、感受，容许动作流过我们身体而自动生成，让动作本身移动我们"（无艺，2021）。尽管表演者身体的每一次失衡与调整都是即兴的，但重力作用下的身体均以诗意的方式表现了群体在共存状态下那脆弱的凝聚力。这里，受到力的作用，身体像日常物体一样被使用，但由于身体的特质，它比日常物体更具有动态、诗意的表现力。

（二）身体作为一种姿态物

姿态物，强调携带身体轮廓形态的物质特性。在演示叙述中，它通过两方面呈现：一是身体被作为某种类似于提线木偶的物来使用，在这种情况下身体的表演形态基本不变，但自主性丧失；二是直接使用模拟或者投射身体姿态的替代物，即身体不直接上场，而用模拟物、智能物等媒介替代。

关于第一种情况，戏剧符号学家基尔·伊拉姆（Keir Elam）在《戏剧和演出的符号学》（*The Semiotics of Theatre and Drama*，1980，pp. 11 – 12）一书中提到了身体被当成物、物替代身体进行表演的案例：

> 值得注意的是，20 世纪的诸多先锋派实验，都致力于将布景提升为符号过程的"主体"的位置，同时演员相应放弃"行动力量"：例如爱德华·戈登·克雷格认为应由具有丰富内涵的布景来统治表达模式，在这个布景中，演员起着完全听命的超级牵线木偶的作用。塞缪尔·贝克特的两出哑剧《哑剧表演I&Ⅱ》，演员和道具主客体颠倒——人的形象由围绕着他的舞台符号-工具（如"树""绳子""箱子"等）所决定，并为其牺牲——他的第三十二出戏《呼吸》就将布景作为唯一的主角。

此处作为超级牵线木偶的演员仅仅只是表演的一类工具物，即演员的身体只携带使用意义，反而作为日常物的布景占据了主导位置，成为主角。也就是说，身体和物的主体性位置被倒置，使得表演的物质性愈发突出。有时，创作者会直接用特制的媒介物替代肉身进行表演，比如，丹尼尔·本南（Daniel Bennan）惟妙惟肖地制作了小型人偶，不仅还原了披头士的经典唱片《阿比大街》（*Abbey Road*）封面，还再现了披头士首次在美国表演的场景。自动的小型人偶从造型神态到表演举动都是对身体姿态的一种模仿，它们以物的质料替代了肉身表演，但又保留了肢体表演的生动性。乔丹·沃尔森（Jordan Wolfson）的作品《彩色雕塑》（*Colored Sculpture*）同样也是用男孩人偶替代肉身，展现被暴力不断重击的身体。与前一个例子不同的是，人偶的眼睛内安装了人脸识别装置，观众观看人偶被施暴的同时，也被其反向注视着，即每个经过并观看的人也成为暴力的参与者。

除了使用木质人偶等雕刻物，使用机器人也是现代演示艺术中的一种尝试。在日本戏剧导演平田织佐（Oriza Hirata）改编的《变形记》中，儿子格里高尔便是由有着白色面孔和金属身躯的机器人 Repliee S1 饰演的。对于使用机器人替代肉身表演的行为，平田织佐是有其初衷的：对日本人来说，机器人是好友，二者相伴长大，机器猫、铁壁阿童木等便是最好的说明，他想将这个特征传承下去。与此相反，结合木偶戏、机械工程、机器人等概念创造出某种自主物体的装置艺术家托比亚斯·布拉德福德（Tobias Bradford），则习惯用人偶的某一部分肢体与日常物嫁接，重复日常生活中人们的各种动作。作品中不停抖动的双腿、行走的桌子、给自己剃腿毛的半截身体、乱砸琴键的手、空中卷动的舌头等，经常"惊吓"到观众。不论是带来亲近感还是惊吓效果，让物带上人类日常行为的肢体动作，或者说这些反向拟人的物体，均属于姿态物，它们是一类实体的存在，可以让受众直接感受到身体的使用价值。当然，这并不是说姿态物仅携带使用意义，因为身体姿态已然与物融为一体，当其让人产生亲近或惊吓的感受时，姿态物便同时携带了使用与实用乃至艺术意义。

由以上作品可察知使用物质材料替代肉身表演的原因：肉身无法呈现夸张的修辞效果（放大、缩小、扭曲等），无法具有或实现物质材料所能达到的功能，无法完全还原当时的演示场景和状况，等等。而在使用虚拟数字技术之后，身体姿态会有愈加抽象的表达，它可将肉身无法达到的效果实现得淋漓尽致。意大利视觉艺术家朱塞佩·洛·夏沃（Giuseppe lo Schiavo）的超现实主义戏剧《机器人》（Robotica）便是一个典型案例。该作品借用数字技术和 NFT 元素展示机器人表演的过程，用机器人技术投射人性，其内容可分为三幕：第一幕由诸多机器人列队形成人浪（肢体动作类似人类脊椎骨扭动），动态显现为集体利益协同互动工作的同种生物；在第二幕中，大大小小的细胞不断坠落在"马拉之死"漏斗上，借以表达驯化和表观遗传学观点（个人接收的信息与所做选择会影响表观基因组进而遗传给后代）；第三幕则是通过机器人抬着艺术家创作的原始加密朋克雕塑游行，诠释人类表达归属感的仪式，最终仪式以朋克方块崩塌散落结束。同样使用机器人表演来象征人类与环境关联的作品还有《技术》（Technogenica），其中，机器人会惟妙惟肖地模仿树木、大象的形象。令人印象深刻的则是最后一幕：在机械手模拟的树枝上有一个鸟巢，上面有三个鸟蛋和一个手机，手机上展示胞浆内精子注射的动态视频，它们直接替代肉身完成了其无法表现的内容。

虽然朱塞佩·洛·夏沃的作品是由数字技术制作而成的，但其中的人性呈现却是由机器人作为"演员"完成的，这在一定程度上可以揭示抽象身体姿态的偏好。被抽象处理后的身体姿态属于一类姿态物，尽管它并非实体，但是它类似可操纵的皮影，成为演示的一种使用物。托比亚斯·格雷姆勒（Tobias Gremmler）的系列作品正好诠释了用于表演的这种姿态物，他用动作捕捉技术，将被捕捉的动作连贯地渲染至虚拟形象身上：作品《中国戏曲虚拟角色》（Virtual Actors in Chinese Opera）便是结合中国戏服的形状、颜色和舞蹈运动抽象而成，《龟兹宴舞》（Xinjiang Concert Visuals）则根据龟兹歌舞动作集合而成，《功夫动态可视化》（Dynamic Visualization of Kungfu）体现了由各种几何图形、线条简化的人物功夫系列动作。被抽象的身体姿态还可以附身于实体雕塑、机械物的形象之上，譬如，在数字艺术家田晓磊的作品《神话》中，雕塑维纳斯不仅长出了机械手臂，还跳起了舞。与此相关的例子还有很多，尤其是在技术影像表演、全息表演、虚拟现实表演等演示类型之中，科技物和身体姿态的相互交融能够让表意回归动作本身以及思想的表达。被机械化、影像化、数字化的身体除却了肉身性，在某种程度上更便于操纵与重构，其所携带的使用意义更易窥见，而被操纵、抽象、升华的身体姿态在诸多媒介的协同作用之下，可以被赋予抓人眼球、引人思考的纯净美感意义，也即这类姿态物体现了在使用意义、艺术意义间来回摆动的态势。

可以说，每一阶段技术的盛行以及对身体的认知改变了身体在演示叙述中的作用，进而勾勒出不同的演示形式。从身体成为器－物、姿态物的不同性质（可触摸的使用实物、触摸得到的非肉身实物与无法碰触到的虚拟物）出发，可窥见现代表演主体的一个趋势特点，即肉身表演转向非肉身表演，由人、物颠倒转向成为百分之百的物表演。

小　结

演示叙述文本是由多种媒介编码而成的，从媒介质料上看，身体与日常物（实在物、虚拟物）是不可或缺的演示媒介。通过分析两类演示媒介会发现，进入演示框架的日常物，会跃出其原本携带的使用功能，或回到澄明的物质本源，集体呈现出日常物向实用符号、艺术符号滑动的升格趋势。进入演示框架中的身体，其属性会由肉身性转向非肉身性，尤其是以实物、影像、纯数字呈现的身体姿态，使身体成为某种某种器－物或姿态物，反而体现出身体向物性的复归。符号三联体的横向滑动影响着身体和日常物的升格与复归，它们共同构成演示叙述的两条纵向表意路径，更清晰地勾勒出演示叙述的三类演示性质：以人为主导的演示形态（包含物被拟人化的情况），融合人、物的演示形态（包含表演者成为器－物、人＋装置等情况），以物为主导的演示形态（包含纯物表演、身体被数字化的情况）。

引用文献：

科赞，塔德斯（1986）．戏剧的十三个符号系统（李春熹，译）．戏剧艺术，1，67－76．

雷曼，汉斯－蒂斯（2006）．后戏剧剧场（李亦男，译）．中国：中国戏剧出版社．

李希特，艾利卡－费舍尔（2012）．行为表演美学——关于演出的理论（余匡复，译）．上海：华东师范大学出版社．

濮波（2020）．泛表演剧场研究．北京：中国社会科学出版社．

孙周兴（选编）（1996）．海德格尔选集．上海：上海三联书店．

沃德，奥西安（2017）．观赏之道（王语微，译）．北京：北京美术摄影出版社．

无艺（2021）．"绝对运动，相对静止"，藏在舞蹈里的艺术哲学，你看懂了吗？获取自 http://zhuanlan.zhihu.com/p/367710168.

于贝斯菲尔德，安娜（2002）．戏剧符号学（宫宝荣，译）．北京：中国戏剧出版社．

赵奎英（2018）．从海德格尔看艺术对物的拯救．艺术百家，34，6，12－18＋76。

赵毅衡（2013）．广义叙述学，成都：四川大学出版社．

Elam, K. (1980). *The Semiotics of Theatre and Drama.* London & New York：Methesen.

作者简介：

胡一伟，南昌大学新闻与传播学院副教授，主要研究方向为演示叙述学、传播符号学。

Author:

Hu Yiwei, associate professor of School of Journalism and Communication, Nanchang University, with main research interests in presentation narcology, communication semiotics.

Email: huyiwei312@163.com

传播符号学 ● ● ● ● ●

"后家时代"的寻家之道：一条符号学路径

蒋晓丽 李 兴

摘 要：本文尝试通过中国人"符号自觉"的方式探索性地走出一条"后家时代"（post-home era）的寻家之道，以考察"家"这一持续变动概念中相对固定的组分。关于"家"的讨论已延展至细微的学术脉络与宽泛历史纵深，但缺乏整体性把握和一般性讨论，较少关注更基础、本质的意义维度。从西方哲学与儒家的对话出发，本文论述了"此在在世"向"此在在家"的收紧，和"由家及国"扩展的双向意义路径，主张家作为主体意识存在、意义存在、文化存在的方式，是人的符号域，具有元语言性特征。作为生命叙述的符号系统，家是个体"意义冒险"的起点与终点，承载个体意识塑造、意义更新、文化持续的符号功能。

关键词：家，后家时代，文化符号学，元语言，符号域

Finding the Way Home in the Post-Home Era: A Semiotic Approach

Jiang Xiaoli   Li Xing

Abstract: This paper explores the continuously transforming concept of "home" in the "post-home era" through the Chinese people's "semiotic self-consciousness" to examine the relatively static components of this concept. The discussion of "home" has a subtle academic lineage, a broad scope, and historical depth, but it lacks generality and a holistic dimension and is relatively unconcerned with more fundamental and essential dimension of meaning. Starting from the dialogue between Western philosophy and Confucianism, this paper discusses the two-way path of meaning that tightens from "being-in-the-world" to "being-in-the-home" and expands from home to nation. It argues that home as a way of conscious existence, meaning existence, and cultural existence of the subject is a metalinguistic semiosphere of human beings. As a semiotic system of life narrative, home is the starting point and end point of an individual's "meaning adventure", carrying the semiotic functions of individual consciousness-shaping, meaning regeneration, and the perpetuation of culture.

Keywords: home, post-home era, cultural semiotics, metalanguage, semiosphere

DOI: 10. 13760/ b. cnki. sam. 202401010

一、为何从符号学出发重新谈 "家"？

长期以来哲学层面一直存在人类境况与前景的对话，讨论作为人的 "终极实相"，或者与我们的基础（上帝、存在、物质宇宙、人类社会）的联系，质询是否存在超先验的基础，进而克服人类不安全的原始需要（Mugerauer，2018，p. xiv）。该话题高度繁杂，具有相异的分析路径，且领域涉及不同范畴，但始终铭刻着对家的锚定。"流浪汉" 身份，表征着道德评判和身份政治。在妖术大恐慌的年代，无家可归者充满对公共安全的威胁，"有关叫魂的怀疑者都集中在流浪汉身上"（孔飞力，2014，p. 49）。因此，稳固的人地关系被看作正常的生活秩序，与之相反则是异常与病态（Averill，1983，pp. 84 - 126）。然而西方哲学对 "家" 的观照并不常见，以至于杨效斯（2021，pp. 52 - 54）认为国外存在 "贬家传统"。古希腊视家为物品或财富，基督教倡导 "神家" 忽视 "人家"，先哲讴歌单身文化，均是 "家" 在西方理论上缺位的显现。他们高度赞扬城邦与教堂的作用，亚里士多德（1965，p. 7）直言："城邦虽在发生程序上后于个人和家庭，在本性上则先于个人和家庭"，所以人是城邦的动物，由此便在政治学层面排除了人是 "家的动物" 的话语可能性。反观国内，关于 "家" 的讨论自古有之。家构成国人的根基，并支撑着个体与国家。国人讲求伦理，所崇奉的五大人伦中四伦都与"家"有关。由此林语堂（2016，p. 149）才说"中国是一个个人主义的民族，他们系心于各自的家庭而未知有社会"。另外，家庭成员的繁衍与血脉扩张构成家族，"家族精神的扩大，成为某数种市民合作手段的心理原动力"（p. 153），构成差序格局特性的波纹比喻，"我们社会中最重要的亲属关系就是这种丢石头形成同心圆波纹的性质"（费孝通，2013，p. 25）。

　　不难发觉，有关"家"的讨论已延展至宽泛的学术脉络与历史纵深，相异的研究取向和目的，使"家"的概念面向颇为丰富：或停留在其建筑物理空间及其地方性上；或关注其间人的互动机制以及作为文学叙述的情感对象。但既往研究传统对"家"的定义，大多顾此失彼，以至于缺乏对"家"整体性的把握，缺少一般性的讨论，即使是儒家哲学层面的抽象讨论亦较少关注更为一般、基础的意义维度。再加上当代"家"不再是一个既定共识，它构成一幅多元错视画：同性家庭、独居家庭、丁克家庭、不婚主义者等不断涌现的变体形式，难以再被亲属、婚姻、法律等内核因素铭刻。家的意义发生历史性的变化，促成整个家文化的变形或演进，"后家时代"（post-home era）① 已然照进现实，亟须一种学科视角去统合此种"时移势易"，寻求持续变动中相对固定的组分。既然"文化是一个社会所有符号活动的集合"（赵毅衡，2017，p. 85），家亦是跨文化的普遍追求，那么将家放在意义之维研究，是对"家"理论的进一步发展，亦是对人本质的进一步探寻，同时也擘画"家"的文化意义之维。该路径或能开展对"家"意义乃至人类存在的底层追问，在"后家时代"帮助搭建并廓清国人探索摸爬、崎岖徘徊的寻家之道。

二、栖居的符用实践：家与人的意识存在

　　海德格尔在后期不断谈及栖居与存在的观点，尝试在家、栖居、存在三者之间化立等式（孙周兴，2008，pp. 10 - 13）。作为一种论证范式和技巧，捕捉事物的本质可以从符号系统，尤其语言中寻找论据，这是海德格尔一以贯之的。"这需要我们树立一种正确的语言符号观：语言从来都不是工具，语言是存在之家"（海德格尔，2005，p. 153），是存在着的自明且遮蔽的发

---

　　① "后家时代"指涉西方社会的工业化革命以后所产生的一种普遍的社会结果，强调原本的"家"概念已经不再适用于当下，男女分工、亲代关系等诸多面向发生了巨变。

生。拉康（Lacan, 2006, p. 246）也说语言不是手段，"语言在言说人们"，人们只是跟随语言在说着。通过对古高地德语中表示筑造的词语即"buan"意味着栖居的溯源，海德格尔（2005, p. 154）论证道：

> 筑造，即古高的德语中的 buan, bhu, beo, 也就是我们现代德语中的"是"（bin），如在下列说法中：我是（ich bin），你是（du bist），以及命令式 bis, sei。那么，什么叫"我是"呢？含有"是"（bin）的意思的古词 bauen 给出回答；"我是"，"你是"意味着"我居住""你居住"，由此构成我是和你是的方式，即我们人据以在大地上存在（sind）的方式，乃是 Buan, 即居住。所谓人存在，也就是作为终有一死者在大地上存在，意思就是：居住。古词 bauen 表示：就人居住而言，人存在（sei）。

词源学的回溯说明，筑造、栖居、存在三者之间是一种自洽且令人满意的关系，海德格尔以此种方式建立三者之间的等式，揭示了语言规定人存在的本质是在家中。但留停在该层面也远远不够，实际上不妨回到他的现象学生存论中去论证"此在在世"如何缩小为更为具体的"此在在家"。

借由对空间观念的厘清，海德格尔存在空间性的问题分析逐渐转向现象学方法，依靠"就其自身显示自身者"（2019, p. 40）。不难发觉，海德格尔论述此在的空间性问题，本质上关乎意义的缺失与在场，诸如"去远""照面"概念，暗合一种符号学观点，涉及前符号状态也即意识性的问题。不同于几何学的空间问题，海德格尔采用现象学的方法，从物理、数学中，将空间源始且本质化的观念还原出来。因此，无论是"在世界之中"还是"在家之中"都不是属于客观空间而是属于现象空间，强调具有先验还原后的交互主体对于空间的直接经验，但是海德格尔并未直接明言将空间还原追寻空间本身的本质化是意识的活动。

"我，现实的人，和其他在世界中的人一样，我们进行诸种思维活动，进行广义上与狭义上的'意识行为'。"（胡塞尔，2005, p. 131）个体之于对象的经验可以被视作一种筹划活动，而意义便是连接主体与事物之间的锁链，由此人能够将漂浮的外物转化为关于某物的体验。意向性问题在胡塞尔看来就是关于某物的体验是有意向的联系，是"使自身'指向'意向客体的"（1996, p. 107），就其纯粹本质而言的体验，是绝对必然包含在本质之中的东西。意向性言说意识和对象两者间的指向性关系，是意识迫使意义产生的中间过程，"它在其自身的意向性中隐涵地'要求'进一步的自身给予"

（2005，p. 216）。赵毅衡（2017，p. 3）说"符号学是意义之学"，符号学是研究意义的学科，海德格尔通过现象学还原，借由"寻视"与"领会"说明此在空间性的问题的思路，便能在符号学寻找关联，即"在家之中"甚至更大范畴内的空间性的存在本身属于符号学问题。

"此在在家"的空间展开方式，借由现象学的意识、意向和意义问题，凭靠符号学得以领会。如此前所述，海德格尔的存在问题是对其自身所在世界、世界中的存在者以及自身在世（Dasin）的统一性理解以构成人的存在方式。换言之，人的存在是与世界上的诸多存在者以"操劳"的方式存在，"在世的存在我们也称之为在世界中与世界内的存在者打交道，这种方式已经分散在形形色色的诸种操劳方式中了"（2019，p. 96）。这意味着作为人的存在者并不是去静观，而是操作、使用、操劳着，"操劳有他自己的认识方式"（p. 96）。"此在在世"，也即存在者操劳于世内，或者说物本身被转换为用具操劳，有一个"去远"与"定向"过程，这两者是空间性的，世界的空间展开亦从操劳中开始。去远求近本身还具有一个定向的性质，靠近总是具有一定的方向性，定向与去远无论是"在世界中"还是"在家中"，皆成为一个组件因素来规定此在，也就是世界的空间性甚至缩小到家的空间性，由此本质变得更加具体。

首先，空间性的角度说明：个体于家空间中通过筑造与栖居的意义符用实践，即通过"符号与使用者之间的联系，接受和发出符号的方式"（Morris，2014，pp. 21 - 22），实现人是如何此在在家。"意义是某某东西的可领会性的栖身之所。在领会着的展开活动中可以加以分环勾连的东西，我们称之为意义"（海德格尔，2019，p. 215）。"领会的循环属于意义结构。意义现象根植于此在的生存论结构，根植于有所解释的领会。"（pp. 217 - 218）没有意义，人无法对世界上的存在者形成理解，脱离意识的世界再难到达人的此在，也就失去生存的前提。换言之，正如赵毅衡（2017，p. 60）所认为的，意义是事物为人类的意识把握存在所承担的介导作用，人之所以能栖居在这个世界中，是因为事物受个体的意识意向激发转化为对象或符号从而产生意义流。意义之流的汇集是人类的社群的精神性与意义性的文化海洋存在的前提。在这里，符用以操劳的形式贯穿了筑、居、思，操劳的意识生成意义，通过意义问题说明：此在在家是人的存在方式，即在将空间变为存在这一意义实践活动中，人的存在得以反映，因为"意义是解释主体在世界上的存在方式"（p. 3）。其次，诚如梅洛－庞蒂（2003，p. 23）指出的，"空间只能是由同时自在点构成的，我们的时间只能断绝它与一种时间性空间的联系，有联系的世界只能是一系列平行的意识"。这进一步说明，此在在家在时间性本质或者说更为一般的符号叙述学意涵，借由时间的延绵感说明空间是海德格尔的思考方式。所以空间始终难以脱离时间的钳制以说明它与存在的关系，"因为此在作为时间性在它的存在中就是绽出视野的，所以它实际地持驻地能携带它所取得的一个空间"（海德格尔，2019，p. 510）。

由此可以说，家的空间性问题本质上是时间化的另一种显现，也是"前符号问题"。换言之，符号生成但并未传输、解释之时，通过生存论视域下的此在在世，经由人的意识形成与世界其他存在者的整体性存在，从而构成海德格尔等人的现象学生存论的主张。也即说意识、意向与意义三者是人存在的方式，本身又是一个可做符号学理解的生存论问题，家乃至世界的时空性和人对时空的感知，在"此在在家"的符用实践活动中得以规定。个体的栖居或符用行为凸显出存在表层空间性，内里时间性的展开，构成"此在在家"的统一浑然性。家的展开方式被放在生存论视角之下，既是对人存于家的侧面补充，也是通过人的意指实践对"此在在世"的再言明。

三、"成人"与"成善"：家作为意义解释的元语言性

家侧重传输与塑造个体的解释能力时，呈现强烈的元语言倾向，即"提供线索应当如何解释自身"（赵毅衡，2016，p. 176）。元语言即符码的集合，可理解为文本解释的规则。意识面对众多的文本，解释的意向性压力迫使主体对文本进行解释以获取意义，最终消磨意义势能，积累文化意义上的经验。由此言明意识作为人存于家的方式，以补充海德格尔的词源学考据。下文将进一步说明家在意义解释上之于个体存在的必要。

家的元语言性，搭建起从"家内"到"家外"的桥接理路，通过"修身、齐家、治国、平天下"的绵延，承担着主体在世的"成人"与"成善"作用。家的元语言性表现在意识面对文本所调用的元语言集合塑造上，既包括自身的能力元语言，亦包括社会与文本的诸种关系，即社会文化的语境元语言。此前所述，关键在于将意义理解为人存在的方式。本文延续卡西尔在《人论》（2017，p. 34）中的观点："人是使用符号的动物。"人在世界上的行为都可以看作生命的叙述，也就是作为人的叙述主体"把人物参与的事件组织进一个符号链，这个符号链可以被接受主体理解为具有内在的时间和意义向度"（赵毅衡，2008，pp. 30－41）。主体在生命行为叙述中组织文化经验，实现"在世存有"，避免落入虚空。意识被包裹进无限的符号链中，在生产

文本与解释文本中周旋，也即在属于经验聚集的文化中生存。因此生产与解释文本的符码聚集——元语言，成为"立世之本"。

儒家思想深刻地烙印在国人的价值体系中，成为某种意义的标准和文化基因，从儒家思想出发，家可以被视为个人元语言的源泉。首先其设定了为人的标准，将"仁"看作修身的最高目标，从"仁义礼智信"的梯度排序中可见一斑。达到仁的境界，在张祥龙（2017，p.39）看来是一种圆满的美德。其次仁的达成不得不凭借家，《论语·学而》曰"孝弟也者，其为仁之本与"，仁的根本在孝与悌，在父母，在兄弟；《礼记·中庸》说"仁者，亲亲为大"，仁的实现有赖于"亲亲"这一基础性的情感模式（孙向晨，2021，pp.77-84）；孟子在《尽心章句上》中，通过"居恶在？仁是也"，直接说明所居之处便是仁生发之处；王国维（1961，p.451）考察殷周时期的礼制，也提及"亲亲"。不难发觉，如此反复的强调，实际上是言明家是人的终极存在。个体在"亲亲"的底层基础之上，逐渐向外拓展，由家及国，由内至外。因此陈确才说："士守其身……所谓身，非一身也，凡父母兄弟妻子之事，皆身以内。仰事俯畜，决不可责之他人，则勤俭治生淘是学人本事。"（陈确，1979，p.158）

家在人类历史上不是一个生物性恒定不变的常量（霍耐特，2013，p.243），家的机制形态总是相通的。西方虽然讲究个体主义，不如东亚民族对于家的决定性主张，但是依旧承认个体走向社会所经由的中间过程，即在家状态。在西方哲学理论家视野中，家同样承担个人编码（code）/解码（encode）能力塑造的作用，只是并未用元语言概括。霍耐特（p.249）明言："父母必须制止孩子原有的欲望和动机，帮助孩子接受社会行为的期待。"主体的社会化被视为一个文化互动与接纳的实践过程。家独有的规范形式承担促进或指导社会化的作用。涂尔干将家庭视为国家的第二机构（谢立中，2021，pp.124-130），他所想象的道德社会中道德和行为规则的规范性重构起到维护民主的作用，这些规范规定个体在家的环绕下应该怎样行动（涂尔干，2006，p.21）。所以涂尔干（2003，p.62）说："家庭是唯一能够使孩子得到恰当养育的组织，也是唯一能够使孩子得到最初教育和教导的环境。"道德与行为规则与儒家思想所发挥的作用具有内在的同质性与外在的异质性。两者均可被视为生命叙述的编码与解码的底层符码，即个体"遭遇"家之外的境况林林总总的元语言或符码包裹。因此可以说，"由家及国"的扩张过程中，临照的"对象具有某种意向对象的组成，它在一种明确界定的描述中展现，即在这样一种描述中，它作为对'被意指的对象本身'的描述，避免了一切'主观的表达'"（胡塞尔，1996，pp. 315－316）。

西方学者没有明确说明家的元语言性，但有特定的共识，即"这个位置溢出了知、思想与观念"（列维纳斯，2016，p. 135），暗合中国的儒家思想中由家及国、由内至外的家国传统。列维纳斯总结道："文明所参照的是意识的肉身化与居住——参照的是从家的内部性出发的实存，这种实存是最初的具体化。"（p. 135）这便再次强调家是文化的基础，主体的生存以此发源，世界也在家中展开，"家以多种方式，成为一个更为广阔世界中的一部分"（Meyrowitz，1986，p. 225）。展开世界的方式是对文化符号式的理解与使用，即列维纳斯认为的生活和劳动的符号体系，在特定的意义上符号构造保护着主体的内部性（列维纳斯，2016，p. 61）。

至此，中国人"家国天下"的传承，即对"家齐而国治"的领会，实际上是家的元语言性之于个体解释能力的赋予与教学的产物。元语言的传承与习得创造出家与我的关系，同时也"标示着我与外部世界的关系"（孙向晨，2019，pp. 410）。无论是《弟子规》，还是《颜氏家训》，作为一种叙述，不仅仅是对"子女通常做什么"的行为总结，也不单是关于"后辈应该做什么"的道德陈述。相反，个体试图通过这些故事，将自己的经历以及对这些经历的理解与关于亲属关系的更普遍的社会意义模式加以联系。个体总是从家走向外部世界，"建构起外部空间世界的参照点"（Bollnow，1985，p. 225），他的行囊里小心翼翼地存放着从家中习得的文化经验或符码的集合——元语言，它承担西比奥克（Sebeok，1991，p. 55）主张的模塑（modelling）功能，指导有机体进行符号的组合与聚合并解释其中的意义。

四、家：作为符号域的文化理解路径

符号域作为一个隐喻的时空体系，如同生物域一般，与域内生命体之间相互联系，在符号域之中符号系统和符号间彼此维系、共同推动文化的整体发展。自然界的运动不是化学物理式的机械反应，而是建立在记录（表意）和活动（反应）的基础之上，任何有机物体都可以作为一种意义载体，对生物来说都隐存着某种意指实践（塔拉斯蒂，2012，pp. 180－181）。家首先构成了生物个体的周围世界，这一阐述沿袭着海德格尔的时空观，将周围世界看作"存在"之所在，这也符合生物符号学的基本论点（彭佳，汤黎，2012，pp. 116－119）。家作为周围世界的基本比喻实际上也是家作为符号域的另一表达："在动态平衡中，维持正常工作。"（Lotman，2000，p. 458；转

引自郑文东，2007）

把家看作符号域是立足于文化层面，不同于意识和一般的意义解释层面，它借另一模式构成人的存在方式。换言之，家作为符号域，与人的文化形成互动与互构，在意义的集合方面言说人的存在，为人实现从在家中到在世中的操劳实践提供底层支撑。如前所述，通过对从此在在世到此在在家的溯源，可知人总是生而在家。家在某种程度上参与人成长的意指实践过程，即"在家中存在"构成人的生命叙述，例如出生、成长、结婚至死亡，"从而建立起与绝对的将来或无限的时间关联"（列维纳斯，2016，p.61）。前文根据海德格尔的存在说明了家与人的存在的本质，此处又从家出发到世界中，这并非对前面结论的否弃或者一种无谓的循环论证，而是从文化维度对此在在家的之于此在在世的基础性的说明。

构筑符号域的家是意义生成、存在、传播的空间体，进一步说，既是文化生成、存在、演变的前提，又是作为结果的显现（胡易容，赵毅衡，2012，p.69）。从意义实践出发也即人的生活经验以家这一符号域为来源，在家的结构属性之下，人类习得意指实践的基础成为家内部的文化。一个婴儿的长成势必要通过"亲亲"意义互动，家作为符号域承担着不言而喻的作用。诸如狼孩这一类的传说形象，丧失家的基础从而也丧失了语言的能力乃至文化，动物巢穴与人类家的区分也由此体现。主体在家之中的"亲亲""尊尊"等以叙述为中介的行为互动，就是符号域内元语言的传承与习得的过程。要培育一个符合特定意义标准的"人"，家的潜移默化作用不可忽视，以至于卢梭在《爱弥儿》（1991，p.340）中认为"家庭教育是自然的教育"。对"学"做字源学考证可以发现，"宀为房屋之象，盖表学习场所……西周的学字为了突出学习的对象是儿童，又加表意偏旁子"（李学勤，2012，p.265）。可知家是教育与学习的原初场所，是个人经验与文化习得的来源。家文本介入之下的教与学是亲子间的叙述形式，祖辈已经获得的文化经验得以传承并被后代习得。由此社群便拥有了一个由大多数个体构成，以传递的意义为基础，彼此间"影响、沟通和交流的共在世界"（Hall & Ames，1987，p.46）。

家作为符号域并非所有文化的自然生成，"外部文本的增加，有时是文化发展有力的刺激因素"（Lotman，2000，p.506；转引自郑文东，2007）。作为一个时空性的存在，家自身有其边界，也就是界限性，这正是符号域用于文化研究的主要方面。符号域的边界就如同细胞膜，对外来的文化进行过滤、改写、转译，使进入其内部的意义得以持续（代玮炜，蒋诗萍，2014，

pp. 83 - 86）。因此，家以符号域的方式在文化中起到关键作用，促使个体借助系列的符号活动或意识实践形成内部的文化，一系列关于去往世界的元语言、元符号与元文化，成为人类理解世界的源始模式。由此可说，家并非一个社会单元，而是一个存在论上的生存单元，暗合了本文的立论之本，即家作为人的最基本的情感、认知、道德化以及知识获取和传承的单位，是人类生活、文化的核心部分之一，即"符号域"。

五、结语

梁漱溟（2005，p. 258）曾言"中华文化来自家族生活"；钱穆（1994，pp. 50 - 51）也说过，"中国文化全部都是从家观念之上建筑而来"。家本身便造就人类意义、经验、文化，它应当被视作"符号域"，或是人类的"元位置"，也可以说家是人栖居和生成的地方，是它让人有了容身之地，是文化之维的人存世的基础。至此，本文从意识、意义、文化出发，将家视作符号系统，讨论了关于家更为一般和基础的意义面向。家的文化符号学，实际上是将家视作文本表意的形式，重获重复、琐碎的日常性带走的注意力，进而作为处于其间的人生命叙述的"意义冒险"的起点与终点。由此，本文希图以一种中国人"符号自觉"的方式，探索性地走出一条"后家时代"的寻家之道，借此捕捉"家"这一持续变动概念中相对固定的组分，以避免我们在"后家时代"落入彷徨境况。

引用文献：

陈确（1979）. 陈确集（上册）. 北京：中华书局.

代玮炜，蒋诗萍（2014）. 从符号域到生命符号学：塔尔图对符号界域的推展. 江西师范大学学报（哲学社会科学版），47，4，83 - 86.

费孝通（2013）. 乡土中国（修订本）（刘豪兴，编）. 上海：上海人民出版社.

海德格尔（2005）. 演讲与论文集（孙周兴，译）. 北京：生活·读书·新知三联书店.

海德格尔（2019）. 存在与时间（陈嘉映，王庆节，译）. 北京：商务印书馆.

胡塞尔（1996）. 纯粹现象学通论（李幼蒸，译）. 北京：商务印书馆.

胡塞尔（2005）. 现象学的方法（倪梁康，译）. 上海：上海译文出版社.

胡易容，赵毅衡（编）（2012）. 符号学 - 传媒学词典. 南京：南京大学出版社.

霍耐特，阿克赛尔（2013）. 自由的权利（王旭，译）. 北京：社会科学文献出版社.

卡西尔，恩斯特（2004）. 人论（甘阳，译）. 上海：上海译文出版社.

康澄（2006）. 文化符号学的空间阐释——尤里·洛特曼的符号圈理论研究. 外国文学评

论, 2, 100-108.

孔飞力 (2014). 叫魂：1768 年中国妖术大恐慌 (陈兼，刘昶，译). 上海：上海三联书店.

李学勤 (编) (2012). 字源 (中册). 天津：天津古籍出版社.

梁漱溟 (2005). 中华文化要义. 上海：上海人民出版社.

列维纳斯，伊曼努尔 (2016). 总体与无限：论外在性 (朱刚，译). 北京：北京大学出版社.

林语堂 (2016). 吾国与吾民 (黄嘉德，译). 长沙：湖南文艺出版社.

卢梭，让-雅克 (1991). 爱弥儿 (李平沤，译). 北京：商务印书馆.

梅洛-庞蒂，莫里斯 (2003). 符号 (姜志辉，译). 北京：商务印书馆.

彭佳，汤黎 (2012). 与生命科学的交光互影：论尤里·洛特曼的符号学理论. 俄罗斯文艺, 3, 116-119.

钱穆 (1994). 中国文化史导论. 北京：商务印书馆.

孙向晨 (2019). 论家：个体与亲亲. 上海：华东师范大学出版社.

孙向晨 (2021). 在现代世界中拯救"家"——关于"家"哲学讨论的回应. 探索与争鸣, 10, 77-84+178+2.

孙周兴 (2008). 作品·存在·空间：海德格尔与建筑现象学. 时代建筑, 6, 10-13.

塔拉斯蒂，埃罗 (2012). 存在符号学 (魏全凤，颜小芳，译). 成都：四川教育出版社.

涂尔干，埃米尔 (2003). 乱伦禁忌及其起源 (汲喆等，译). 上海：上海人民出版社.

涂尔干，埃米尔 (2006). 道德教育 (陈光金等，译). 上海：上海人民出版社.

王国维 (1961). 观堂集林 (第二册). 北京：中华书局.

谢立中 (2021). 涂尔干的"道德科学"：社会学本体还是分支社会学？天津社会科学, 5, 124-130.

亚里士多德 (1965). 政治学 (吴寿彭，译). 北京：商务印书馆.

杨效斯 (2021). 西方文化中的"贬家"传统及其批判. 哲学动态, 3, 52-54+128.

张祥龙 (2017). 家与孝：从中间视野看. 北京：生活·读书·新知三联书店.

赵毅衡 (2008). "叙述转向"之后：广义叙述学的可能性与必要性. 江西社会科学, 9, 30-41.

赵毅衡 (2016). 符号学：原理与推演. 南京：南京大学出版社.

赵毅衡 (2017). 哲学符号学：意义世界的生成. 成都：四川大学出版社.

郑文东 (2007). 洛特曼学术思想的自然科学渊源. 俄罗斯文艺, 2, 52-56.

Averill, S. C. (1983). The Shed People and the Opening of the Yangzi Highlands, *Modern China*, 9, 1, 84-126.

Bollnow, O. F. (1985). Lived-Space. *Philosophy Today*, 5, 1, 31-39.

Hall, D. L. & Ames, R. T. (1987). *Thinking Through Confucius*. New York：State University of New York Press.

Lacan, J.（2006）. *Ecrits: The First Complete Edition in English*（B. Fink, Trans.）. New York：WW Norton & Company.

Meyrowitz, J.（1986）. *No Sense of Place: The Impact of Electronic Media on Social Behavior.* New York：Oxford University Press.

Morris, C. W.（2014）. *Writings on the General Theory of Signs.* Boston：De Gruyter Mouton.

Mugerauer, R.（2018）. *Heidegger and Homecoming.* Toronto：University of Toronto Press.

Sebeok, T. A.（1991）. *A Sign Is Just a Sign.* Bloomington：Indiana University Press.

作者简介：

蒋晓丽，四川大学文学与新闻学院教授，主要研究方向为新媒体与社会、传播符号学等。

李兴，四川大学文学与新闻学院博士研究生，主要研究方向为符号学、新媒体与社会等。

Author:

Jiang Xiaoli, professor of College of Literature and Journalism, Sichuan University. Her main research fields include new media and society, and semiotics of communication.

Li Xing, Ph. D. candidate of College of Literature and Journalism, Sichuan University. His research fields include semiotics and new media, and society.

Email: leehing1999@ gmail. com

诗性的复归：数字时代传统文化符号的具象表达*

闫文君

摘　要： 融合诗性思维理念与数字技术的表达方式，提供了新颖的传统文化现代传承路径。诗性思维中的感性可调动受众的感官参与度，引导其创造现实，并改变受众对文化审美过程中主客关系的认知；想象力可拓展传统文化符号的时空张力，助力多元文化融合，并打开文化记忆空间建构现实；隐喻可以将传统文化符号打造成现代神话，激发受众在数字共在空间中的情感共鸣与民族文化认同。

关键词： 诗性思维，传统文化符号，具象表达，感性创造，文化认同

The Return of Poetry: The Embodied Representation of Traditional Cultural Signs in the Digital Age

Yan Wenjun

Abstract: The fusion of the concept of poetic thinking and the expression of digital technology provides a novel path for the modern inheritance of traditional culture. In poetic thinking, sensuality, imagination, and metaphor can all play a role. Sensuality can mobilise the audience's sensory involvement, guide them to create reality, and change the audience's perception of the relationship between subject and object in the process of cultural aesthetics. Imagination can expand the spatio-

* 本文为国家社科基金一般项目"中华民族共同体建设的黄河文化路径研究"（22BMZ076）中期成果。

temporal tension of traditional cultural signs, assist in multicultural integration, and open up the space of cultural memory to construct reality. Metaphor can turn traditional culture into modern mythology and inspire the audience's sense of emotional resonance and national cultural identity in the space of digital co-existence.

Keywords: poetic thinking, traditional cultural symbols, embodied representation, perceptual creation, cultural identity

DOI: 10.13760/b.cnki.sam.202401011

传统文化是民族历史的见证，是本土精神力量的展示，也是国家文化软实力的标识。但传统往往也意味着与受众的距离感，这就要求我们以传统文化符号为根基，对主题和思想进行重新构架，以陌生化叙事为方向，使受众与传统文化之间建立起跨时空的亲密关系。得益于数字时代的到来，上述创新理念成为现实。如将波普街风等时代流行文化内核融入文物、壁画等古典元素；借助互动式现代传播理念与 AR、VR、5G 等现代数字科技叙事手段，将以往只存在于书本上与舞台上的传统文化符号，活化为鲜活生动的虚拟现实形象。结合时代背景与审美视角，这是传统文化符号在数字时代的具象表达，是原始社会诗性思维的当代回归。

"诗性思维"一说来源于意大利学者维柯（Giambattista Vico）（1989，pp.174-175）的"诗性智慧"（poetic wisdom）。"诗性智慧"指原始社会时期人类的思维方式具有想象力、形象思维等诗学基因。后来的学者由此引申出"诗性思维"一词，甚至有学者将"诗性智慧"直接译为"诗性思维"。以诗性思维的感性、想象、隐喻等三个特征来观照传统文化在数字时代的传承，会发现它们对受众的影响主要在于耳目一新的文化体验与随之产生的情感共鸣，恰恰吻合了受众的时代审美理念，从而使深植于当代受众心底的文化隐喻复苏于现代数字空间。

一、感性创造激活传统文化符号的数字表达

"大多数个体认知理论将感知视为一种信息减少过程，在此过程中，嘈杂、多变、贫乏的环境能量模式被分解为稳定和一致的内部特征，最适合人类表现。"（Flowers & Garbin, 1989, pp.147-162）由此可推断，人类思维创造力的一个关键组成部分是感官直接受外界环境刺激而产生新的心理表征

的过程，环境认知如果过多依赖知识传递，反而会影响人类思维的活跃度。作为人的两种基本思维方式，感性思维依靠先天直觉与主观经验进行思考判断，而理性思维依靠后天习得的知识进行思考判断。人们普遍认为，理性思维比感性思维逻辑缜密、分析细致，而感性思维更易服从于冲动和欲望，因而理性思维是比感性思维更高层次的思维形式。但是，也正因上述不同特点，较之理性思维的因循守旧，感性思维更具创造力。

不同于现代人进行感性思维时有意摒弃庞杂信息干扰，原始人倚重感性思维是由于既有知识与信息资源的匮乏，及抽象的理性思维尚未得以发展形成。"人在理解时就展开他的心智，把事物吸收进来，而在人不理解时却凭自己来造出事物，而且通过把自己变形成事物，也就变成那些事物。"（维柯，1989，p. 181）维柯认为，人类心灵的各种变化会引起现实的文化创造。维柯所言原始人这种心灵的能力就是感性思维，也是诗性智慧的组成部分。因为"凡涉及需要、效益或便利的技艺，甚至涉及人类娱乐的技艺，都在哲学家们还没有出来之前，在诗的时期就已发明出来了；因为凡是技艺都不过是对自然的模仿，在某种意义上都是'实物'的诗（real poems），不是用文字而是用实物来造成的"（p. 87）。事实上，在古希腊文中，"诗人"的本义即为"创造者"。

对于数字时代而言，因为隔着遥远的时空距离，传统文化本来主要是存在于知识传承进程中的抽象存在，"传统文化是民族文化的根基""传统文化的传承是一种特殊的身份认同，它能够凝聚民族共同体意识，提升民族文化自信"等论断皆为基于前人认识的理性思维表征。是数字科技的发展消弭了时空藩篱，重新调动了人类自脱部落化以来社会活动中日渐萎缩的感官，也激活了人们在传统文化接触中的原始感性思维基因。人类在婴幼儿时期，由于欠缺进行抽象思维的知识储备，只能凭感官去感觉，从而刺激想象力与创造性。想象与创造无不是在既有感知基础上的夸张、变形、联结或解构，但是，感知的基础是可能性而不是真理，因此，同一个人对不同事物的感知以及不同主体对同一事物的感知，可以创造出不同的可能性。

如敦煌莫高窟对每个中国人来说可谓耳熟能详，我们知道它是世界文化遗产、世界上现存规模最大的艺术宝库，知道壁画中的飞天衣带当风美轮美奂，但以上种种皆为知识而非体验，即便去现场参观也只能靠手电光进行粗略模糊的浏览。不过，随着数字光影技术的发展，扩展现实为各类游客均提供了远超以往的体验。为解决无法近距离接触真实文物的难题，3D 光雕数字技术打造出仿真沉浸式体验区，近距离观看、肌理触摸、与壁画中的人物合影，甚至自己"飞天"都成为现实；"云游敦煌"小程序上线，为受众全方位呈现出石窟的艺术风采，还提供了专属色彩、主题内容、壁画故事和智慧"画"语等用户定制服务。以上包括 AR、MR、VR 等各种数字技术在内的扩展现实科技提升了受众的体验感，调动起受众的参与度，使视觉、听觉、触觉都同时在场，从而也刺激了感性思维的产生。

所谓思维，必然包含着理解与创造。"假如各种感觉都是能力的话，那么我们就是在看中创造事物的颜色，在尝中创造事物的味道，在听中创造事物的声音，在触中创造事物的冷热。"（维柯，2006，p. 65）如果纯粹被动地去接受自然赋予我们的一切，所形成的只能是一种动物般的条件反射，但人之所以为人，不仅仅在于顺应自然的能力，更在于尝试沟通自然、改变自然的思维方式。哪怕处于自然状态下的原始人，面对一个未知世界，也会调动全部感官与直觉去理解新鲜而神秘的外界刺激，并试图沟通与改变世界。正如鲁迅先生（1998，p. 6）对神话所做的解释："昔者初民，见天地万物，变异不常，其诸现象，又出于人力所能以上，自造众说以解释之：凡所解释，则今谓之神话。"维柯（1989，p. 455）也认为，原始社会人性的最根本特点即人类心灵的不确定性，这种不确定性来自人由自然存在向社会存在进化过程中的自我冲突。时至今日之数字化与重归部落化时代，这种心灵的不确定性与自我冲突依然存在，只不过是原始人思维进化过程的逆转，是诗性思维的复归。

原始人通过感性思维创造出他们的社会化自然，现代人则通过感性思维还原出传统文化符号的原初形象。如最原始的国家宝藏之一，当属远古部众所创造出的图腾以及他们沟通天地所行仪式与所用器具。毫无疑问，图腾崇拜是人类探寻自身起源的一种感性思维创造，他们借图腾的特性而赋予自身存在以意义，形成特定的部落文化并将之传承下去，渐渐萌芽出特定的抽象思维模式。而现代人面对传统文化的思维过程恰与之相反。现代人依据前人对图腾文化的介绍而形成一种抽象认知，而数字化技术却可以对图腾祭祀进行一种场景再造，在这一过程中，仪式流程、牺牲、巫师装扮及动作，还有部众的表情与话语反应等，均在扩展现实场景中呈现在受众面前，受众可以看到、听到，甚至参与活动过程并与 AI 原始部众互动，由此对图腾文化的抽象认知也就会重塑成感性形象认知。金龙蜿蜒的龙身、彩凤蹁跹的尾羽，巨龙腾云的雄姿、凤凰涅槃的焰火，神秘古老的音乐、地域特色鲜明的传统服装以及欢欣喧闹的场景，无不刻印于当代受众脑海中，成为不灭的文化记忆，深化对民族历史的理解，引发对民族情感的共鸣，也终将内化为对民族的文化认同。

在数字互动空间中，历史文化情境再现于当代科技平台，使沉睡多年的文化符号动起来，使人们的理性融于感性，常识概念化为个体体验；寂寞多年的文化空间活起来，从有限的物理空间扩展至无限的网络空间，线上线下混合互动的文化场域的构建，直接改变了文化符号传承生态，也改变了受众对文化审美过程中主客关系的认知。从而，数字时代的传统文化接触者，沿着马克思曾指出的审美路径诗意地复归自身："人不仅像在意识中那样理智地复现自己，而且能动地、现实地复现自己，从而在他所创造的世界中直观自身。"（马克思，恩格斯，1979，p. 97）

二、想象力玄学拓展传统文化符号的时空张力

符号是信息的载体，认知活动必须通过人脑对符号的感知才能进一步刺激情思形成。对于文化认知而言，个体必须经过文化符号对视觉、听觉等知觉的反复刺激，才能建立起文化的表象系统，并与既有知识结构发生联系，通过联想与想象形成关于文化的理解。"这实际上是一种塑造事物形象（imaginem）的能力，亦即想象力（phantasia）。当它生成和构造新的形式的时候，当然也就表明和肯定了它的起源的神圣性。它创造了无论头等民族还是次等民族不同的神祇；它同样创造了不同的英雄；它时而改造，时而联结，时而分离事物的各种形式……"（维柯，2005，pp. 9 - 10）维柯早在 18 世纪初为大学做开学演讲时即对想象力的重要性做过论述。及至 1725 年出版的《新科学》，维柯对想象力又做了进一步的阐释：当原始人凭"强旺的感觉力和生动的想象力"从事创造时，就构造出"一种感觉到的想象出的玄学"，即"诗性"的本体。（1989，pp. 181 - 182）受限于空间阻隔与交通条件，原始人与外界几无交往，他们所熟悉的唯有自身及自然。以自身感受源于自然界的刺激，同时也试图于自然界获取满足自身需求的资源，当时人对自然的态度可谓既敬且畏。这便产生了朴素的原始愿望、巫术以及原始宗教信仰等，这些祈愿的过程即诗性智慧生长的过程。

由上可知，维柯之所以称诗性的本体为"想象出的玄学"，是因为想象力可以作为一种手段，为人类无中生有地创造出现实。比如人在认识世界的同时，创造出的最基本的文化符号"文字"，便是人类凭借想象力所创造出的最典型的社会文化交流载体。文字传承的过程是人类从感性思维发展出理性思维的过程，而围绕着有限的符号所产生的潜在交流差异，使想象力在形

成意义方面又发挥了应有作用。所以，想象力不仅在交流中发挥作用，还是建构现实与文化体系的组成部分。仍以文字为例，现存最早的汉语文字体系甲骨文现共整理出 4055 个字，而 2004 年台湾出版的《汉字变体词典》收录汉字则多达 106230 个。由此也能够看出，所谓传统，其实并非一成不变的古老文化积淀，而是在稳固的根基上逐渐枝繁叶茂的树状体系，"松散的相对稳定的结构，是充满活力和张力的文化综合体"（刘梦溪，2017）。由原始时代到数字时代，由氏族社会到元宇宙空间，传统文化符号表现出的时空张力离不开想象力的作用，而数字技术也为想象力的充分发挥提供了更广阔的空间。

从时间维度进行纵向打量，传统文化符号的张力体现在变与不变之间，不变体现出认知的传承性，变则体现出想象力的创造性。

以龙门石窟为例。龙门石窟始凿于北魏，终于清末，见证了千年时光流转与十余个朝代的更替，书法、美术、石刻等审美艺术及服饰、医药、建筑等诸多领域的珍贵史料，从不同侧面印证了中国古代政治、经济、宗教、文化等社会各方面的历史演变。如从北魏古阳洞释迦牟尼佛像的清癯秀发到盛唐奉先寺卢舍那大佛的雍容丰润，可以清晰看出审美观的变迁。审美经验会发生改变，却不会断裂，一如任意一个文化领域的人类成长故事，古阳洞中那至今仍为世人称颂的"龙门二十品"北魏碑体，就在无声言说着中国千百年来一脉相承的艺术美学。这是一种文化的时间诗学，一分一秒地接续起长达 1400 余年的历史与文化，使其在想象的空间中交织成一个体系。

数字时代这一复杂的文化想象梳理联结过程被极大地简化浓缩。龙门石窟景区推出的无上龙门沉浸体验馆，通过全息天幕与裸眼 5D 等技术创设出大禹治水、石窟开凿、帝后礼佛等一幕幕逼真的历史场景，使游客在光影变幻中遍历龙门千年繁华与沧桑，从而加深了对龙门、对中国、对中华文明史的感知与理解。所以，数字科技立体鲜活地呈现在受众面前，使遥远的文化想象转变为可感的艺术具象，而这种对于历史文化等人类抽象认知经验的具象还原，归根结底又来源于想象力的创造性，二者互为因果。"在意义的裂缝之处，发现具有价值的维度，然后通过感知将其风格化，做一致性变形，以艺术符号再现出来"（于广华，2021，p. 143），与此同时，"以其物质媒介自然有机的关联性，指向意义宽广的未来向度与交互性向度"（p. 147）。

从空间维度而言，传统文化符号的张力则可概括为文化融合。相异为融合的前提，体现出自然环境对民族文化的独特塑造；趋同为融合的结果，体现出社会交往对文化联结的想象激发。

　　可对比云冈石窟与龙门石窟。云冈石窟的后期造像呈现出面部丰润、褒衣博带的汉族风格，龙门石窟则秉承了云冈石窟的早期佛像刚健硬朗的特征；云冈石窟的建筑布局呈现出平棋格等汉民族艺术元素，龙门石窟中西域乐器、希腊石柱等域外元素则是云冈石窟西域情调之余韵。由建筑的布局、图案到雕像的面部、衣着，由对物的审美到对人的审美，这些变化反映出佛教艺术自西域传入东土以后和中国传统文化的融合日益深化的趋势。由上可见，不仅同属中华文明的各民族文化呈现融合趋势，整个世界都处于民族文化大融合的进程之中。这些看似不和谐的民族文化与异域文化符号集合，恰恰生成了蓬勃的艺术张力，生动地描绘出多元文明交融影响的盛世图景。

　　传统文化的时空张力，为其和现代文化及异域异族文化的多元融合提供了可能性。2020 年 10 月，"丝路华光——敦煌、云冈、龙门石窟艺术联展"在洛阳博物馆开幕，3D 打印技术不仅等比例复制出部分雕像，甚至复制出多个代表性洞窟，高精度原真性地复现三大石窟精华，使游客零距离接触石窟艺术甚至与其互动的梦想成为现实。这不仅是呈现给游客的视觉艺术盛宴，还在传统文化的数字化建设方面推进了重要一步。在世界日益成为地球村的当下，在国内历史与现代、故乡与他乡的界限消弭于元空间的基础上，也许在不久的将来，我们会看到四大文明古国联袂展示出人类文明的起源异同。刘梦溪（2019）用"《易》有太极，是生两仪，两仪生四象，四象生八卦"来比拟不同文化之间的哲学关系。的确，所谓张力，绝非仅活跃在系统之内以使相离相背的不同元素在符号文本内部达到平衡；所谓数字技术，也绝非仅作用于情境的营造以凸显虚拟现实的真实感。在文化传承领域，二者更重要的角色是引发受众想象力，使符号与周遭环境产生联系，拓展出更广阔的审美空间。

　　大型电视文化节目《中国诗词大会》自 2016 年开播以来一直热度不衰，这与它借助数字科技将古典诗词与现实生活及时代精神对接的节目主旨密不可分。从第一季的引领受众感受、欣赏、品味诗词之美，到第二季飞花令的创新增强节目的趣味性与参与性，再到第七季以沉浸式的情景演绎激活传统文化记忆，在内涵的呈现上从普泛的诗词文采之美延伸到人性情感之美与民族精神之美，在形式的表达上从主持人、嘉宾与观众的现场互动发展到与云中千人团的混合互动，再到以步入传统画卷的方式链接起古今中国味，并借画中人之口道出中华民族文化与民族精神的生生不息。这些既说明了在节目设计的思维形式上从理性思维向感性思维的过渡，也展现出中华民族传统文化在历史延续过程中的时空张力，在打开文化记忆空间建构现实的同时，也开辟出时代精神民族溯源的实践路径。

三、基于隐喻的主客移情建构现代神话认同

"诗性逻辑中最重要、最鲜明、最常用的比譬（tropes）就是隐喻（metaphor）……把个别事例提升成共相，或把某些部分和形成总体的其他部分结合起来，感性形象的替换就发展成为隐喻。"（维柯，1989，pp. 200 - 202）按照维柯的观点，所谓共相是由从感官抽离出来的心智能力生发出来的，即想象力玄学进一步发展而生成抽象意识。从这点而言，隐喻是感性思维到抽象思维的过渡，也是族群共同意识萌发的起点。

"人对辽远的未知的事物，都根据已熟悉的近在手边的事物去进行判断。"（维柯，1989，p. 103）由于原始人类尚未形成抽象思维能力，而以形象感知为主，所以在认识事物时只能发挥想象力，以自身及身边事物为参照物判断新事物，借助敏锐的感觉将其归于想象性的"类概念"中，想象力遂在交流中被限制在物体之间可理解的相似性上，由是形成了隐喻。

维柯（1989，p. 184）认为，文化是人基于想象所进行的创造，将人视为标准去观照世界便创造了神话和宗教，在原始人淳朴的感性世界中，甚至可以想象出"具有同情心的自然"这般宏伟的虚幻形象。亚里士多德在《修辞学》中阐释了两种类型的想象力：幻觉化想象力和视觉化想象力。亚里士多德指出，幻觉与那些令人愉悦的东西有关，如荣誉是想象自己有令人钦佩的品质、对他人的钦佩和为他人的钦佩（2016，pp. 90 - 91），同样，想象对激怒你的人进行报复也是愉悦的（p. 116）。在这个意义上，幻觉是一种想象，通过这种想象个人能够将自己与他人和尚未发生的行动联系起来。视觉化是一种更具体的想象形式，经常出现在隐喻和颂词中。在隐喻和颂词中，听众被带去理解"这就是那"或类似的东西（pp. 218 - 221）。这些形式的想象力符合维柯关于感性与想象力创造现实的想法。维柯（1989，p. 213）从诗性逻辑探讨语言文字的起源，认为诗性思维的运用是原始社会普遍的民族思维方式，各民族皆用寓言故事说话，然后发明出象形文字。可以看出，寓言故事的创作幻觉乃是基于想象力，而象形文字的出现则符合视觉想象，二者皆具隐喻特性。

因崇尚含蓄之美，中国传统文化极重"意象"。"芝兰玉树，生于庭阶""江水茫茫，明月知心""山之精神写不出，以烟霞写之；春之精神写不出，以草树写之"等皆为我们所熟知的诗画意象，也是象征着国人情感、精神、

期盼的传统文化符号，但这些意象在构建之初，一定是作为隐喻首先被使用的。

"隐喻就是使无生命的事物显得具有感觉和情欲。最初的诗人就是运用隐喻，让一些物体成为具有生命实质的真事真物，用以己度物的方式，使它们也有感觉和情欲，寓言故事就是这样创造的。"（维柯，1989，p. 200）很显然，这段论述与审美移情理论异曲同工。审美移情理论最早由德国心理学家立普斯（Theodor Lipps）（1909，p. 222）提出，指人在感知自然景物时，会下意识地将自己的主观情感意志赋予所感知对象，于是审美主客体之间便产生了情感共鸣。

随后经康德、巴赫金等学者阐释发展，审美移情理论的内涵得到进一步丰富。巴赫金（1998，p. 122）说："在移情时我应该放弃这些外位于他意识的因素所具有的独立意义，把这些因素仅仅用作一种标记，用作移情中的技术性手段；它们的外在表现，正是一个途径，我由此得以渗入他的内部，在内部几乎与他融合到一起。"而康德则提出了审美的时空"在场"问题，强调了"人在事中"的实践理念。"融合""在场""人在事中"等创见，都说明了在审美活动中主客体是双向互动的关系。尽管客体景物原本自在无情，但在主体赋予其情感之后，便会反过来影响主体的情感与思想，正所谓"虚实相生"。这一诗学思维为传统文化符号的数字时代具象表达提供了镜鉴。

以河南卫视"奇妙游"系列国风节目为例。博物馆中的国宝与历经沧桑的文化遗址原本静默无声，但数字技术却还原了历史场景，使我们可以置身其中，强化了民族传统文化认同感。比如，打破传统舞台局限的网剧形式带领观众穿越时空，或步入唐朝的洛邑古城，或泛舟宋代的金明池，以鲜活的情境带来具象的感受；赋活文化符号使三彩"唐小妹"化身导游，在带领受众移步换景的同时还可以现场交流互动，增强受众的参与体验；甚至海选出真人版"唐小妹"并全网征集剧本，将传统文化节目打造成最具现代感的偶像养成系网络综艺。"不同文艺形式在不同的感知领域里，均能产生相似的代入感，但互联网却加强了这种感受。网络媒体以高仿真的声、像构造虚拟在场，使身体出席之外的另一种'真实'体验更容易获得人们的理解和接纳。"（许苗苗，2020）

"发生文化认同的前提是个体必须通过认知活动不断地接收外界文化的刺激，并对外界文化进行认知加工，探究其文化的内在核心价值。"（维柯，1989，pp. 103－104）而文化认知的结果之一，必然是某些文化的内在核心价值与受众的既有认知产生共鸣，于是受众在态度上会对这些文化的价值持肯定态度，在行为上受这些价值观念的影响并愿意传承这些文化，亦即生产文化认同。依据符号学的观点，神话是实现文化认同的最主要路径之一。

神话史诗是原始人凭借生动的想象创造出来的，因而具有崇高性与通俗性两种永恒特性。崇高性指向神话中英雄人物的精神与个性，通俗性则指这些英雄品质将发展成为民族精神的源头，而民族精神或称民族共同意识实为全民族所共有的价值判断。（董莉，李庆安，林崇德，2014）因而，神话之中蕴涵着源远流长的民族文化认同意识。以"龙"为例，中华儿女几乎全都认为自己是龙的传人，各民族均有龙管理水域、行云布雨、护法镇守的神话，因而龙神话寄予着中华儿女风调雨顺、民族和谐的共同愿望，龙图腾是中华民族共同体建设重要的文化符号。在数字时代，文化共在空间可以极便捷地被创设出来，传统文化符号也可以借助现代神话更好地发挥其民族共同体建设的抓手作用。

《龙门金刚》可谓数字时代传统神话和现代神话结合的极佳案例。金刚是大家很熟悉的宗教神话形象，原本大家对金刚的了解多局限于佛教力士与坚固不坏之意，但河南卫视2021年《七夕奇妙游》的舞蹈节目《龙门金刚》却发掘出金刚这一符号更深层的文化含义。这一舞蹈以金刚和伎乐天为符号能指，传达出多元与深刻的所指内涵：金刚是顽强斗争的精神象征与驱邪辟疫的守卫者，对应储水辟邪的七夕习俗，更蕴涵着国人面对困境的勇敢坚毅；柔美的伎乐天与刚健的金刚七夕相会，既迎合了节日的世俗含义，更象征着中华民族自古以来雄奇瑰丽的飞天梦想。《龙门金刚》一俟播出，便引发了网络热议。网络为我们构建了一个数字共在与公共意义参与空间，在这一空间中大家对热点话题进行讨论，疑问得到及时解答，观点也在实时互动中越来越明晰，传统文化的丰富含义在这一过程中得到透彻发掘，沉寂于内的情感共鸣也被集体欢腾的民族文化氛围点燃。

四、结语

信息时代的"先知"麦克卢汉曾经说过，"媒介即信息"。麦氏认为，媒介不仅带来了社会变革，还改变了人们的思维方式：在口语传播的部落化时代，以感官卷入度高的感性思维为主；印刷传播使人们的感官系统偏重视觉，摧毁了人们感知世界的整体性，逻辑思维便占了上风；电子传播将人的感官再一次高度卷入，人类社会于是进入网络部落化时代，思维方式开始由理性向感性倾斜。尤其当电子传播发展到数字时代，声、像、光、影俱全的扩展现实手段创造出逼真的故事情境，更易激发想象力，唤醒沉睡的诗性思维。因为传统文化产生之初所秉持的即为诗性思维模式，这一特征在传统文化符号的数字化具象表达中展现得更为明显。

思维方式即我们连接现实的方式，是我们主要的认知工具。不同的思维方式意味着与现实联系的不同方式。形象思维方式促使一种具象写实世界观的形成，比如鸟的翅膀被称为帆，而船的帆被称为翅膀，这些隐喻皆基于明晰的视觉想象。感性与想象都有很强的创造力，作为人类认识的本性，这一创造力决定了人的形象思维方式中也有着抽象思维的萌芽，所以隐喻也必然由视觉想象与幻觉想象共同构成。坎贝尔和阿巴迪（Campbell & Abadie，1981，p.74）给我们带来了一个更现代的想象力版本："给想象力带来的主要乐趣是对强烈相似性的展示，而这种相似性是一般人注意不到的，可以启迪理解力，取悦想象力，调动激情，或影响意志。"

因而，在传统文化符号的数字化具象表达中，虚拟共在空间的互动参与就显得极其重要，因为只有在参与中，才能获得更深切的体验，从而使理性的逻辑融于感性的想象；只有在互动中，才能使历史文化的意义融于感性的氛围，从而使民族共同体的意识融于情感的共鸣。

引用文献：

巴赫金（1998）．巴赫金全集：第1卷（钱中文，主编）（晓河等，译）．石家庄：河北教育出版社．

董莉，李庆安，林崇德（2014）．心理学视野中的文化认同．北京师范大学学报（社会科学版），1，68－75．

刘梦溪（2017）．传统的张力——传统文化如何进入现代生活．中国文化报，03－15．

刘梦溪（2019）．中国文化的张力"引语"．北京：中信出版社．

鲁迅（1998）．中国小说史略（郭豫适，导读）．上海：上海古籍出版社．

马克思，恩格斯（1979）．马克思恩格斯全集（第四十二卷）（中共中央编译局，译）．北京：人民出版社．

维柯（1989）．新科学（朱光潜，译）．北京：商务印书馆．

维柯（2005）．维柯论人文教育（张小勇，译）．桂林：广西师范大学出版社．

维柯（2006）．论意大利最古老的智慧：从拉丁语源发掘而来（张小勇，译）．上海：上海三联书店．

许苗苗（2020）．代入感运用为网络文艺增添蓬勃生机．人民日报，06－03．

亚里士多德（2016）．修辞学（罗念生，译）．上海：上海人民出版社．

于广华（2021）．意象符号论：当代艺术中国范式的一个符号学阐释．符号与传媒，1，

140 - 153.

Campbell, J. , & Abadie, M. J. (1981). *The Mythic Image*. New Jersey: Princeton University Press.

Flowers, J. H. , & Garbin, C. P. (1989). Creativity and Perception. In John A. Glover, Royce R. Ronning & Cecil R. Reynolds (Eds.), *Handbook of Creativity*, 147 - 162. New York & London: Plenum Press.

Lipps, T. (1909). *Leitfaden der Psychologie*. Leipzig: Verlag von Wilhelm Engelmann.

作者简介:

闫文君, 博士, 洛阳师范学院新闻与传播学院教授, 主要研究方向为传媒符号学、文化传播学。

Author:

Yan Wenjun, Ph. D. , professor at College of Journalism and Communication, Luoyang Normal University. Her research fields mainly cover semiotics of communication and cultural communication.

Email: yanwj2916@ 163. com

从符号双轴看杂技雅俗的当代阐释[*]

董迎春　张艳秋

摘　要： 杂技在当代的发展一直没有厘清的一个问题是"就雅"还是"就俗"。双轴关系是任何符号文本所固有的品质，杂技作为身体表意的符号美学，其聚合轴与组合轴的选择与组合造就了其在不同时期的雅俗品质。当代杂技艺术在聚合轴的丰富性上不断做出各种尝试，从身体表意、服装、化妆、道具的配合到叙事内容的意义阐释，有了多样聚合，才有多元文本，聚合轴上的多样选择使得当代杂技呈现出"双轴共现"文本增生现象。解释的力量决定了符号发出者和符号文本的结构方向，解释意义在符号过程中的重要性决定了群众"聚合参与"的可能性，杂技艺术产业是中国式文化现代化的表现之一，时代主旋律因素赋能为其提供了新的发展可能。

关键词： 符号双轴，当代杂技，雅俗，泛艺术化，当代阐释

A Contemporary Interpretation of the Elegance and Vulgarity of Acrobatics from the Perspective of the Semiotic Double Axis

Dong Yingchun　Zhang Yanqiu

Abstract: It remains unclear whether contemporary acrobatics is elegant or vulgar. The double-axis relationship is inherent in any semiotic text, and acrobatics, as a semiotic aesthetics of body expression, has

　* 本文系 2022 年国家社科基金艺术学西部项目"中国杂技基础理论研究"（22EE203）、2022 年广西重点研究基地"广西民族文化保护与传承研究中心"建设项目（2022KFXDM01）阶段性成果。

always been indebted to the selection and combination of the aggregation axis and combination axis for its elegance and vulgarity in different periods. Contemporary acrobatics has continuously explored the richness of the aggregation axis, from the combination of bodily expression, clothing, makeup, and props to the meaning interpretation of narrative. Without diverse selection on the aggregation axis, there can be no pluralistic texts and therefore no phenomenon of text proliferation of the double axis in contemporary acrobatics. The strength of interpretation determines the sender of signs and the structural direction of semiotic text; meanwhile, the importance of meaning interpretation during the semiotic process determines the possibility of the "aggregate participation" of the masses. As one of the manifestations of Chinese cultural modernisation, the acrobatic art industry is blessed with new development possibilities arising from the main themes of the times.

Keywords: double axis of semiotics, contemporary acrobatics, elegance and vulgarity, pan-artistry, contemporary interpretation

DOI: 10.13760/b. cnki. sam. 202401012

中华人民共和国成立之前，杂技一直作为跑马卖解、走乡串里的俚俗文化存在。及至当代，面对各种文艺类型积极变革自身争取文艺市场的现状，杂技行业也日益意识到单纯炫技已不能吸引观赏者的注意，开始向着"表意"的深度开掘。这就给我们提供了用符号学理论分析当代杂技的可能，因为符号学是研究意义的学科，而当代杂技在组合层面的舞台整体效果营构和聚合层面的舞台元素选择上，展现出越来越多的符号表意可能性。由此，当代杂技似乎在积极摆脱"俗文化"的标签，努力靠拢传统意义上的"雅文化"。但事实却是，杂技的身份定位远非雅俗两字可以轻易决定。因为符号的运作过程，除了符号发出者的意图意义，还有展示出来的文本意义，最重要的是解释者给出的解释意义，多种因素决定了杂技的"雅"与"俗"是一个复杂的时代问题。本文以此为议题，从符号学双轴理论出发，分析杂技的符号文本结构和表意特征，对杂技的雅俗问题进行基于目前发展实践的分析。

一、从窄幅聚合轴看传统杂技之"俗"

"双轴关系是任何符号文本所固有的品质"（赵毅衡，2023，p. 197），符号双轴的观念源自索绪尔，简单来说，组合关系指的是一系列符号组合成有意义文本的方式，而聚合轴，按雅各布森（Jakobson，1956，pp. 76 - 82）的说法，可称为"选择轴"，它展现的是不同元素供选择的可能性。聚合选择的结果是组合文本的形成，不同的聚合选择会产生不同的组合文本。杂技作为身体表意的符号美学，其聚合轴与组合轴的选择与组合造就了杂技在不同时期的雅俗品质。本节从符号双轴角度，分析传统杂技何以被称为"俗文化"。

（一）历时向度：聚合轴窄化与杂技之"俗"

杂技在中国的发展，经历了先秦时期的角抵、蚩尤戏，汉代的乐舞百戏，隋唐杂技的繁荣，宋代以"勾栏瓦舍"为主要演出场地的民间演出形式，到了元明清三代因官方打压而被称为"杂把戏"。虽然汉唐时期杂技发展得到了宫廷支持，一度成为展示国力强盛、发展友好外交的手段，但依然不能与"雅颂之声"相提并论，而被称为"俚俗"艺术。自先秦至新中国成立，杂技虽经过了漫长的发展，但演出呈现的变化却并不明显，原因不得不归于杂技演出聚合轴选择范围的窄化。聚合轴上的可选择元素多，选择面宽，意味着组合成文本后是宽幅的聚合轴；相反，则为窄幅的聚合轴。聚合轴的宽窄影响着文本风格的呈现，聚合轴过窄的结果是风格的僵化。杂技之所以在"俗文化"的阵列中生存长达数千年而未被文人雅士认可，从符号学的角度来说，是因为身体技艺、道具等表演元素可供选择的范围过于狭窄导致的聚合轴窄化，表演风格的僵化使得杂技相较于代代更替的文学和其他高雅艺术显得缺乏活力。

杂技虽经过了几千年的发展，但杂技节目的更新却非常有限，据安作璋《中华杂技艺术通史》（2012，p. 618）介绍，及至晚清，活跃在杂技舞台上的杂技节目只有163个，与杂技数千年的发展历程极不相符，也就导致了演出过程中可选择的节目数量有限，演出同质化严重，难以创新。例如，自汉代张衡在《西京赋》中记录"冲狭燕濯，胸突铦锋"（唐莹，2020，p. 60）以来，惊险类的节目基本不离"刀山""剑门""走钢刀"等，形式变化不大。再如力技类，自先秦时的"乌获扛鼎""夏育扛鼎"（刘荫柏，2005，p. 7）开始，后世的力技节目展示表演者力量的方式都没有超出举重物的范畴，举鼎、举缸、举车轮等都属此类。

传统杂技道具的变化非常有限，这也是导致聚合轴狭窄的重要原因。杂技道具起源于生产生活用具，这使得杂技与世俗生活有着天然的亲缘关系。

汉唐时期，得益于宫廷的大力扶持，杂技在道具的开发和变革上有了很大突破。但纵观整个发展历史，尤其是宋代以后杂技受官方压制转场民间，常年流徙各地，自然不方便携带多样道具，客观上限制了道具的使用和革新。加之表演者对身体技艺的刻意雕琢而弱化道具的作用，杂技演出因此看起来千人一面，缺乏新意，难以与诗词歌赋等"雅文化"相抗衡。

在杂技的观演关系中，长久以来，表演者主要出自社会中下层，观赏者也以布衣百姓为主要群体（尽管汉唐时期统治者表现出了对杂技百戏的热衷），观演双方对意义的阐释均缺乏深度。因此，无论是从杂技节目和道具的选择上看，还是从演员与观众的阶层分布上看，每台杂技演出的组合背后都是选择有限的窄幅聚合。革故才能鼎新，没有对各方面的积极变革，缺乏拓宽聚合轴的努力，传统杂技就只能是难登大雅之堂的小技末流，博人一笑而已。

（二）共时向度：组合层"俗"的身份定位

组合层考虑的是形成组合的符号元素之间的相互关系以及部分与整体的关系。"在已编码的文本层面上，人们需要应对的既有明显的内容，又有各种看不见的、并被想当然的意义"（史蒂文森，2001，p. 127），"明显的内容"即是指组合层的显现。长期的墨守成规鲜有变化，使得杂技这一民间艺术在组合层面呈现出强烈的"俗"性，表现为民间性、民俗性、群众性的特点。

世界范围内艺术的起源几乎都有突出的民间性。杂技同样起源于民间，始自原始先民日常劳动中对身体和工具的使用，"在所有的族群和文化中，人的身体都是一种极为便利的象征符号，因为身体不仅是主、客观经验的连接点，同时既属于个体也属于社会"（宗争，梁昭，2018，p. 81）。因此，相比于其他艺术门类，杂技与民间的关系更为紧密而自然。杂技在数千年的发展中从来没有脱离民间。先秦时期角抵、击壤、驱傩、"斗鸡走狗"等杂技节目都是从民间发展至士族。汉唐宫廷高度重视杂技发展，使这一民间艺术一度可以与传统雅文化同台呈现，但即便此时，杂技依旧没有脱离民间，汉武帝、隋炀帝、唐玄宗时期，都有贵族与百姓共同观看演出的记载。宋代，杂技不受统治阶层的重视，被迫回到民间寻找出路，"勾栏瓦舍"成了市民观看演出的重要场所。元明清三代，杂技的生存处境日益恶化，宫廷几乎见不到杂技演出的身影，反而重新激活了杂技的民间性。时至当代，在大力发展民俗民间文化的号召下，杂技的民间性焕发了新的生机。杂技文旅将杂技演出与休闲旅游、地方文化品牌打造等相结合，为传统文化的创造性转化、创新性发展开拓了思路；络绎不绝的"文艺惠民"活动使杂技依然活跃在基层的乡村和社区。

杂技的地域性、传承性、民族性等特征决定了它的民俗性。杂技从业人员大多认同杂技有南北派之分，北派杂技多刚劲粗犷的力量型节目，南派杂技多柔美婉约的技巧型节目，杂技风格的南北之分显然源自南北方的人文地理特点。杂技三千多年的发展历史中，"父子师徒"的门内传承，使杂技带有强烈的民俗色彩。少数民族杂技与中原杂技、中国杂技与西方马戏在风格上的差异，显示了杂技的民族特色。杂技发展史上的文化现象也是佐证。"春典"是杂技的行话隐语，也是杂技这一艺术文本的重要符号，懂不懂"春典"是区别杂技内外行的标志，有时可以决定一个人在杂技行业中的地位尊卑，杂技从业者对此甚为重视。"春典"的长期流传说明了杂技发展的成熟。此外，历朝历代的"行香走会"是杂技作为民俗艺术的重要表现。"行香走会"因其广泛的群众基础、强烈的娱乐性和精神指涉意义、与节日符号的耦合性等特点，逐渐定型为一项拥有旺盛生命力的民俗活动。今日全国各地依然以庙会的形式继续着"行香走会"的活态传承。

杂技的民间性、民俗性得益于它广泛的群众基础。杂技文本意义的形成是符号编码的过程，群众的观看则是通过对符号文本的感知和自身经验的联想而展开的符号解码过程。杂技是展示身体奇观的艺术，得益于杂技无语言限制的特点，这种舞台奇观的欣赏没有民族、年龄、性别的阻隔，古今中外、男女老幼皆可欣赏杂技，这是杂技群众性的根基所在。此外，杂技的跨民族交流更是成为历代佳话。汉武帝多次在平乐观以百戏招待外国来使，展示民族富强。唐朝风靡的胡旋舞源自西域（耿占军，杨文秀，2007，p. 126），日本的《唐舞绘》描绘了唐代传入日本的杂技幻术节目50余个。清代至民国，杂技为寻求发展出路，开始走向海外，客观上促进了杂技的域外传播。新中国成立之后，杂技外交空前繁盛，培养了大批海外观众。近年来，随着国内杂技发展的大变革，杂技"走出去"成了传播中国文化、展示中国形象的重要方式，实现了更广泛的群众性，还带来了客观的经济收益。

杂技组合层的这种"俗"的特点，既体现了历史发展的局限性，同时也是杂技生命力之所在。但杂技之"俗"是"通俗"而非"恶俗"，杂技应该发挥中国文艺"向上向善"的优良传统，建设"山清水秀的文艺生态"（习近平，2021）。新中国成立之后针对杂技的"三改"（改人、改戏、改制），志在清除杂技中封建愚昧、庸俗丑陋和残忍恐怖的节目，但直至今日，一些演出中依然有"吊发""吊头"节目出现，影响群众尤其是青少年的身心健康。由以上分析可以看出，杂技的"雅俗"之分有时代差异，而决定杂技发展方向的标尺却是恒定的：群众的审美诉求和时代发展要求。当杂技发展倾向于异项标出时，能够主导杂技发展方向的，是时代主旋律这一中项；中项向正项的偏边，保证了杂技的艺术品格。

二、当代杂技作为剧场艺术之"雅"：聚合轴的拓宽与组合的多样化

聚合轴上的多样选择使得文本呈现出强烈的风格意识。诗词歌赋一直是中国精英文化的代表，直至今日声势不衰，原因就在于文学内容和体裁的革故鼎新。新中国成立以来，一方面源于国家整体层面的文化政策和文化扶持，另一方面源于杂技变革自身的意识和努力，杂技亟待雅文化的身份认证。

（一）组合轴上的雅元素集合

符号很少单独出现，往往是与其他符号组成合一的表意单元。我们所接触到的任何文本，看起来似乎只在某些方面引起我们的感知，其实是被感知到的部分与被有意无意忽略的部分共同形成的一个具有统一意义的文本。新中国成立后，杂技由撂地演出发展为一种舞台艺术。舞台是符号密集之地，要求运用各种手段加强舞台符号的表现力，以激发观众强烈的感知，产生艺术效果。

声音符号对合一舞台文本的形成有重要意义。克里斯托弗·巴尔姆的《剑桥剧场研究导读》（Balme，2008，p. 82）将剧场符号系统分成视觉符号和听觉符号。在中西方艺术史上，音乐都是起源较早、艺术地位较高、较早用于"展示"的符号。但就传统杂技而言，大部分表演者和欣赏者缺乏艺术修养，出身低微，没有在舞台表演的"资格"，遑论音乐伴奏。汉唐时期，因统治者的爱好和大力提倡，乐舞百戏在社会生活中的地位得到了极大提高，百戏中的杂技因而与乐舞有了联姻关系。但即便此时，音乐也并非为杂技专设，而是整场百戏表演的结构性安排。宋以后诸朝代，官方以各种方式刻意冷落甚至打压杂技表演，演出规模和方式都受到了很大影响，音乐在杂技演出中几乎销声匿迹。杂技在新中国作为舞台艺术亮相，音乐顺理成章成为一种重要的表意符号。当代杂技发展可分为"杂技主题晚会—杂技剧—新杂艺"三个阶段。在前两个阶段中，音乐在杂技舞台上依然发挥着功能性作

用，目的是制造逼真的故事现场，引起观者身临其境的感受，这与对传统戏剧舞台的坚持有关。而在新杂艺阶段，因其对情节中心和模仿理念的淡化，打破"镜框式舞台"（乔西汀，2023，p. 81）的企图，舞台上包括音乐在内的各种符号开始突出自身，"在后戏剧剧场时期，当文本不复是剧场的唯一中心时，'声音'被有意识地建构为积极的表演性成分"（郑钲，2023，p. 123）。

传统诗词歌赋的"雅"元素为当代杂技赋能。为充分彰显杂技的艺术性，当代杂技刻意向经典的雅文化靠拢，在舞台表演中加入诗词歌赋的文化元素甚至将其作为舞台文本的组合原则，以突出表演的"诗性"。前面我们说过符号文本的组合特点，对于符号接收者来说，文本中所有的符号并非处于同等地位，接收者只对文本的某些部分有强烈的感知，因而对文本的感知和解释都是有选择性的。诗词歌赋加入杂技舞台表演，成为舞台文本的组成部分，对于观众来说，打破了对传统杂技演出的惯性认识，因为新颖而得以"标出"，成为被优先感知的部分。江苏省杂技团的诗词歌赋杂技剧《四季江淮》（2022），以经典文本作为杂技剧创作底本的《化·蝶》（2021）、《猴·西游记》（2013）等，《战上海》（2019）、《英雄虎胆》（2021）、《聂耳》（2022）等红色杂技剧，都是从家喻户晓、易于理解的角度出发，这其中虽然有杂技作为身体技艺短于表意的无奈，但客观上仍使杂技向精英文化迈进了一大步，"使经典更加'精致'"（董迎春，王露霞，2023，p. 86）。又如杂技剧《天山雪》（2023）用杂技艺术助力民族共同体意识的铸造，身体力行响应文化援疆政策；广西创意杂技剧《百越稻盛》（2023）对"一带一路"政策做出诠释；等等。当代杂技剧在中国元素、中国形象、中国价值的传达上所做的努力，不亚于任何传统精英文化。

数字技术的媒介整合增强了舞台文本的表意功能。麦克卢汉在20世纪中叶提出的"媒介即信息"这句名言，在当时看来惊世骇俗，如今却是再清楚不过的事实。中国式现代化如今正经历着数字技术重构的重要时期，二十大报告明确提出实施国家文化数字化战略。数字技术在杂技的舞台文本组合中占据着越来越重要的位置，呈现在观众眼前的杂技舞台，是由不同层次的符号元素组合形成的意义跨层的合一文本。如今，杂技舞台的数字技术已不限于单纯电子荧幕的背景设置和字幕提醒，而是通过激光、投影等技术，实现身体和其他媒介之间的实时交互，形成演员和观众"双向奔赴"的沉浸式舞台，正如马克·扎克伯格曾经在《创始人信》（Zuckerberg，2021）中提及的，"下一代平台将更具沉浸感，一种具身化的互联网（embodied internet），人们不仅可以观看它，还可以置身其中"。广西杂技团的红色杂技剧《英雄虎胆》，在解放军战士耿浩牺牲后，为表现战友和恋人对他的思念，舞台上用激光束实时创造了一条时光隧道，在想象中联通两个世界，已牺牲的战士耿浩的身影就立在隧道的入口处，"数字戏剧技术重构了现代戏剧对中华文明的叙事方式和受众体验"（姬德强，白彦泽，2023，p. 13）。2023 年，国务院印发《数字中国建设整体布局规划》，提出"建设数字中国是数字时代推进中国式现代化的重要引擎，是构筑国家竞争新优势的有力支撑"（新华社，2023 - 02 - 27）。数字化已成为一种必然趋势，杂技艺术借助数字技术的赋能打造新型舞台，对杂技的当代发展至为重要。

（二）聚合轴拓宽造成风格的"标出"

聚合轴与组合轴在符号文本的构建中扮演着不同的角色，"对于文本的意义，组合更为重要；而对于文本的风格之研究，可能聚合更为重要"（赵毅衡，2021，p. 46）。赵毅衡教授在《符号美学与艺术产业》（2023，pp. 215 - 216）一书中分析了当代艺术产业的聚合偏向如何表现为雅俗文化对立的移位。俗文化异军突起，不拘一格，一方面从经典艺术门类中吸取养分，同时又有直面现实的勇气，聚合轴由此越来越丰厚。杂技作为民俗文化中富有生命力的重要类型，近年来的发展逐渐摸索出了一条联合姊妹艺术、整合跨媒介资源的路子，在聚合轴的丰富性上做出了重要尝试。

首先，杂技身体艺术的"在场性"不断增强。杂技是以身体表现为主的技艺形式，杂技演员的身体既是表演的主体，也是演出的道具。在影视节目挤占了当代艺术半壁江山的情况下，虽然人们可以足不出户就享受到非常精微的艺术节目，但"在场性"带给观众的身体体验却永远是表演艺术的灵魂，"剧场表演转瞬即逝，以不可复制的在场性和物质性为特色"（朱雪峰，2021，p. 57）。杂技作为以身体表现为主的技艺，其表演和观看都强调现场的生动性。徐向增（2022，p. 77）曾将身体造型从自然形态转变为艺术形态的过程称为"变形美学"，身体的这种"变形美学"所造成的舞台张力和视觉冲击力，需要演员与观众同时在场才能实现效果最大化。在后戏剧剧场时代，杂技又找到了身体演绎的新路径：与舞蹈、戏曲等艺术门类结合，形成具备多种理解可能性的复杂文本。青年导演余尔格的新作《献给爱米丽的一朵玫瑰花》（2023）被定位为"悬疑新马戏舞蹈剧"，将传统杂技炫目的技法和现代舞蹈的自由灵动结合起来，跨界组合出全新的肢体表演形式，同时结合戏剧艺术色彩浓烈的笔法，讲述了一个女人看似平淡孤寂实则充满悬疑的一生。当代杂技在身体表意领域不断开拓，不断制造宽幅聚合轴。

其次，服化道配合意义共同体的建立。杂技道具在传统演出中是身体的附属品，在当代，杂技成为一种综合性的舞台艺术，舞台上的所有符号元素要组合成一个统一的文本，每个符号无论如何突出自身，最终都要与其他符号一起形成意义共同体，才能形成一个有效的、可供解释的组合文本。因此，当代杂技的服化道也要积极配合意义传达。杂技是驾驭"物"的艺术，"……道具要成为一种隐喻……就需要蕴含着某种超出这一道具本身的涵指意义，形成一种跨域映射的关系"（袁杰雄，2021，p. 57）。这就意味着，杂技道具在"使用物－实际意义符号－艺术符号"的三联体中，逐渐向艺术意义靠拢。在湖南省杂技艺术剧院创排的新型杂技剧《青春还有另外一个名字》（2021）中，圆形的吊环变成了方形的镜框，钻圈技中的圈也变成了有棱有角的门框，与青春的懵懂、尖锐和多种可能性恰成映照。此时，杂技道具的抽象功能和具象功能一起使用，抽象意义甚至超过了具象，产生了所谓"道具符号的串岗"（濮波，2018，p. 86）现象。

最后，杂技从描述走向叙述，"剧性"持续延展。杂技没有语言门槛，古今中外，老少咸宜。在古代，杂技带有叙事色彩的例子，恐怕只有汉代"东海黄公"故事了，在此前后，杂技讲故事的例子鲜有耳闻。传统杂技的身体表现，只能称为"描述"。"一旦符号文本描写人物和变化（即'情节'），就是叙述；不卷入人物与变化的符号文本，则是描述。"（赵毅衡，2016，p. 314）由此看来，传统杂技依靠演员对身体的超常驾驭，展现人类战胜自然的伟力和英雄主义精神，因为基本不涉及人物以及情节变化，至多只能是描述性的身体表意符号展示。当代杂技进入杂技剧发展阶段，具备了叙事的能力，且在文本的选择和创造上不断开拓，在内容这一聚合体系上不断扩大选择的可能性。诸如经典改编、红色杂技剧、儿童杂技剧、先锋剧等尝试，以内容选择上的高度灵活性和开创性，加强了聚合轴的丰富性。

随着杂技向民族文化深处开掘、对新马戏的借鉴和当代科技的舞台运用，杂技聚合轴的宽度还在不断扩展，"有了多样聚合，才有多元文本，聚合是艺术新鲜度的保证"（赵毅衡，2023，p. 216）。相比传统精英艺术的墨守成规、举步维艰，当代杂技的艺术创新性、多媒介整合力度、对现实的反映力度等方面，使其有了更多雅文化的社会承担功能。古今杂技在聚合轴上的不均衡分配使得当代杂技的标出性日益鲜明。但近年来一些小剧场过于凸显先锋性的尝试，也使杂技艺术变得曲高和寡，使观众不知所云，远离了赖以生存的群众性和民间性。因此，中国当代杂技应该如何把握雅与俗的尺度，是一个值得思考的问题，社会大众的审美需求应该是决定其答案的根本因素。

三、意义阐释：时代主旋律赋能与当代杂技发展可能

符号被认为是携带意义的感知，对符号的意义阐释就是对符号背后表意深度的挖掘，赵毅衡（2016，p. 49）曾提出符号过程包含三种不同的意义：发送者的意图意义、符号的文本意义、解释者的解释意义。符号是用来表达意义的，但符号所表达的意义有没有被顺利接收、被接收的程度和精确度如何，却是由解释者决定的。因此，解释意义才是符号过程最重要的环节，"文本的边界与组成方式，依赖于解释，文本本身无法决定意义"（赵毅衡，2021，p. 46）。对于杂技艺术来说尤其如此，杂技三千多年的生命历程得益于它广泛的群众基础，最广大的人民群众是杂技符号的解释者。杂技在当代的发展一直没有厘清"就雅"还是"就俗"的问题：一方面，从杂技数千年的发展实践和艺术定位来看，杂技应该贴近世俗生活，热闹、诙谐、易理解；另一方面，当代杂技将自身定位为舞台艺术，传统"雅"文化中舞蹈、戏剧是最邻近的姊妹艺术，这种定位和艺术场域使得杂技越来越急于证明自己作为艺术门类的合法性，各种阳春白雪式的操作在当代杂技剧场显露头角。追本溯源，恐怕只有艺术的人民性，才能决定杂技的雅俗偏向。

（一）双标出：杂技作为剧场艺术的舞台呈现

传统杂技重点发挥娱乐消遣的作用，艺术水平不高，思想性不强，演出难有余味。当代社会，物质文明高度发达，群众受教育程度普遍提高，传统杂技的撂地卖艺、杂耍、杂把戏，已不能适应当下的审美期待，新的观众群体要求杂技艺术形式和内容的"双标出"（赵毅衡，2021，p. 46）。解释项发生了变化，反过来推动符号和符号发出者做出改变。因此，新中国成立之后，杂技开始寻求突破之路，希望新鲜的聚合系能够产生多元组合文本。

20世纪70年代，皮娜·鲍什演绎了"舞蹈剧场"的概念，"'舞蹈剧场'充分利用剧场空间内可以穷尽的各种元素和手段拓宽了身体的'所指'问题"（李凯伟，2016，p. 34），这种现象同样出现在以"身体"为表现内容的杂技演出中。20世纪90年代成都军区战旗杂技团的《金色西南风》，展示我国西南少数民族地区的风情和文化，开启了杂技发展的主题晚会阶段。相较于传统杂技的单纯炫技，主题晚会杂技表演具备更深厚的文化意义。2004年，中国杂技史上首部杂技剧，广州军区战士杂技团的《天鹅湖》问世，中

国由此进入"剧时代"。杂技剧采取"杂技＋剧"的演绎模式，杂技的身体技艺依然是表演的本体，在此基础上突出戏剧的叙事功能。值得肯定的是，杂技剧的创作擅于突出民族特色，无论是文本内容、舞美设置、象征元素还是意境营构，都极力突出中国杂技不同于西方马戏的独特之处。近年来，受后戏剧剧场的影响，杂技发展走向了新杂艺阶段，部分杂技表演开始着意打破经典的戏剧构造，淡化情节和人物，不刻意强调单一主题，将着力点放在激发观众思考、打破"第四堵墙"的努力上。

从单个节目到杂技主题晚会、杂技剧，再到新杂艺，杂技的积极变革折射出当代观众对杂技发展内容和形式的"双标出"要求：杂技艺术的自身变革吁请新的演出形式出现，文艺与时代、与人民大众的关系要求演出内容更贴近现实生活。这种变革既受杂技自身艺术发展规律的推动，也充分考虑到解释群体的实际诉求。

（二）泛艺术化：当代杂技的"双轴共现"及发展可能

现代性之后的后现代艺术，打着"颠覆一切"的旗号，反对经典、永恒、艺术自律，否认意义整一，对于打破传统和陈规，开辟艺术新领域有一定意义。但是，带有先锋性、后现代性的杂技创作尝试，因其去中心化、模糊人物和情节的一系列处理而显得过于抽象，有时非但不能引起观众的思考与共鸣，反而让观众不知所云。社会、文化、历史和艺术本身的诸因素都决定了，杂技艺术的意向性是被更多的观众所喜闻乐见，"文化生产面向大众的市场，其消费者不只是精英的阅读者，更多的是大众化的消遣者"（金莉，李铁，2017，p. 645）。

当代社会已经进入了所谓"泛艺术化"（赵毅衡，2023，p. 1）时代，无论是"产业艺术"还是"艺术产业"，其深层原因都是经济和市场的推动，而左右市场的主要力量就是受众。因此，最广大的人民群众有意无意地被裹携进了这场艺术大变革中，在很多环节发挥着决定作用。观众在剧场看到的是一场精心准备好的杂技演出，是一个美轮美奂的组合文本；但在组合文本的背后，起聚合作用、在各个艺术表现环节进行选择的却不只有创作主体，还有受众。杂技团改制是杂技当代发展的转折点，丢掉"铁饭碗"的杂技团体开始关注自身的生存与发展，于是不得不考虑市场的需求。一场杂技演出，导演在构思时就已经将观众认可、上座率、国际国内巡演这些实际因素考虑在内，因此，群众在无形中参与了聚合轴的选择与安排，聚合参与的重要性决定了杂技的发展方向。

符号双轴理论重在帮我们说清楚"看"的视角和理解当代杂技的发展趋势，杂技的"雅"和"俗"是辩证的：俗，说明了广泛性、人民性的奇观化娱乐这一重要维度；雅，指向了更高一层审美创意的舞台综合审智追求。当代杂技呈现出鲜明的"双轴共现"文本增生特点：杂技舞台的最终组合文本包含了选择过程，舞台要美，是观众对组合层面的要求；节目要好看，则是聚合多样化的体现。"熵减"（符号交流过程中信息量增加、意义增多的现象）理论的文化艺术研究表明，杂技舞台作为一种符号密集的意义集合，其生命在于意义的交流，而一定范围内的交流会由于熵增的累积而达到热寂，因为单纯的雅或俗淡化了杂技艺术的多样可能性。时代主旋律因素赋能，将雅俗合一，组合轴不断强化审美意识，聚合轴不断提升舞台作品的精神内涵，主旋律作为灯塔见证了当代杂技的发展方向，又作为艺术养料浇灌当代杂技的时代精神，在思想高度与精神气质上契合中国式现代化的紧密追寻。时代的审美趣味，审美意识形态的建构，文艺的人民性、美育功能的强化，彰显了当代杂技艺术创作和时代担当的可能性与勃勃生机。

由此分析，一方面，中国式现代化的成果使得人民群众的精神文化需求不断增长，审美水平不断提高，当代的观众群体不再是保守的、滞后的、固守一隅的贫苦百姓，而是与时代同发展、共呼吸的新时代主人翁，有新的审美需求，这为杂技的当代变革提供了动力；另一方面，杂技的群众性、民间性是它的生命之源，杂技的革新要充分考虑到受众的接受程度。因此，过雅或过俗都不能适应时代对杂技发展提出的要求，决定杂技是雅还是俗的，不是杂技本身，也不是少数专业人士的振臂疾呼，而是人民群众的审美偏好。中国式文化现代化的要求是用文艺作品表现时代精神，时代的主体是最广大的人民群众，解释的力量决定了符号发出者和符号文本的结构方向。

四、结语

聚合轴的选择具备多样可能性，杂技的组合文本才会永远鲜活生动。聚合偏重本是雅文化的创作动力，但在"泛艺术化"的当代文化形态中，雅俗的对立早已移位，杂技的雅和俗一直随着杂技时代处境的变化而在符号双轴之间"选择"或者"组合"。在聚合选择中，选择哪个元素，舍弃哪个元素，这其中自然有杂技艺术自身规律的要求，有姊妹艺术的借鉴推动，有时代发展所提供的复杂精微的技术条件，最主要的是充分考虑到最广大人民群众的审美需求。时代的主体是人民，杂技的发展步伐既要有所前进又不能搞"大跃进"，要稳步提升杂技的艺术性，既让观众看得懂，又能提高观众的鉴赏水平，雅俗结合，就是人民性与剧场性、历史性与时代性的符号"双标出"，让当代杂技迈向从"高原"到"高峰"的发展和追求之路。

引用文献：

安作璋（2012）．中华杂技艺术通史．海口：南海出版公司．

董迎春，王露霞（2023）．当代艺术的中国化表达与文化输出——以杂技剧《化·蝶》为例．艺术百家，2，82-87

耿占军，杨文秀（2007）．汉唐长安的乐舞与百戏．西安：西安出版社．

姬德强，白彦泽（2023）．沉浸化、剧场化、互动化：数字技术重构下的中华文明认知与体验．对外传播，10，11-15．

金莉，李铁（编）（2017）．西方文论关键词（第二卷）．北京：外语教学与研究出版社．

李凯伟（2016）．刍议当代舞蹈剧场中的"符号"．北京舞蹈学院学报，3，33-36．

刘荫柏（2005）．中国古代杂技．北京：商务印书馆．

史蒂文森，尼克（2001）．认识媒介文化（王文斌，译）．北京：商务印书馆．

濮波（2018）．表演杂糅：剧场"符号-物"的三种意义解读．人文杂志，9，85-92．

乔西汀（2023）．雷曼后戏剧剧场的听觉维度．四川戏剧．79-83．

唐莹（2020）．杂技美学．北京：中国文联出版社．

习近平（2021）．在中国文联十一大、中国作协十大开幕式上的讲话．获取自 http://jhsjk.people.cn/article/32308213．

新华社（2023-02-27）．中共中央国务院印发《数字中国建设整体布局规划》．获取自 https://www.gov.cn/xinwen/2023-02/27/content_5743484.htm．

徐向增（2022）．后戏剧剧场身体符号观念下的人物造型．四川戏剧，11，75-78．

袁杰雄（2021）．符号修辞：舞蹈文本的基本表意方式．北京舞蹈学院学报，3，54-63．

赵毅衡（2016）．符号学：原理与推演．南京：南京大学出版社．

赵毅衡（2021）．当代文化的"双轴共现"文本增生趋势．文艺争鸣，5，46-51．

赵毅衡（2022）．艺术符号学：艺术形式的意义分析．成都：四川大学出版社．

赵毅衡（2023）．符号美学与艺术产业．成都：四川大学出版社．

郑钲（2023）．"声音即演员"：声音戏剧构作与当代剧场艺术的听觉转向．戏剧艺术，3，123-133．

朱雪峰（2021）．虚拟现实与未来剧场生态．戏剧艺术，5，54-71

宗争，梁昭（编）（2018）．民族符号学论文集．北京：中国社会科学出版社．

Balme, C. *The Cambridge Introduction to Theatre Studies*. Cambridge：Cambridge University Press.

Jakobson, R. (1956). *Fundamentals of Language*. The Hague：Mouton Press.

McLuhan, M. *Understanding Media: The Extension of Man*. Cambridge, MA: MIT Press.

Zuckerberg, M. (2021). "Founder's Letter". Retrieved from https://about. fb. com/news/ 2021/10/founders-letter.

作者简介:

董迎春，博士，广西民族大学文学院、广西民族文化保护与传承研究中心教授，主要研究方向为艺术学、杂技理论。

张艳秋，广西民族大学文学院 2023 级文艺学专业博士研究生，主要研究方向为艺术理论。

Author:

Dong Yingchun, Ph. D. , professor, School of Literature & Guangxi Ethnic Culture Protection and Inheritance Research Center, Guangxi Minzu University, mainly engaging in the research in art theory and acrobatics theory.

Email: dongchangpao@ 163. com

Zhang Yanqiu, Ph. D. candidate in literature and art, School of Literature, Guangxi Minzu University, mainly engaging in the research in art theory.

Email: 260433187@ qq. com

运河沿岸苏常传统民居装饰符号研究[*]

薛 娟 曹雅萍

摘 要：江南运河孕育了众多的江南名城，这些城市中的许多建筑遗存至今保留了众多彰显地域特色的隐喻性民居建筑装饰符号，这些符号可以表征不同地区的经济文化、社会阶层结构、民间习俗的发展。尤其是明清时期，民居建筑装饰符号受到政治制度、商品经济和儒、释、道文化的影响，秩序性有所规范，多样性有所增加，语义性有所丰富，图像的教化功能比较典型，各阶层民居装饰的时尚流行广泛。本文通过实地调研苏州和常州两地现存的近现代民居建筑遗存，比较研究其建筑装饰纹样背后的深层符号学意义，剖析其精神层面的传承利弊，为当代理性地理解优秀传统文化和工匠精神提供参考。

关键词：大运河，传统民居，装饰符号，苏州，常州

The Decorative Signs of Traditional Folk Houses in Suzhou & Changzhou Along the Grand Canal

Xue Juan　Cao Yaping

Abstract: The Grand Canal gave birth to many famous cities to the south of the Yangtze River. Preserved in the architectural remains in these cities are many metaphorical decorative signs of residential buildings that highlight regional characteristics. These signs can represent the development of economic culture, social structure, and folk customs

---

* 本文为教育部人文社会科学研究项目"江南地区运河沿岸的传统民居建筑装饰图案及其谱系研究"（22YJA760091）中期成果。

in different regions. Especially during the Ming and Qing dynasties, the decorative symbols of residential buildings were influenced by the political system, commodity economy, and culture of Confucianism, Buddhism, and Taoism, which standardised their order, increased their diversity, and enriched their semantic meaning. Images typically had an educational function and the fashion of residential decoration was widely popular among all social strata. Based on a field survey of the remains of modern residential buildings in Suzhou and Changzhou, this paper conducts a comparative study of the deep semiotic meaning behind their architectural decorative patterns and analyses the advantages and disadvantages of their spiritual inheritance, providing a reference for the contemporary rational understanding of excellent traditional culture and the spirit of craftsmanship.

Keywords: Grand Canal, traditional dwellings, decorative signs, Suzhou, Changzhou

DOI: 10.13760/b.cnki.sam.202401013

大运河是连接我们与祖先的文化纽带，是中国历史文明发展的文化符号，更是中华民族伟大复兴的历史见证者。伴随着国家关于保护世界文化遗产大运河的一系列法规相继出台，大运河文化带的保护和建设工作得到了各界的广泛关注，以大运河为载体的文化遗产保护和建设工作也开始有序进行。习近平总书记指出，"要把大运河文化遗产保护同生态环境保护提升、沿线名城名镇保护修复、文化旅游融合发展、运河航运转型提升统一起来，为大运河沿线区域经济社会发展、人民生活改善创造有利条件"。江南大运河是京杭大运河重要的组成部分，将江南地区运河沿岸城市串联起来，共同孕育了许多的传统民居，这些建筑成为文化遗产中重要的一部分，对其保护和研究的重要性更是不言而喻。苏州、常州作为江南运河沿岸城市，深受运河文化的影响，其传统民居建筑拥有一定的代表性，对其展开研究有利于江南运河城市相关文化研究的细化。

传统民居被誉为"没有建筑师的建筑"（胡慧琴，2004，p.11），它们承载着每个地区发展的历史记忆。在漫长的历史文化发展演变过程中，传统民居依据当地特有的民风民俗、自然文化等形成了独特的建筑风貌、结构形式和装饰样式，是一个地区的文化缩影，值得我们去深入、挖掘研究。民居建筑装饰可以映射出各地传统的工匠精神，也逐渐沉淀为中华文化元素，在时间和历史文化的影响下也具有了一定的文化符号学意义。

一、符号学在传统民居建筑装饰研究中的运用

语言学家罗曼·雅各布森曾经说过，"每一个信息都是由符号构成的"（霍克斯，1987，p. 129）。各类不同表征的符号共同构成符号学，它是一门极其宽广而复杂的学科。赵毅衡（2012，p. 1）把符号学定义为"关于意义活动的学说"，并给出了符号的定义，即"符号是被认为有携带意义的感知：意义必须用符号才能表达，符号的用途是表达意义。反过来说，没有意义可以不用符号表达，也没有不表达意义的符号"。符号学似乎是一个没有界限的领域，它可以包罗万象，归纳一切人们所知的领域，对不同领域内的事物符号都加诸一种人们更容易解读的东西，犹如图案的可视性、音乐的可听性。所有事物都可以用符号来进行表达，建筑也不例外。建筑符号学认为，建筑的意义来源于建筑的具体形式与象征含义，而这些皆可用符号表达。

（一）皮尔斯的符号学理论适合阐述江南民居建筑装饰的内涵

皮尔斯依据符形与研究对象之间的表征方式将符号划分为三大类：指示性符号、图像性符号以及象征性符号。（陈宗明，黄华新，2004，pp. 69 - 73）在建筑装饰中，象征性符号的运用居多，此类符号以媒介物的身份传达人们的思想。

1. 指示性符号

指示性符号又称指索符号，其符形和研究对象之间存在一定的因果关系或邻近联系。建筑物中每一构件的产生都自带特有的功能属性，比如：门（图 1a）的形象表达出入交通、开启闭合的功能意义；窗户（图 1b）的形象表达采光通风、观赏风景的功能意义；栏杆（图 1c）的形象表达拦截、阻隔、安全的功能意义。这些都是建筑中的指示性符号，具有功能指向性。

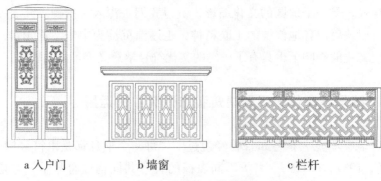

a 入户门　　　　　b 墙窗　　　　　　　c 栏杆

图1　建筑物中的构件

（资料来源：作者绘制，后同）

2. 图像性符号

图像性符号指的是符形与所指涉物之间具有图像相似性的符号，是将现实或虚拟事物通过写实或模写的方式进行表征的符号。这种符号具有直观的图案冲击力，在传统建筑中运用较为广泛，在建筑中常表现为具象的装饰图案，如故事纹、植物纹、几何纹等。

3. 象征性符号

象征性符号没有指示性符号的因果关系，也没有图像性符号的相似性，其符形与所指之间的关系由社会约定俗成。在传统建筑中，往往以龙、凤的图案象征帝、后；以蝙蝠、鹿（图2a）、鱼（图2b）、松树或仙鹤（图2c）等图案象征福、禄、年年有余、长寿等，这些都是典型的象征性符号。象征性符号表达一些抽象的概念以及人们对美好生活的向往，一般为带有吉祥寓意的图案，都是虚拟且感性的存在。

a 鹿　　　　　　　b 鱼　　　　　　　c 松鹤

图2　吉祥装饰图案

（二）传统民居建筑装饰具有符号的功能表征作用

精神符号学把符号视为精神的载体，进而探索人类精神的基本特征和运行规律。基于这一目的，我们把符号定义为"承载了一定精神内容的物质形态"（李思屈，2017）。

1. 象征功能

建筑的功能应当表现在建筑符号中，从这层意义上说，建筑符号的象征成为建筑功能的重要成分。建筑的象征就是具体的建筑结构、造型和空间组织所表现的意境，也就是建筑的内在含义。通过形象的联想、隐喻和空间体验，人们在建筑整体上进行再创造，使建筑成为开放性的、无限的世界。要成为象征就必须用意境超越具体形象和个人的天地，而演变为具有高度社会性的艺术，才能从个别上升为一般，感动多数人。

2. 情感功能

情感功能是指建筑符号可以直接表达人们对事物、状态所持有的某种情感或态度的功能。建筑艺术作为人类文化的重要部分，也是人类情感的符号，比如长城可以表达中华民族的民族自豪感和不屈不挠的民族精神。

3. 意动功能

意动功能，即建筑符号对人们施加影响并达到某种实际效果的功能。一些建筑的存在可以鼓舞和激发民众内心深层的思想情感，如在中国，北京天安门是中华民族团结复兴的建筑意动体。

二、苏常民居建筑装饰符号产生的不同之处

（一）苏常民居建筑装饰符号的差异受自然环境的影响较少

自然环境是地区文化形成的首要因素，"一方水土，一方人文"。自然环境的不同使南北方的建筑装饰纹样产生了"同形不同式"的情形，但苏州和常州由于气候较为相似，建筑装饰符号的式样和寓意没有这类明显差异。相比常州来说，苏州地理位置为其带来了交通运输的便利，使其建筑材料类型更加丰富，建筑装饰纹样载体更多。

1. 地理位置限制了苏常建筑装饰符号的选材

从苏州和常州现存的建筑装饰符号中不难发现，苏州存在大量的三雕艺术，尤以砖雕和木雕居多，常州平民房屋几乎没有三雕艺术的痕迹，在官宦、商贾的建筑装饰符号中，会在门头出现少量的砖雕艺术，几乎很少甚至没有位于门头的大体量木雕构件，原因之一就是苏州相比常州在地理位置上更优越，建筑装饰符号选材的范围因而更广。

苏州地处运河西入东出的交汇处，为交通枢纽，是商业快速萌芽和发展的有利条件。《考工记》里说："天有时，地有气，才有美，工有巧。合此四者，然后可以为良。"苏州砖雕就具备了以上四个条件，且苏州砖雕的用材也是最好的。苏州制砖历史悠久，吴县陆慕（今苏州市相城区元和街道）一带自宋元以后一直是优质砖瓦的重要产地。闻名遐迩的"金砖"即陆慕御窑应皇宫要求烧制的细料方砖，而制作砖雕的香山匠人历来是巧匠的代表，史书上曾有"江南能工巧匠皆出于香山"的记载。

2. 气候的相似使苏常建筑装饰符号无明显差异

苏州和常州同属于江南地区，在气候方面并无明显的差异，但也有细微的不同。常州在气温上略高于苏州，降雨量一般为苏州的 1.5 倍，但苏州的湿度高于常州，这些差异在一定程度上对建筑装饰产生了影响，不过并不明显。两地由于气候湿润，在建筑选材时通常需要使用太湖石、青砖、青瓦等防潮、防霉性较强的材料，同时需要时刻注意室内的通风，两地建筑的门窗位置多为平行安置，且格心装饰的纹路间距较大，以便于阳光的射入（图 3）。

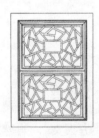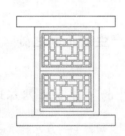

图 3　格心装饰

3. 水源的不同使苏州的建筑装饰符号更加丰富

苏州和常州都为运河沿岸城市，但苏州不仅拥有江南运河的孕育，还受到太湖水的滋养。太湖是苏州重要的水资源之一，盛产的太湖石广泛应用于园林、寺庙等建筑。苏州建筑中有许多构件都由太湖石制造而成，例如庭院的景观石，各种石台阶、栏杆以及石雕等。不仅如此，太湖石现如今被广泛应用于建筑的内外墙面及地面。苏州是著名的园林城市，太湖石是苏州园林的灵魂，拙政园、留园、狮子林等都有太湖石的身影。

（二）苏常民居建筑装饰符号的差异受社会环境的影响较多

社会环境是塑造地方文化、人文情怀的重要因素，苏常两地建筑装饰符号产生的差异主要受到政治制度、经济、民风民俗以及社会文化信仰等方面的影响。苏州建筑装饰精细、温婉，在实用的基础上更加注重装饰符号的美观性；常州建筑装饰粗犷、大气，以实用为主，美观性略弱。

1. 政治制度规范了建筑装饰符号的秩序性

政治制度对建筑装饰符号产生的影响随与都城距离的增加而递减。常州和苏州都为江苏城市，与都城距离没有明显差距，受到政治制度影响的程度几乎一致。

政治制度是国之根本，是维护秩序性的重要根基。明清时期，严苛的律令对社会各阶层的方方面面都制定了明确的标准，这些标准在一定程度上规范了社会秩序，避免了社会的奢靡之风；同时等级制度规范了建筑装饰符号的秩序性，使其有序可依，有制可循。牌科门楼、门当、户对、挂落、雀替等建筑装饰构件都是等级制度的反映，建筑装饰纹样的使用也不例外，龙纹、凤凰纹、麒麟纹都是个人权势和身份地位的象征。

通过对常州门枕石（图4）的研究可发现，清朝中后期政治制度对建筑装饰的影响趋于宽松。门枕石为带有功能属性的指示性符号，是承托门扇转轴正常运行的构件；其样式属于像似符号，是鼓和书的摹写。以常州瞿秋白故居、巢渭芳故居以及管干贞故居为比较对象，这几幢建筑都为清朝建筑，前两者为光绪年间所建，受到政治制度的限制明显减弱。瞿秋白故居的建造者为清光绪年间的瞿庚甫，为官阶三品的布政使，属于文官，应采用方箱形门枕石，却采用了抱鼓形门枕石（图4a）；巢渭芳故居作为无官位的书香门第本应使用无装饰的方箱形门枕石，却雕有麒麟纹和花鸟纹（图4b）；管干贞故居建于清雍正时期，门枕石无论是外形还是装饰符号都符合等级制度（图4c）。

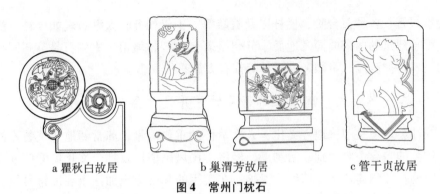

| a 瞿秋白故居 | b 巢渭芳故居 | c 管干贞故居 |

图 4　常州门枕石

2. 商品经济增加了建筑装饰符号的多样性

"明清时期的江南地区仍然是全国最重要的财赋供给地，其程度较之宋代有过之而无不及"（王卫平，1999，p. 47），伴随着经济领域的巨大变化，中国的政治、思想、文化、社会风尚等各个方面亦在明代中后期出现向近代社会转型的迹象，民众观念的变化尤为明显，开始出现奢侈性消费。商业的发展使庶民百姓通过经商获取了大量财富，衣食住行水平都得到了大幅度的提升，建筑装饰符号的运用更加广泛。商贾开始投资自己的居住空间，大到院落、建筑立面，小到门窗格心、家具陈设都有精美的纹样雕饰，这种风气在庶民阶层也慢慢兴盛起来。

明清时期，苏州是江南的经济重镇，不少家族拥有足够的经济实力来建造府邸以及装饰住宅。常州由于受到地理位置的限制，经济发展略逊于苏州。苏州比常州具有更丰富的三雕艺术的另一原因便是商品经济发展水平更高。

常州以实用性产出为主，人们对建筑装饰的需求较小。门头作为指示性符号，指示主人的身份地位，即使如此，常州民居都很少进行纹样雕饰；相反，苏州民居非常注重门头的装饰，以此来展示自己的经济实力与文化品位。

常州钟楼区的恽代英故居（图 5）是一座建于清朝嘉庆年间的建筑，是恽氏家族的祖居，其家族中多位长辈都在朝为官，拥有一定的社会地位和经济实力，但其故居门头没有复杂的砖雕，更加注重实用性。门头由纹头脊、椽子、上下两枋、兜肚、踩头以及木制大门等构件组合而成，但装饰纹样简单，主要集中于兜肚的位置。两侧的兜肚分别取用竹子纹样和菊花纹样，两种纹样都属于带有象征功能的象征性符号，表达主人的精神追求，但雕刻手法略显粗糙；上下两枋的两端为回纹造型的硬卡子纹样，回纹造型是寓意生生不息、吉祥平安的象征性符号。同时这些纹样也都是图像性符号。

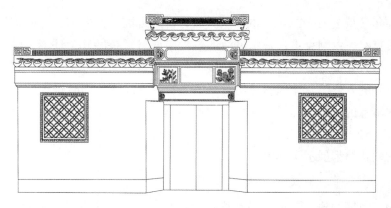

图5 恽代英故居

苏州黎里古镇毛宅（图6）是一座保存较为完善的明代建筑，其建造者为商人的毛大亨。该住宅保留下来的砖雕门楼有两进，分别位于第三和第五进。以第三进门楼为例，在门头上方有一条哺鸡脊，下方有六个一斗六升牌科；上枋为梅兰竹菊四君子装饰纹样；上枋下是一条万字纹挂落；正中间雕有"刚往柔史"的字碑，字碑两侧的兜肚位置采用浮雕的手法雕有一耕一读两种场景截然不同的人物故事纹样；下枋两端为回纹造型的硬卡子纹样，中间为卷草牡丹纹样，门头两侧的垂花柱以牡丹为造型。字碑"刚往柔史"出

图6 黎里古镇毛宅

自《左传·僖公二十二年》的一则典故，讲述鲁国士大夫在当时的政治斗争中以柔克刚、以刚克柔，采用灵活的政策来面对复杂的社会环境，以此来教导后人为人处世之道。这一砖雕门楼集各种建筑装饰符号于一体，有表达指示性符号的入户门，体现图像性符号的人物故事纹样，同时也运用了许多具有吉祥寓意的自然纹样，这些自然纹样都属于象征性符号，由此可看出当时苏州人民对于门头装饰的重视程度，他们将自己对生活的美好期盼与对子孙后代的教化等都展示于其中。

3. 儒、释、道文化丰富了建筑装饰符号的语义性

明清时期的建筑装饰符号在中国博大精深的传统哲学思想中孕育而生，将儒、释、道完美融于其中，苏州和常州民居的装饰符号也受这些文化的影响。两地建筑装饰符号的运用及象征意义相似，但在表现手法和数量上都存在差异：苏州图案比较规整，运用较多；常州图案比较琐碎，运用较少，可以找到的依托例子较少。

儒家文化希望人们在生活中积极进取，仕途上建功立业，三纲五常是其内部基本的秩序。"仁"是儒家文化所倡导的最高境界，落实到个人具体修养上，"君子"则是体现"仁"思想的人格典范，享有"花之君子"美誉的兰花自然成了人们寄托精神追求的对象。苏州黎里古镇毛宅的砖雕门楼上枋运用了梅兰竹菊作为装饰纹样，这些纹样属于带有象征功能的象征性装饰符号。梅兰竹菊在中国传统文化中是儒家文化四君子的代表，它们符合儒家文化中修身齐家、以德为先的君子之风以及不慕奢华的节俭品质。

苏州震泽古镇师俭堂临街三进的木雕月梁（图7）中间采用浮雕的手法雕刻了《三国演义》中一个典型的情节：诸葛亮驱船前来迎接从东吴归来的刘备。此故事纹样属于带有情感功能的图像性符号，诸葛亮的行为表达了对刘备的忠诚和信任，同时也展示出了谋略和智慧，体现了儒家文化中的义、智和信。

道家文化主张顺其自然，运用到建筑装饰符号中主要通过自然元素以及超自然的装饰纹样来体现天人合一的思想以及对自然宇宙的敬畏。暗八仙装饰纹（图8）传达了道家文化中"仙人下凡"的思想，反映了人们对超自然现象的一种向往。这些符号是带有意动功能的象征性符号，人们以此来表达祈求平安、生活顺遂以及脱离苦海、得道成仙的美好愿望。苏州暗八仙的纹样较为简洁，相反，常州的暗八仙纹样较为琐碎。

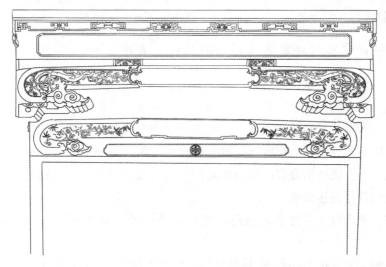

图7 师俭堂门雕月梁

a 苏州-柳亚子故居　b 苏州-师俭堂　c 常州-吕思勉故居　d 常州-马培之故居

图8 暗八仙纹样

　　佛教文化在苏常传统建筑装饰中主要体现在以"观音兜"为造型的屏风墙上。观音兜的原型为佛教故事中兜率天宫的故事，其讲述了观音菩萨在此处普度众生的情形。用于建筑装饰的"观音兜"表达了人们对美好生活的向往，希望可以驱邪避灾、消除生活的灾难和困苦，祈求夫妻和睦、家人平安。此装饰为带有情感功能的图像性符号，在苏州以及常州都有充分的运用，两地的观音兜在外形上没有明显的区别。佛教认为荷花是"报身佛所居之净土"，因此，荷花常被用来表示佛教的教义和修行之道，荷花纹样也被大量运用于建筑的各个部位。

三、苏常民居建筑装饰符号的相同需求

　　苏州和常州的建筑装饰符号由于以上各种原因产生了很多的差异，但也因为这些原因产生了相同的文化阶层，同一文化阶层衍生出相似的文化需求。这些相似的文化需求在建筑装饰符号的表现方式上略有不同，苏州偏含蓄，

常州偏直白。

（一）官宦对建筑装饰符号的教化、表达需求

明清两朝商人地位较低，多以文人为官。苏州人杰地灵，一向是文人汇聚之地，众多的文学家、诗人、书画家、戏曲家、收藏家云集苏州，他们以一种文人特有的灵性关注着与自己密切相关的日常生活和居住环境，对生活情趣、思维方式和美学尺度方面都有独到的见解。常州的文人官宦不及苏州多，但有不少成功的商贾，他们都希望子孙后代平平安安，这样的愿望通过建筑装饰符号表达出来。

文人雅士对于作为建筑点睛之笔的砖雕门楼，有着独特的审美趣味和要求。

苏州黎里古镇中心街 30 号坐落着一座清代建筑，为清乾隆工部尚书周元理的私邸，后为柳亚子故居。此建筑的每一进都有雕刻精美的门头来彰显主人的审美品位和教化思想，还有大量的木雕装饰，在梁枋上方有少量的彩绘图案。三进砖雕门楼的下枋装饰纹样为鲤鱼跃龙门（图 9），属于带有情感功能的象征性符号，表达主人希望通过不断努力取得成功、出人头地的追求。

图 9　鲤鱼跃龙门纹样

常州蒋氏宅第为明清时期遗存下来的大型民居建筑群，位于东南角的建筑为官宦之家，是其中占地面积最大且保存最为完备的建筑之一，有"东南第一楼"之称。整个宅第采用了大量的人物故事纹样进行装饰，主要位于大厅和书房等公共空间，这些纹样属于带有意动功能的图像性符号，其中有表示教育和学问的"孔子讲学"故事纹样，教化子孙忠诚、爱国的"岳飞挂印"和"文天祥挥泪"故事纹样。

（二）商贾对建筑装饰符号的求富、攀比需求

明中后期的江南，"重农抑商"政策在民间观念中受到了一定程度的挑战，士农工商的等级观念开始动摇，昔日"万般皆下品，唯有读书高"的观念被"以商贾为第一生业，科第反在次着"（《二刻拍案惊奇》）的社会现实

所取代。商贾由于经济实力而提升社会地位，表现出不断求富的心理需求，同时也不乏炫耀攀比的虚荣心理。苏州的商贾将装饰细化到建筑的每一个角落，而常州的商贾更倾向于将装饰外显。

位于苏州震泽古镇的师俭堂是一座典型的晚清商人的建筑，融合了时代特色和地方特色。直到目前，师俭堂仍旧遗存下来许多精雕细刻之物，大量的三雕艺术值得我们去研究和观赏。这座建筑的装饰可以用"琳琅满目"来形容，雕饰纹样布满建筑的每个角落，从临街第三进门头采用大体量木雕手法的骑门月梁，到墀头位置采用浮雕手法的精美砖雕纹样以及位于勒脚处的石雕，将三雕艺术融于入户门头，彰显出主人的身份地位及经济实力。

常州是以商贾文化为重的城市，位于武进区的杨桥古镇基于商贾文化发展而来，是典型的常州商贾古镇，明清时期，这里商贾云集、贸易往来发达，遗留下许多的商业建筑体。杨桥古镇建筑装饰符号区别于其他古镇之处主要在马头墙位置，其脊身通过瓦片的堆积形成钱纹的样式。这种纹样属于带有意动功能的图像性符号。钱纹为古代铜币的造型，作为一种象征财富的吉祥图案广泛应用于建筑装饰中。脊身由众多的钱纹串列，表达了主人对财富的渴望。常州的焦西古镇以及青果巷历史街区在原本人字形硬山墙的基础上加建了丁字形小高墙，属于带有情感功能的指示性符号，即通过马头墙高度的不断增高来炫耀经济实力。

（三）百姓对建筑装饰符号的求安、实用需求

百姓对建筑装饰符号的需求以祈求生活安康、家人平安以及保障生活的实用功能为主。不论是苏州还是常州百姓的建筑，主要装饰符号都位于建筑的外立面，如防止屋内进水的屋脊装饰以及防止火灾的山墙装饰，这些装饰都是带有功能性的指示性符号。

常州新北区孟河古镇北街和钟楼区西直街的建筑为典型的百姓居所，它们拥有共同的符号属性。一门一窗、一门两窗是江南传统民居特有的立面装饰符号，门窗在建筑装饰符号同时作为指示性符号和功能性装饰符号，有着供人出入、通风采光的作用，首先是要基本功能需求。

常州民居建筑装饰有着一个共同的特点：几乎每家每户都会在入户门的上枋下方放置雀替（图10）。这个位置的雀替在民间被称为"门挂牙"，属于带有情感功能的图像性符号。在旧时，人们普遍认为门口是阴气较重的位置，大多通过在门口悬挂牙齿、铜镜等物品来表达驱除邪恶、祈求平安的美

好意愿。"门挂牙"保留牙齿的造型，作为带有吉祥寓意装饰符号的同时起到支撑上枋的作用。

图 10　常州孟城北街民居 "门挂牙"

四、传统建筑装饰符号的传承及应用

（一）传统建筑装饰符号的现代文化传承使命

传承中华传统文化是我们的责任和使命，建筑装饰是文化传承的重要载体，同时也可以反映人们的认知和审美观念。如山东淄博站将主题壁画、浮雕、地雕融入现代建筑空间，采用大量可以传达当地文化价值观的图像性、象征性装饰符号，多以齐文化装饰符号为主。在这些大型装饰符号之外，有许多细节设计打动人心，如墙面的腰线、踢脚线，商务候车区的门把手、门框，站台的支撑柱柱脚、石墩等，都运用了传统建筑装饰符号。其中运用得最好的纹样是车马纹，它既是齐文化的重要象征，同时隐喻如今各地乘客在此往来。

（二）避免盲目传承传统建筑装饰符号

郑光复曾在《建筑的革命》（1999，p. 25）中说："迷于倒影的水仙，仍做着前生的梦。如果说艺术是生活的映象，美学所迷的建筑便是那花影了。建筑是生活的型化，仍是花，不是影。"建筑作为生活的物体外化，需要依据时代的变化而改变，在传承传统文化过程中应避免盲目地照单全收，要知道传承的意义在于文化创新。

我们需要辨析传统建筑装饰符号的时代含义和特征，时代在变迁，社会观念也在随之发生改变。明清时期在等级观念和封建纲常影响下产生的建筑装饰符号与我们现在倡导的人人平等观念相违背，应该摒弃。正如荆其敏先生在《中国传统民居百题》（1985，p. 2）中所言："只要是物质条件与社会生活方式改变了，它原有的那些含义就不复存在了，但适合后人生活需要的传统形式却被继承下来。"

结　语

传统建筑装饰符号是人居环境的缩影，苏州和常州由于相距很近，因此受自然环境影响而产生的建筑装饰符号差异并不大，产生差异的主要原因在于苏州和常州人民思想、审美观念的不同。苏州文人众多，有着独到的审美情趣以及对美的追求；常州为一座商业城市，注重实用，不讲求采用烦琐的装饰来表达自己。这些装饰符号同时反映了时代的社会风气、经济发展水平以及儒、释、道文化对人们生活水平及精神追求的影响。人们将自己的精神世界外化于建筑装饰符号中，但在等级森严的明清社会，人民的经济条件及审美情趣等都有较严格的阶级区分。官宦住宅的装饰符号主要为实现教化和表达的功能；商贾由于参与商品经济而地位变化，产生了求富及攀比的需求；百姓经济条件有限，多通过建筑装饰表达祈求平安、风调雨顺的美好愿望。传统建筑装饰符号大多是带有吉祥寓意和教化作用的纹样，但也存在一些只符合明清时代封建思想的特有装饰纹样，现代设计师应该明辨良莠，有选择地传承优秀的中华传统文化。

引用文献：

陈宗明，黄华新（2004）. 符号学导论. 河南：河南人民出版社.

胡惠琴（2004）. 没有建筑师的建筑. 建筑知识，5，11－12.

霍克斯，特伦斯（1987）. 结构主义和符号学（瞿铁鹏，译）. 上海：上海译文出版社.

荆其敏（编）（1985）. 中国传统民居百题. 天津：天津科学技术出版社.

李思屈（2017）. 符号经济与文化产业的内在逻辑. 浙江传媒学院学报，1，61－66.

王卫平（1999）. 明清时期江南城市史研究：以苏州为中心. 北京：人民出版社.

赵毅衡（2012）. 符号学：原理与推演. 南京：南京大学出版社.

郑光复（1999）. 建筑的革命. 南京：东南大学出版社.

作者简介：

薛娟，设计艺术学博士，苏州科技大学教授，研究方向为建筑环境艺术设计及建筑装饰理论。

曹雅萍，苏州科技大学硕士研究生，研究方向为装饰艺术设计。

Author:

Xue Juan, Ph. D. in design art, professor of Suzhou University of Science and Technology, with research interests in architectural environment art design and architectural decoration theory.

Email: 15806639626@ 163. com

Cao Yaping, M. A. candidate of Suzhou University of Science and Technology, interested in the research of decorative art design.

Email: 1217190731@ qq. com

理论与应用 ● ● ● ● ●

北京胡同的"老北京"特质及其感知的符号过程

田海龙　代　薇

摘　要：本文基于戈尔和厄文关于"符号过程"的论述，通过对游记《胡同情缘》的分析，探究北京胡同的"老北京"特质如何被感知，进而形成"老北京"感觉质的符号过程。首先借助"区分轴"和"抹除"的概念进行分析，发现该游记对北京胡同的描述镶嵌在关于"古老"对"现代"的区分轴上，在描述砖木青瓦、狭窄街道、街头小贩，以及胡同居民慢节奏生活方式的同时，游记将与之相对的、具有现代特征的环境和人物从描述中抹除，在语言使用形式上呈现出北京胡同的"老北京"特质。之后借助"呈符化"和"分型递归"的概念，发现北京胡同内的建筑（如麦当劳餐厅）在该游记中从指示符转向了像似符，使得胡同内的新建筑不再具有"现代"的指向意义，而与胡同居民的生活方式产生像似关系，进而被赋予"传统"的像似意义；同时，中国胡同的紧凑与美国建筑的疏阔被"分形递归"到胡同居民与美国人的交往方式层面，突显出胡同内居民交往密切的"老北京"特征。文章认为北京胡同"老北京"的特质通过该游记作者建立的"区分轴"以及运用的"抹除"和"呈符化"等手段，从一种潜在的抽象特质转变为具体且被经历的"老北京"感觉质，这一符号过程也是一种意识形态发挥作用的过程。

关键词：符号过程，意识形态，北京胡同，感觉质，呈符化

The "Old Beijing" Quality of Beijing *Hutong* and the Semiotic Process of Its Sensation

Tian Hailong   Dai Wei

Abstract: This article analyses *Hutong Karma*, a travel note by Peter Hessler, to determine how the "old Beijing" quality of Beijing *hutong* is sensed and further becomes a type of qualia. Drawing on the theory of semiotic process proposed by Gal and Irvine, the article yields two significant findings. First, by applying the concepts of "axis of differentiation" and "erasure", it shows that the "old Beijing" quality of Beijing *hutong* is embodied in the *hutong*'s architecture and its inhabitants' way of living, the description of which is set in a contrast between oldness and modernness, characteristically emphasising oldness while ignoring suggestions of the modern. Second, by applying the concept of "rhematisation", the article shows that the description of a McDonald's restaurant located in a *hutong* area turns McDonald's from an index into an icon, no longer referring to fast food but instead representing the slow style of life by forming a relationship with the lifestyle of *hutong* residents. Furthermore, by applying the concept of "fractual recursivity", the contrast between the density of *hutong* and wideness of American buildings in the description of *hutong* is projected to the contrast between people's relations: the intimacy of *hutong* inhabitants against the looseness of American relations. A discussion of these findings in the light of semiotic process theory leads to an understanding that the "old Beijing" quality of Beijing *hutong* is processed by the author of this travel note in such a way as to transform a potential and abstract quality into an embodied and experience-able qualia of "old Beijing", in the semiotic process in which the author's ideological work plays a key role.

Keywords: semiotic process, ideology, Beijing *hutong*, qualia, rhematisation

DOI: 10. 13760/b. cnki. sam. 202401014

一、引言

北京胡同一直被认为具有"老北京"的特质，在"鼓励发展以胡同和传统街区为核心的历史文化旅游街区，打造系列特色京味文化旅游产品"（京政发，〔2010〕28）的北京旅游业中，北京胡同的传统和古老特质进一步深入人心，俨然成为"老北京"的象征。这种"老"，或曰"古朴""传统"，是北京胡同所具有的一种潜在特质，就如同某个物体具有轻、软的特质一样。这种潜在特质可以被体验到，如我们置身北京胡同时可以感觉到它的古朴，或手拿某个物体时感觉到它轻、软。然而，这种潜在的抽象特质并非等同于具体的、被经历的"感觉质"（qualia），"老北京"的特质也并非直接具象于北京胡同。那么，人们为什么对北京胡同有"传统"和"古老"的感觉？对此，本文将借助戈尔和欧文（Gal & Irvine，2019）关于"符号过程"的论述进行探究。

本文与目前对北京胡同的一些研究成果有所不同。人类文化学者（如Wang et al.，2003；Li，2005；孔繁峙，2005）聚焦胡同的历史和文化价值，而旅游学学者（如Du Cros et al.，2005，Johnston，2014；张瑛等，2007；Day et al.，2015；Zhang & Lu，2016；徐虹、韩林娟，2018）则探究胡同旅游的可持续发展，虽都关注北京胡同的形象，但多集中在其旅游形象的建构及其多样化、动态化特征上面，如"宁静""热闹"或是"古朴"这些特征。从事话语分析的学者（如冯捷蕴，2011）关注北京胡同的旅游目的地形象，从中外游客的评价中探究他们对北京旅游目的地形象的感知，但多侧重对北京胡同"历史悠久""传统"和"古老"等特征的描述。即使有文章（Jiang et. al.，2021）关注北京胡同作为传统居民区和现代旅游景点在不同利益主体下的情态资源分布，揭示北京胡同的形象在传统和现代碰撞中不断发展，也没有进一步阐释北京胡同如何被定义为"传统"或"现代"。

与这些研究不同，本研究试图阐释北京胡同如何可以与"传统""古老"这些感觉质联系起来，进而揭示北京胡同"老北京"特质被感知的符号过程。为此，我们将通过分析美国著名记者皮特·海斯勒（Peter Hessler）撰写的关于北京胡同的一篇游记，探究以下三个问题：（1）北京胡同的"老北京"特质如何在语言符号中得以体现？（2）该游记中体现的北京胡同"老北京"特质如何被感知进而形成感觉质？（3）北京胡同"老北京"特质被感知的符号过程中语言意识形态起到什么作用？

二、分析语料和研究框架

（一）语料介绍

本文的分析语料是一篇题为《胡同情缘》的游记。这篇游记最初于 2006 年发表于美国著名杂志《纽约客》，后被收录在 2012 年出版的《奇石：来自东方和西方的报道》（Hessler，2012）中，成为书中 18 篇游记中的一篇。该书的中文版（海斯勒，2014）由李雪顺翻译，上海译文出版社出版。本文的例句源自此译本。

《胡同情缘》中文 9000 多字，以第一人称描述作者在北京胡同居住的所见所闻，涉及胡同本身和胡同居民两方面的内容。选取该游记作为分析语料主要基于以下两点：（1）彼得·海斯勒虽然出身于美国，但长期居住在北京，他对北京胡同的描写可以更好地体现出东方和西方融合的视角；（2）他对北京胡同的描述涉及胡同本身和胡同居民两个方面，可以为本研究阐释北京胡同"老北京"特质被感知的符号过程提供更全面的观察维度。

（二）分析框架

为探究北京胡同"老北京"特质被感知的符号过程，本文将借助厄文和戈尔（Gal & Irvine，2019）提出的一套分析符号过程的概念，包括"区分轴"（axis of differentiation）和"抹除"（erasure）、"呈符化"（rhematization）和"分形递归"（fractual recursivity）。下面我们先阐释这些概念，并在此基础上提出适用于本研究的分析框架。

所谓"区分轴"是指用来整合符号过程的一组彼此对立的特性，如被认为具有男性特征的某个语言变体与被认为具有女性特征的另一个语言变体就处于一个区分轴的两端（田海龙，2023）。"抹除"则指对区分轴上彼此对立的语言形式进行选择，进而将一些与特定意识形态框架不一致的语言形式隐去（Irvine & Gal，2000，p. 38）。例如，欧洲的语言学家如果要坚持塞里尔语言的简洁性就要选择描述这种语言规范的语法结构，同时把这种语言的复杂性和各种变异解释为源自塞里尔语之外的其他语言，与塞里尔语自身独特的纯真和简洁无关（Woolard，2021，p. 11）。再如，若要在媒体中显示非裔美国人的英语与街头文化中的年轻男性相关，而且具有彪悍、越轨、超男性化的像似性，那么，媒体就不会去报道女人、年长者、儿童，以及教堂的牧师说这种英语的情况，借此将与男性相对的这些人与这种英语的联系抹除（Woolard，2021，p. 11）。

"呈符化"亦称"像似化"（iconization），指其中一个符号与某个物体建立起指向关系之后，还可以与该物体的特质建立潜在的像似关系。例如，沃洛夫语言的 waxu geer 变体在指向说这种变体的贵族人士之后，还可以与"有教养、有权势、温和优雅"这些贵族所具有的特质建立起像似关系，使说这种语言变体的人听起来像是和有教养、有权势的人一样（Irvine & Gal，2000）。"呈符化"体现出语言变体提供的语言形象与它们所代表的社会形象具有相同的特性，即像似性（iconicity）（Pierce，1974），当然这种像似性是被赋予的，是语言意识形态作用的结果（赵芃，田海龙，2022）。

"分形递归"强调区分轴所创造的对比可以向下投射到子层级的对比上，也可以向上投射到更具包容性的层级上（Irvine & Gal，2019，p. 20）。通过分形递归，社会群体间或语言变体间有意义的对比在区分轴的两边重新产生，通过重复区分轴上不同特性的比较和对比，改变比较和对比的对象，进而将这种比较和对比投射到多个社会领域，创造新的社会意义（田海龙，2023）。

厄文和戈尔提出的这一套概念是阐释符号过程的有效概念性工具。一方面，"区分轴"和"抹除"这两个概念凸显出符号过程中语言使用者选择使用不同语言形式的具体表现，另一方面"呈符化"和"分型递归"这两个概念凸显出符号过程产生社会意义的具体方式。因此，我们在研究中将符号过程分为"语言形式选择"和"社会意义投射"，前者从区分轴和抹除的角度分析作为选择的符号过程，后者从呈符化和分型递归的角度分析作为投射的符号过程（图1），并据此对选取的语料进行分析。

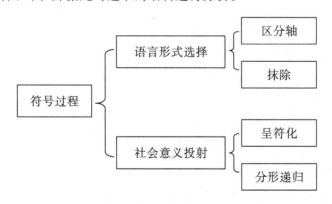

图1 符号过程分析框架

三、感觉质生成的符号过程

（一）区分轴：胡同内与胡同外

海斯勒采取对比的方式描述北京胡同，将自己居住的现代化楼房与周围的胡同进行对比，建立起一个区分轴。区分轴的一端是胡同内的建筑和居民，另一端则是胡同外的建筑和居民：

> 我住的是现代化的三层楼房，但周围的房屋全是一层的砖木青瓦结构，这在胡同区十分典型。建筑物矗立在灰墙砖后，前来北京老城参观的游客时常对这种层次分明印象深刻：一垛接一垛的墙壁，一块垒一块的灰色方砖。然而，胡同住宅区最显著的特征实际上是它的连接与运动。几十家人共用一个出入口，尽管老宅区安有自来水，但很少有私人卫生间，因此公共厕所在当地人的生活中扮演着重要的角色。在胡同区，很多东西都是公用的，就连巷子也是如此。即便在冬天，居民们也会找几个邻居在路边扎堆围坐。街头小贩定期路过，因为胡同太小，开不了大超市（海斯勒，2014，p. 37）。

上面这段文字对胡同外的建筑只用了"现代化的三层楼房"进行描述，更多的笔墨用来描述胡同内即被他称为"胡同区"的建筑和居民：建筑物是"一垛接一垛的墙壁，一块垒一块的灰色方砖"，居民是"几十家人共用一个出入口……很少有私人卫生间""在胡同区，很多东西都是公用的，就连巷子也是如此。……居民们也会找几个邻居在路边扎堆围坐。街头小贩定期路过……"夹杂在这些描述中的还有一些概括特性的形容词，如胡同外的三层楼房是"现代化"的，胡同内的住宅区是"老"的，厕所是"公共"的，东西是"公用"的，胡同是"太小"的。

海斯勒建立的这个"胡同内-外"的区分轴，贯穿于这篇游记的始终，其所形成的胡同内外的对比可归纳在表1中。胡同内的"传统"建立在与胡同外"现代"的比较之中，胡同内是多年不变的原貌，胡同外则是飞速变化的现实；胡同内是狭窄，胡同外则是宽大；胡同内是街头小贩走街串巷的叫卖声，胡同外则是大超市和汽车鸣笛的喧闹；胡同内的空间是公共的，胡同外的空间则是私密的。《胡同情缘》对北京胡同的描写通过这样一个"胡同内-胡同外"的区分轴，体现出作者对北京胡同"老北京"特质的认识，而他对与"老北京"特质无关的北京胡同的信息进行抹除，进一步将这一认识凸显出来。

表1 "胡同内－外"区分轴

胡同内	胡同外
传统的	现代的
保持原貌	变化飞速
狭窄	宽大
街头小贩	大超市
公共的	私人的
充满贩卖声	充满汽车声

（二）抹除：对胡同变化的负面描写及评价

《胡同情缘》对"胡同内－外"区分轴一端的"传统"进行描写的同时，也自然地忽略了另一端的"现代"，正如伍拉德（Woolard，2021）指出的那样，对某些特性的关注意味着对其他特性的忽略。就《胡同情缘》中对北京胡同的描写而言，如果说将北京胡同描述为"传统"是作者的"正选择"，那么抹除与之相对的"现代"则是作者作出的"负选择"。这种负选择并非对北京胡同的变化只字不提，也不是对北京胡同出现的具有现代性的新事物视而不见；相反，它体现为：（1）对北京胡同具有现代特征的变化进行负面描写；（2）对这些变化进行负面评价。

《胡同情缘》中有对胡同拆迁的描述，也有对改造后的胡同的描述，但是，对这些具有现代的变化的描述都与对传统特征的肯定性描写截然不同，字里行间体现着对这些变化的不认可和不赞同：

> 我所居住的社区变化得很快。与菊儿胡同交叉的南锣鼓巷是一条很安静的街道，2004年时先后开设了酒吧、咖啡厅和精品店。当地的住户很乐意自家的房屋租个好价钱，商业模式也依循传统的建筑格局，但又把一种全新的人情世故带到了老城区。现在，我无须走出社区便能通过WiFi上网、购买民间手工艺品，以及各种各样想得到的混合饮料。有人开设了文身廊。街头小贩和废品回收者依然活跃，但三轮车大军也加入了他们的行列，提供所谓的"胡同旅游"。参加这种旅游的大多是中国人。（海斯勒，2014，p.43）

在这一段描写中，海斯勒首先点明了胡同的变化，具体描述了酒吧、咖啡厅和精品店的出现，以及上网的便利。为了标示胡同变化所带来的前卫新潮，他还提及胡同里开设的文身廊和"胡同旅游"。但是，他对这些变化的描述是负面的，其中还夹杂着负面评价：前者如将其中的一些变化（如开设酒吧、咖啡厅和精品店）描写为当地住户的摇钱树（"当地的住户很乐意自家的房屋租个好价钱"），后者将另一些变化（"三轮车大军"）评价为"所谓的'胡同旅游'"。在一些关于北京胡同的研究中，胡同被赋予"现代化旅游目的地"的形象（Jiang et al., 2021），因此，胡同也被赋予现代化的特质。然而，《胡同情缘》在描述"胡同旅游"时，并没有谈及胡同作为旅游目的地的功能，而是将"胡同旅游"描述成当地住户发财的好机会，暗示其引入的"新的人情世故"破坏了老城区人与人之间的淳朴关系，甚至造成了街头小贩、废品回收者和三轮车夫混杂在一起的喧嚣局面。如此对胡同现代化的负面描述和评价，在映衬出胡同的传统特征的同时，也抹除了胡同的现代化特征。

可见，当现代特征不符合将北京胡同描述为"老北京"形象的意图时，就会被冠上明显的负面评价：

> 没有理由让这样的居民首当其冲，经受现代化的侵扰……然而，当这样的侵扰变成全面的破坏之后，正是他们的灵活多变把自己弄得非常被动。这便是老北京的反讽之处：胡同人家最有吸引力的一面为它自己铺就了毁灭之路。（海斯勒，2014，pp. 42–43）

以上这段描写北京奥运会筹备过程中对胡同改造的文字，将胡同出现的现代特征视为"侵扰""全面破坏"和"毁灭之路"。这种对现代变化的负面评价，完全抹除了胡同的现代化对当地居民生活条件的改善，以及为游客提供的各类娱乐活动等（Jiang et al., 2021）。

（三）呈符化：快餐的"慢节奏"

海斯勒将"胡同内"和"胡同外"置于区分轴的两端，着重描写胡同内建筑的古朴和居民生活方式的传统，并对胡同内发生的变化做出负面描写和评价，借此抹除与传统、古朴相悖的胡同特征，在语言描述上凸显出北京胡同的"老北京"特质。这种对北京胡同的描述之所以使人们感觉到北京胡同具有"老北京"的特质，是因为经过了北京胡同从指示符转为像似符这一具有社会意义的投射过程。

例如，下面这段对胡同内一个麦当劳餐厅的描述，称其为"胡同餐馆"，将麦当劳与"胡同餐馆"建立起指示关系，之后又通过描写胡同居民在麦当劳餐厅里"缓慢的生活方式"，将其与胡同居民的慢节奏生活联系起来，由此，胡同内的麦当劳餐厅从指示符变成像似符。

> 离得最近的十字路口新建了一大片住宅区、两家超市和一家麦当劳。交道口相当于一条分界线：一脚跨上大街，你就进入了现代都市……刚搬到这个小区来住的时候，我把麦当劳看作是碍眼和威胁：它代表着飞速发展的经济，而后者已经毁掉了老北京的绝大部分。不过，随着我在胡同里居住时间的增加，我对这一家特许经营店产生了全新的看法。首先，完全不必通过吃快餐的方式去麦当劳享受它能提供的所有条件。在交道口餐厅，人们占着桌子却什么东西也不点，是再平常不过的事情。很多人总是在看书；下午，可以看见一大帮孩子在里边做作业。我曾经看见附近商铺的经理们静静地坐在那里，各自摆弄着账本。并且总是、总是、总是有人在睡觉。（海斯勒，2014，pp. 55–56）

一般情况下，麦当劳作为一个符号可以指向它最初存在的地方（如美国），包括这个地方所具有的一些特征（如现代）。然而，这种与现代化都市建立起的指示关系，因这家麦当劳特许经营店位于北京城的胡同内而完全消失了。胡同内的这家麦当劳被描述为一家普通的"胡同餐馆"，"人们占着桌子却什么东西也不点，是再平常不过的事情"。在胡同里，麦当劳不再是快餐的符号，不再指向快节奏的生活方式，也失去了胡同外麦当劳作为连锁快餐店的指向性特征，不仅不能构成对老北京的"碍眼和威胁"，也不"代表着飞速发展的经济"，相反却与胡同内缓慢的生活方式联系在一起，形成像似关系。

《胡同情缘》对胡同内麦当劳餐厅的描述，首先确立了这家餐厅具有的指示符特征，即和所有麦当劳餐厅一样与现代化都市建立起指示关系（它代表飞速发展的经济，是吃快餐的地方）。之后，通过对餐厅内人们就餐方式的描述，这家麦当劳又被赋予像似符特征，与胡同慢节奏生活方式建立起像似关系。这一从指示符转向像似符的过程即是"呈符化"，在这个过程中，麦当劳里面人们的慢节奏生活方式，不仅与现代都市的快节奏生活方式截然不同，而且使人一想起胡同内的麦当劳，脑海里就会浮现出"静静地坐在那里"，并且"总是、总是、总是有人在睡觉"的景象。这样，在胡同内麦当劳就餐的人就被赋予了与在胡同外麦当劳就餐的人不同的特质：前者生活节奏缓慢，后者生活节奏快捷。快节奏代表现代，慢节奏代表传统，如此分形递归，投射到"现代"与"传统"的对比上面，在胡同内麦当劳的就餐者就具有了懒散的特质，正如《胡同情缘》中所描写的，与"老北京"一脉相承。

（四）分形递归：建筑的紧凑与居民交往的密切

在《胡同情缘》中，北京胡同被描写为紧凑和狭窄，将胡同内－外区分轴关于建筑的描写投射到居民的交往特征上面。我们会发现《胡同情缘》中北京胡同居民的生活方式不仅体现出慢节奏的特征，而且体现出灵活多变的特征，例如：

> 在胡同居民区，没有什么关系网能够超越自行车和厕所的紧密结合，因此老杨认识每一个人。他偶尔会给我捎一些同一社区其他人的口信；他曾经转给我一张名片，原来是另一个外国人正在想方设法找我。还有一次，他告诉我说，当地一位媒婆给我物色了一个对象……胡同的要义在于精神而非结构：砖块、木头和瓦片并不重要，重要的是人们和周围环境的往来互动。这样的环境一直处于变化之中，所以产生了王老善这样讲求实际、足智多谋，而又灵活多变的居民。（海斯勒，2014，p.63）

借助呈符化的概念，可以看到，胡同建筑在指向"紧凑""狭窄"等意义之后，又可以被用来与人与人之间的联系紧密建立起像似关系，似乎胡同建筑的紧凑就像人与人关系网的紧密。在这种像似关系的基础上，我们可以进一步借助分形递归的概念，剖析《胡同情缘》如何将这种像似关系投射到胡同居民的性格特征上。由于区分轴两端是处于特定情景中动态变化的一组对比，胡同内－外区分轴可以通过改变对比的范围向上合并或者向下继续分裂，产生分形递归所导致的新的社会意义。例如，最初处于区分轴两端的是胡同内建筑的紧凑与胡同外建筑的宽敞，将这种区分和对比投射到胡同内外不同的人群上面，就形成了新的对比，再进一步投射到人们的生活方式上面，又可以形成新的对比，即《胡同情缘》作者看到的胡同内居民的紧密联系和他所熟悉的美国人之间的松散联系。将这种区分和对比投射到居民的性格上面，我们就看到《胡同情缘》赋予胡同内居民"讲求实际、足智多谋，而又灵活多变"的特征。老杨就是这样一个人，他会给人捎口信，而且还是那种媒婆给人物色对象的口信，足以表明北京胡同居民彼此之间关系的密切。北京胡同居民的这种紧密联系孕育了他们"灵活"的处事风格，这实际上也是

"老北京"特质的一个具体体现。

在探寻这种紧密联系的原因时，《胡同情缘》的作者提到了胡同的历史变迁，以前一个宅院居住一个家族，现在则可能住了二三十家人。越来越多的人挤在狭窄的胡同里，邻里之间的交往也多了起来。他将北京胡同的居住环境与他所熟悉的美国人的居住环境进行对比，将胡同居民的交往方式与美国人的交往方式进行对比。他将胡同居民特征与胡同环境联系起来（"人们和周围环境的往来互动"），而胡同的物理特性（"结构"）则是用来指向实体内在特质（性格）的可察觉的符号。在《胡同情缘》的描述中，符号特性之间的差异（胡同建筑的特性与美国建筑的特性）成为社会群体性格差异的证据；或用皮尔斯符号学中的术语，作为存在物的单符之间的差异分形递归式地体现着抽象品质质符的差异。然而，质符作为特质代表一种抽象的可能性，它如果要通过单符被经历、被体验或被感知，则需要作为法则的型符来制约。同样，胡同内外建筑布局的对比如果要分形递归式地投射到胡同内外居民的交往方式甚至是特质上面，也需要法则来制约。这些法则即《胡同情缘》作者对胡同内居民交往方式的认识、对美国人交往方式的认识，以及对两种交往方式区别的认识。这种认识即是语言意识形态，在符号过程中起到重要作用，以至于戈尔和厄文（Gal & Irvine, 2019）将这一符号过程称作"意识形态工作"。

四、讨论：符号过程中的意识形态

以上分析表明，《胡同情缘》之所以让人感觉到北京胡同具有"老北京"的特质，是因为作者将自己对北京胡同的主观认识融入到对北京胡同的具体描述之中。他选择特定的语言形式，通过对胡同内外建筑和居民的描述建立起一个区分轴，将胡同内描写为具有传统的特征，将胡同外描写为具有现代的特征，在形成对比的同时抹除胡同所具有的一些现代特征。对这种显现在语言层面关于北京胡同的描述进行呈符化分析，可以看到：北京胡同内的建筑（如麦当劳餐厅）在该游记中从指示符转向了像似符，使得胡同内的新建筑不再具有"现代"指向意义，而与胡同居民的生活方式产生了像似关系，具有了"传统"像似意义；胡同建筑的紧凑与美国建筑的宽敞被分形递归式地投射到胡同居民与美国人在交往方式上的区别，如胡同居民交往密切，美国人之间的关系则比较松散，如此凸显出胡同居民在密切交往中的"灵活多变"特征，也构成"老北京"的特质。

在这个符号过程中，《胡同情缘》作者"带有道德和政治倾向的关于语言与社会关系的文化或亚文化层面的系统认识"（Irvine, 1989, p. 255），即"语言意识形态"，体现在区分轴、抹除、呈符化、分形递归多个层面。首先，区分轴和抹除体现出《胡同情缘》作者在语言形式层面的意识形态工作。他选择胡同内－外作为区分轴，这种对胡同内外区别性的描写就比将胡同的过去－现在作为区分轴进行对比描写更为具象地表明胡同内的"老旧"和"传统"。其次，《胡同情缘》作者的语言意识形态还体现在他对胡同内的变化的负面评价上面。例如，他将胡同内出现酒吧和咖啡屋描述为胡同居民的"摇钱树"，抹除胡同旅游的现代特征，这些都是他语言意识形态作用的结果。

他的语言意识形态在呈符化和分形递归地实现符号的社会意义投射时也发挥了重要作用。按照皮尔斯的符号学理论，呈符化之所以发生，是因为符号在与某个物体建立指示关系并成为指示符之后，又与另一个物体建立像似关系并成为像似符。这种指示和像似关系都是在解释项的"猜想"（Parmentier, 1994, p. 17）作用下实现的。就胡同内的麦当劳餐厅而言，其与胡同居民的慢节奏生活方式建立起像似关系，就是语言意识形态作用的结果：作者主观地将胡同内的麦当劳餐厅与胡同外的麦当劳餐厅相区别，并将其与本土的"胡同餐馆"等同，进而通过凸显胡同内麦当劳餐厅里人们静静地坐在那里，将从指示符变为像似符，使之与"老北京"慢节奏的生活方式联系起来。张青（Zhang, 2018）曾经将北京话中的儿化音与京油子的"油滑"特质建立像似关系，实际上，这种像似关系也是人们依据自己的刻板印象"京油子待人处事油滑"主观赋予的（田海龙，2023）。与此类似，与胡同外麦当劳餐厅里人们的快节奏生活形成对照，胡同内麦当劳餐厅里居民的慢节奏生活与"老北京"的特质建立起像似关系，也是《胡同情缘》作者自己的刻板印象发挥作用的结果。

就分形递归而言，《胡同情缘》关于胡同内外建筑格局的描述形成了胡同内建筑狭窄与胡同外建筑宽敞的对比，将这一对比投射到胡同内外人群的特质上，形成胡同居民联系紧密、胡同外人员联系松散的对比，进而创造出对胡同居民"灵活多变"特质的感知，这也是特定语言意识形态作用的结果。这就如同皮尔斯符号学将符号按其自身的品质分为质符（qualisign）、单符（sinsign）、型符（legisign）那样：质符表明一种特质，如"联系紧密"，是"抽象的可能性"，它们只有在具体的、表明一种实际存在物的单符（如胡同内建筑的狭窄）中才能被经历，而抽象品质（如"联系紧密"）在现实中的具体体现（与单符建立的关系）则需要被作为型符的法则、习俗等文化范畴和意识形态制约（皮尔斯，2014，p. 50）。就《胡同情缘》中对北京胡同的描写而言，按照皮尔斯符号学的观点，如果将胡同内建筑的狭窄视为"单符"，它所体现的抽象品质之所以是人与人之间的紧密联系，完全是作者语言意识形态这一型符作为法则发挥作用的结果。

至此，我们可以看到，本文开篇所讲的北京胡同"老北京"特质，可以有不同的表现，包括胡同建筑的狭窄和胡同居民彼此之间的紧密联系，这实际上是一种物体所固有的潜在特质（质符），它需要在特定的文化、习惯或曰意识形态（型符）作用下通过北京胡同的建筑和居民（单符）被感知、被体验、被经历，进而形成"古朴、传统"这种"感觉质"。这个过程被称为"符号过程"，或"意识形态工作"（Gal & Irvine，2019）。借助区分轴、抹除、呈符化、分形递归分析这个过程，可以发现感觉质是"意义活动的起端，因此也是符号的起端"（赵毅衡，2023）。感觉质不同于物体所固有的潜在特质，但是物体的潜在特质可以转化为感觉质，因为感觉质是个人的感觉（2023），它受到个人经历、知识、习惯等所有可称得上文化范畴的因素的影响。

五、结语

北京胡同是一种符号（单符），"老北京"特质作为抽象的可能性，也是一种符号（质符），"老北京"特质之所以具象于北京胡同，在北京胡同中被感知、被经历，形成感觉质，是因为习俗等法则作为型符发挥制约作用。本文借助戈尔和厄文关于"符号过程"的论述，具体分析《胡同情缘》对北京胡同的描述，进一步阐释了感觉质得以实现的符号过程。研究表明，北京胡同的"老北京"特质体现在方方面面，包括北京胡同建筑狭窄，胡同居民联系紧密且生活节奏慢等，体现出"古朴、传统"的抽象特质，具象在《胡同情缘》对北京胡同的具体描写之中，而这些描写正是作者的语言意识形态工作。相对于许多探究语言变体感觉质的研究（如 Calder，2019；D'Onofrio & Eckert，2021）而言，本研究聚焦北京胡同，探究其"老北京"特质如何被感知进而形成感觉质的符号过程，不失为一个扩展研究范围的新尝试。

引用文献：

冯捷蕴（2011）. 北京旅游目的地形象的感知——中西方旅游者博客的多维话语分析. 旅游学刊，9，19 - 28.

海斯勒，皮特（2014）. 奇石：来自东西方的报道（李雪顺，译）. 上海：上海译文出版社.

京政发（〔2010〕28）. 北京市人民政府关于贯彻落实国务院发展旅游业文件的意见，获取自 https://www.beijing.gov.cn/zhengce/zfgb/lsgb/201905/t20190531_ 82606. html.

孔繁峙（2005）. 北京传统四合院、胡同历史文化价值的发掘与保护. 北京规划建设，4，10 - 11.

皮尔斯，C. S.（2014）. 皮尔斯：论符号（赵星植，译）. 成都：四川大学出版社.

田海龙（2023）. 基于符号学的语言意识形态研究——从"指向性"到"呈符化". 当代语言学，2，300 - 316.

徐虹，韩林娟（2018）. 文学旅游中的艺术形象与游客感知形象对比研究——以北京胡同游为例. 旅游论坛，5，46 - 55.

张瑛，陈卓，李建明（2007）. 北京胡同社区参与研究——一个探访民族旅游现状与出路的个案研究. 技术经济与管理研究，6，59 - 61.

赵芃，田海龙（2022）. 变异社会语言学研究的新发展. 现代外语，1，137 - 147.

赵毅衡（2023）. 感觉质与呈符化：当今符号美学的"新感性"趋势. 符号与传媒，26，5 - 21.

Calder, J.（2018）. The Fierceness of Fronted /s/: Linguistic Rhematization Through Visual Transformation. *Language in Society*, 48, 31 - 64.

Day, J. et al.（2015）. Perceptions of Authenticity at a Heritage Destination: An Examination of Visitor Perceptions of Authenticity at South Luogu Alley Beijing. *Tourism Analysis*, 1, 53 - 67.

D'Onofrio, A. & Eckert, P.（2021）. Affect and Iconicity in Phonological Variation. *Language in Society*, 50, 29 - 51.

Du Cros, H. et al.（2005）. Cultural Heritage Assets in China as Sustainable Tourism Products: Case Studies of the *Hutong*s and the Huanghua Section of the Great Wall. *Journal of Sustainable Tourism*, 13, 2, 171 - 194.

Gal, S. & Irvine, J. T.（2019）. *Signs of Difference: Language and Ideology in Social Life.* Cambridge: Cambridge University Press.

Hessler, P.（2012）. *Strange Stones: Dispatches from East and West.* New York: Harper Collins.

Irvine, J. T.（1989）. When Talk Isn't Cheap: Language and Political Economy. *American Ethnologist*, 16, 2, 248 - 267.

Irvine, J. T. & Gal, S.（2000）. Language Ideology and Linguistic Differentiation. In P. V. Kroskrity（Ed.）, *Regimes of Language: Ideologies, Polities, and Identities*, 35 - 84. Santa

Fe：School of American Research Press.

Jiang, J. , Chi, Y. & Feng, J. （2021）. Struggle Between Tradition and Modernity：The Images of Beijing *hutong*s in Anglo-American Media. *Critical Arts*, 1, 65 – 84.

Johnston, C. S. （2014）. Towards a Theory of Sustainability, Sustainable Development and Sustainable Tourism：Beijing's *Hutong* Neighbourhoods and Sustainable Tourism. *Journal of Sustainable Tourism*, 22, 2, 195 – 213.

Li, F. （2005）. The Image of Beijing Culture：The Protection Area of Sough Luogu Alley. *Chinese Development*, 1, 66 – 69.

Parmentier, R. （1994）. *Signs in Society: Studies in Semiotic Anthropology*. Bloomington：University of Indiana Press.

Peirce, C. S. （1974）. *Collected Papers of Charles Sanders Peirce* （Vol. 5）. Boston：Harvard University Press.

Wang, N. et al. （2003）. Chinese Vernacular Heritage as a Tourist Attraction：The Case of Beijing. *Tourism in China*, 51 – 62.

Woolard, K. A. （2021）. Language Ideology. In J. Stanlaw （Ed. ）, *The International Encyclopedia of Anthropology*, 1 – 21. London：John Wiley & Sons, Inc.

Zhang, C. & Lu, B. （2016）. Residential Satisfaction in Traditional and Redeveloped Inner City Neighborhood：A Tale of Two Neighborhoods in Beijing. *Travel Behaviour and Society*, 5, 23 – 36.

Zhang, Q. （2018）. *Language and Social Change in China: Undoing Commonness Through Cosmopolitan Mandarin*. New York：Routledge.

作者简介：

田海龙，博士，中国石油大学（北京）特聘教授，研究方向为话语研究、社会语言学、社会符号学。

代薇，硕士，天津外国语大学语言符号应用传播研究中心成员，研究方向为社会符号学、话语分析。

Author:

Tian Hailong, Ph. D. , distinguished professor at China University of Petroleum, Beijing. His research interests include discourse analysis, sociolinguistics and social semiotics.

Email: tianhl@ cup. edu. cn

Dai Wei, M. A. candidate, member of Research Centre for Linguistic Semiotics, Tianjin Foreign Studies University. Her research interests are social semiotics and discourse analysis.

中国新媒介文学演变的符号修辞学分析[*]

张　杰

摘　要： 新媒介文学是借助数字技术，基于互联网平台创作并传播的，整合了各种话语形式而形成的一种原创文学形态。借助符号修辞理论对中国的新媒介文学进行考察发现，其表意的发展、变迁遵循着四体演进的序列。在经过了以专业化内容和网络化平台为特征的隐喻时期、以多媒体展示和体验式文本为特征的转喻时期，以及倡导"读者的文本"与交互式创作的提喻时期后，以 ChatGPT 4.0 为代表的新一代人工智能逐渐成为主流技术，新媒介文学逐渐迎来了人工智能生产的反讽时期。深度媒介化时代，技术与文学的融合发展，更值得深入研究。

关键词： 新媒介文学，符号修辞，四体演进

A Semiotic Rhetoric Analysis of the Evolution of Chinese New Media Literature

Zhang Jie

Abstract: New media literature is an original literary form created and communicated through digital technology and Internet platforms and integrating various discourse forms. Drawing on the theory of semiotic rhetoric, this article finds that the development of Chinese new media literature follows the sequence of the evolution of four tropes. After the metaphor phase characterised by specialised content

＊ 本文为国家社科基金重大项目"中华文化经典符号谱系整理与数字人文传播研究"（23&ZD212）的阶段性成果。

and Internet platforms, the metonymy phase characterised by multimedia displays and experiential texts, and the synecdoche phase advocating the "reader's text" and interactive creation, the new generation of artificial intelligence represented by Chat GPT 4. 0 has gradually become the mainstream technology and new media literature has gradually ushered in the irony phase of artificial intelligence production. In the era of deep mediatisation, in-depth research into the integration and development of technology and literature is warranted.

Keywords: new media literature, semiotic rhetoric, evolution of four tropes

DOI: 10. 13760/ b. cnki. sam. 202401015

一、作为符号体系的新媒介文学

科学技术的飞速发展和互联网的普及，不但给人们的生产生活带来了翻天覆地的变化，也将文学的媒介问题推至前台。传统意义上以小说、散文、戏剧、诗歌等为代表的文学类型，已经不能适应现代技术条件下的文学表意需求，文学的生产机制进行了革命性的建构，文学的存在方式产生了颠覆性的转折（周才庶，2021，p. 86），文学面临着全新的媒介格局和文化生态。随着媒介技术的进步和文学表意模式的更迭，新媒介文学逐步生成，并获得了长足的发展。

本文所说的"新媒介文学"，泛指借助数字技术，基于互联网平台创作并传播的，以语言文字为基础，同时整合影音、图像、虚拟现实（AR）、增强现实（VR）等话语形式的一种原创文学形态。2012 年 10 月，中国中外文艺理论学会新媒介文论分会成立，"标志着新媒介文学开始正式进入文学理论研究的学术视野，系统化的研究正式开始"（曾军，苗田，2013，p. 192）。与传统文学不同，新媒介文学在创作主体、生产方式、传播渠道、话语空间、阅读接受以及审美体验等方面都具有独特的个性，呈现出表达自由性、话语整合性、即时互动性、虚拟体验性、动态建构性等全新的特质（欧阳友权，2009，p. 110）。

文学是文化的载体，"所有文化形式都是符号形式"（卡西尔，1992，p. 34），新媒介文学自然也不例外。正如"任何教条，任何概念，甚至任何事业，本质上都是一种符号表意模式"（赵毅衡，2016，p. 216），新媒介文学也可以被视为一种符号体系。

从符号学的视角审视新媒介文学，它至少包含了两个层面的符号意义：一是内容层面，即借助语言文字等符号进行表意，注重的是文学内涵与意义建构；二是形式层面，无论是采用图文、音视频形式还是依托数字化、人工智能等技术，新媒介文学带来了多媒介呈现方式，更加注重形式表达与"阅读"体验。事实上，与传统文学最大的区别在于，新媒介文学不再依靠语言文字作为唯一的媒介，而是在内容表达、意境营造、创意实现等方面，拥有了更多的介质和手段，也呈现出全新的特征。

首先，"多模态"（multimodality）是新媒介文学的典型特征。它集语言文字、图形图像、音频视频等于一体，将人的视觉与听觉等感官综合起来。有的新媒介文学作品还纳入了位置、气味等因素，利用 AR、VR 等手段，实现了对嗅觉、触觉等感官的延伸。各种符号的排列与聚合，共同形成了新媒介文学"合一的表意单元"。"传统的主要通过语言表达意义的做法已逐渐被多种媒介共存的复合话语取代，多媒体化（multimediality）体现社会实践的常态，而多模态化也成为当今社会文化系统的固有特性"（李战子，陆丹云，2012，p. 1）。在此情形下，新媒介文学从创作、生成到传播、接受都越来越体现出一种多模态的特征。

其次，"众声喧哗"成为新媒介文学主导接受方式。传统文学的作家、作品与读者之间是相互独立的。这意味着作家对作品具有绝对的主导权，只有作家完成"编码"、作品问世后，读者才有机会做出"解码"和反馈，而且二者之间存在较长的时滞。借助互联网即时传播、海量存储、跨时空交互等特性，新媒介文学不但为每一位读者提供了发声的平台和渠道，呈现出一种"众声喧哗"之势，而且让传受双方可以及时沟通，有时甚至影响并决定着作品的整个创作进程。

最后，体验式参与是新媒介文学的全新"阅读"方式。在传统文学中，语言文字作为一套完整的符号体系，连接了作家、读者与社会。语言文字是作家架构情节、讲述故事、反映社会的基本要素，也是读者知晓内容、感受意境、感知世界的基本介质。双方都通过对语言文字的运用、理解，依靠冥想和感知完成交流的过程。而新媒介文学基于数字化的技术，提供了多种体验式参与的"阅读"方式，通过跨媒介的符号流动，实现了多元化、个性化传播。

由此可见，以互联网为代表的新媒介成为继世界、作家、作品和读者之后的第五个文学活动要素，它不仅带来作家与读者——传受双方的"平权"，而且使得语言文字在文学中失去了主导的表意地位，也让文学拥有了更多的符号文本。文本是完整意义和完整功能的携带者，而完整意义和完整功能是以特定的文化语境为背景的（康澄，2005，p. 42）。在当前的文化语境下，新媒介文学的"纯"文学性虽然有所减弱，但多元的符号文本不断推动着新媒介文学的发展和演变，这是任何一种表意形式发展的必然历程。本文将借助符号修辞学的四体演进理论，讨论新媒介文学表意的发展、变迁及其背后的修辞逻辑。

二、符号修辞与四体演进

修辞学本是语言学的一个专门领域，它研究如何依据题旨情境，运用各种语文材料、各种表现手法，来恰当地表达思想和情感（夏征农，陈至立，2009，p. 242）。随着 20 世纪语言学转向和符号学蓬勃发展，符号修辞学逐渐成为一种"新"修辞学。它突破了语言学的研究疆界，进而拓展到新闻、广告、影视、游戏等各种媒介文本中。其中尤以法国符号学家罗兰·巴尔特（Roland Barthes）的研究最为深入，并在诸多领域产生了深远的影响。巴尔特在《图像修辞》中强调，作为非语言符号的图像传达意义、获得受众的关注和认同的过程，也是各种修辞手法或技巧的力量显现的过程，图像中的符号组合，彰显的是明喻、隐喻、转喻、反讽等修辞手法所蕴含的媒介文本的深层话语（陆正兰，李俊欣，2021）。

我国符号学家赵毅衡（2016，p. 220）提出，符号修辞中的隐喻、转喻、提喻、反讽，构成了一种四体演进的发展路向。他同时认为，任何事物的发展变化过程，其实都可以视为一种符号表意行为，如果从符号修辞的角度来解释，会很有启发。

"四体演进"由 18 世纪初意大利思想家维柯（Giovanni Battista Vico）最早提出，他把比喻、转喻、提喻、反讽四种修辞手法运用到世界历史分析之中，把世界历史分为四个阶段：比喻为主的"神祇时期"，转喻为主的"英雄时期"，提喻为主的"人的时期"和反讽为主的"颓废时期"（赵毅衡，2016，p. 218）。在《新科学》一书中，他提出，神祇时期将精神赋予万物，以隐喻为主；英雄时期将精神寄予特殊人物，以转喻为主；人的时期共享某种精神，将特殊化为一般，以提喻为主；颓废时期则走向谎言，以反讽为主（陆正兰，李俊欣，2021）。维柯之后，詹姆逊（Fredric Jameson）、卡勒（Jonathan Culler）、格雷马斯（Algirdas Julien Greimas）等知名学者也都就这一理论发表过自己的看法，卡勒（Culler，1981，p. 65）甚至将四体演进视为一种体系，指出这是"人类掌握世界的方式之一"。在理论应用方面，皮亚杰（Jean Piaget）、汤普森（Edward Palmer Thompson）等分别将其用于对儿童心理发展和英国工人阶级历史的分析。

中国学者中，赵毅衡对四体演进的总结和推进最具代表性。他（2016，p. 214）指出，"从隐喻开始，符号文本两层意义关系逐步分解的过程，四个修辞格相互都是否定关系：隐喻（异之同）→转喻（同之异）→提喻（分之合）→反讽（合之分）"。此后，更多的学者将这一理论用于对中国比较文学（任伟，2016）、广告表意（饶广祥，朱昊赟，2017）、音乐选秀节目（谢杨柳，2019）、游戏表意（陆正兰，李俊欣，2021）、传播媒介变迁（曹丹，陈华明，2022）等问题的考察和分析。这些研究都从不同的角度证明，四体演进是人类文化、历史及社会演进的一般规律，也是一种具有普遍意义的表意演化模式。

本文以符号修辞学中的四体演进理论为基础，重新梳理和阐释中国新媒介文学的发展变迁，以期更好地理解新媒介文学的内涵，进而为预测未来发展提供借鉴和参考。

三、中国新媒介文学表意的四体演进

新媒介文学是媒介融合语境下文学存在的一种基本形态。由于"新媒介"自身就是一个相对而非绝对的概念，是一种处于不断发展中的技术、理念和平台，因此，新媒介文学的符号表意也是一个动态发展的过程，其变迁经历了四体演进——从隐喻、提喻到转喻，进而进入反讽时期。必须指出的是，新媒介文学的四个时期是一种否定与迭代的关系，而各种文学样态则是一种融合共存的关系。

（一）隐喻时期：专业化内容与网络化平台

隐喻是这一时期所对应的修辞格，倾向于体现两种事物之间的相似性，强调"异中之同"。处于萌芽与起步阶段的新媒介文学，无论是作品的创作架构、语言文字的表达还是用户的阅读接受，都与传统文学并无本质的不同，基于这些相似性特征，二者之间具有了连接性。它们的区别主要在于传播介质——网络化平台与纸质或电子的承载物。换句话说，此时的互联网还只是文学信息传播的一种新工具，尚未深度介入文学的生成领域。

中国的新媒介文学肇始于网络文学。网络文学不但是其主要代表，也一直是重要的组成部分。20 世纪 90 年代末期，我国台湾作家蔡智恒（笔名痞子蔡）发表在台湾成功大学电子公告板 BBS 上的《第一次亲密接触》，是公认的中国"第一部有影响力的网络小说"。它与传统小说最大的不同在于，该作品从创作、发表到传播、阅读都是通过计算机和互联网平台完成的，所有的内容也以数字化的方式被储存在网络之中。但是小说的架构、文字的表达，以及它所营造的意境和审美体验，与传统文学如出一辙。

按照维柯的观点，这是一个"神祇时期"。"作家级写手"在新媒介文学领域依然扮演着"神"的角色。这意味着，虽然理论上说，网络技术给每个人都提供了发表文学作品的机会，但这一时期的新媒介文学还保留了较多文学自身的特性，因此也并非所有的人都能够参与文学创作。这一点从当时网络文学界的代表人物身上即可见一斑。无论是位列早期开创者"网络文学三驾马车"的李寻欢、邢育森、宁财神，还是后起之秀今何在（代表作《悟空传》）、陆幼青（代表作《死亡日记》），以及萧鼎（代表作《诛仙》）、天下霸唱（代表作《鬼吹灯》）、唐家三少（代表作《斗罗大陆》）等，他们都具有较强的创作实力，其作品也远非普通人所能完成。网络化的传播平台在这一时期率先服务于专业化的文学内容。

此外，隐喻时期常常伴随着一些神秘色彩，各种观点、内容、类型的文学作品竞相登场，除常见的校园、官场、商战外，穿越、玄幻、科幻、盗墓等各种主题的作品竟也受到读者的广泛欢迎。比如《盗墓笔记》和《鬼吹灯》系列在发表之初就受到读者的关注，很快达到上亿阅读量，拥有上千万拥趸。受题材所限，这样的作品如果不是经由互联网平台发表和传播，很难成为热门。总之，这一时期的新媒介文学，其创作者仍然具有较高的文学素养，依靠专业化的内容和互联网的传播，更多体现出与传统文学相似的话语模式和审美追求。

（二）转喻时期：多媒体展示与体验式文本

转喻是这一时期所对应的修辞格，强调"同中之异"，反映的是一种邻接性关系。互联网作为一种全新的媒介，构建了一个完全虚拟的空间，这里的一切都被符号化，所有的文学文本也都呈现出一种虚拟性，由此带来了新媒介文学媒介性话语形式的转换。所谓"媒介性话语形式"是指为特定的媒介所规约的话语形式。针对当下的语境，有学者提出六种最基本的媒介性话语形式，即"肢体性话语形式""图像性话语形式""音响性话语形式""语言文字性话语形式""影像性话语形式"与"网络性话语形式"（欧阳友权，2009，p. 94）。而新媒介文学的话语形式可以看作对上述形式的整合、融合与拓展，更加重视通过技术手段调动用户的感官，实现人的身体延伸。

美国学者丹尼尔·贝尔（Daniel Bell）（1989，p. 156）曾指出，"当代文化正在变成一种视觉文化，而不是一种印刷文化"。艾尔雅维茨（Ales Erjavec）也曾在《图像时代》中表达过类似的观点，"在后现代主义中，传统文学迅速游移至后台，而中心舞台则被视觉文学的靓丽辉光所普照"（金振邦，2009，p. 54）。与印刷时代的纸质媒介相比，将视觉、听觉与语言文字相结合的融合媒介能够更好地满足人的需求。这一点突出体现为新媒介文学作品被改编为影视剧、动漫、游戏等。例如《斗破苍穹》原本是一部发表在网络平台的玄幻小说，全网总阅读量近 100 亿。由于广受欢迎，这部作品陆续被改编成动画、手游以及电视剧（2018）、电影（2022）等，超强的 IP 价值也让它成功荣登"2017 胡润原创文学 IP 价值榜"第一名。这既是新媒介文学多媒体呈现的典型案例，也切合转喻时期邻接性的特点——从时间与空间上，让一种事物和另一种事物产生了相互关联的替代性关系。

在此带动下，新媒介文学也迎来了维柯所谓的"英雄时期"，即大量站在新媒介文学潮流的前沿，敏锐把握内容、市场与技术的人都成为这一时期的"英雄"。他们通过购买版权、签约作家等方式抓住原创内容，再改编成影视剧、有声剧、游戏等实现 IP 转化，既丰富了新媒介文学作品的形态，也完成了产业化、资本化运作，实现了人与作品的相互成就。值得注意的是，隐喻时期的很多新媒介文学作品也在"英雄"们的观照下获得了进一步发展，从而在转喻时期得到了除文字外更为广泛、丰富的多媒体展示。如《盗墓笔记》从 2007 年 1 月正式出版后，陆续诞生了包括网络剧、广播剧、话剧、舞台剧、网游、动画等在内的近 20 部不同形态的作品。

除此之外，有些新媒介文学作品为了带给读者完全不同的体验感，逐渐将文字表意放置在次要位置，而以图像、声音、视频等为主的表意方式成为主导。作品以往由文字语言建构起来的深度艺术想象空间正逐渐被影像叙事的视听觉体验取代，并悄然改变着原有文学生产传播方式，视听等新媒介表现形式更复杂地介入文学的创作过程甚至成为文学的一部分，也成为当代文学格局中又一重要的文学样态（王百娣，2019，p. 57）。我国台湾地区的一些作家曾在这方面做出了积极的尝试。苏绍连在数字动态诗《时代》中，设置了一个由方格图案构成的"时代广场"以及一个拖着影子在广场中间方格走动的人像。读者点击鼠标，影子开始跳动，身后会飘出一行行文字，讲述对嘈杂的、信息膨胀时代的复杂感受，并复踏着"我哀伤地走了"的感叹。最后是全诗的标题"时代"两个醒目的大字出现在人像转圈的格子中（单小曦，2016，p. 126）。这是一种迥异于传统媒体时代的文学作品，它通过多媒体、开放式文本形态满足用户在阅读、消费和娱乐、审美方面的需求。

（三）提喻时期："读者的文本"与交互式创作

提喻是这一时期所对应的修辞格，强调"分之合"，也就是部分与整体的关系。Web 2.0 技术的普及使交互式传播成为现实，数字技术的应用标志着人类进入深度媒介化（Deep Mediatization）社会（Hepp，2020，p. 5），人们可以"离身共在"，通过网络互相连接，这直接导致新媒介文学"读者"地位的变化，他们不再是传统意义上被动的文学受众，而是媒介化时代主动的"用户"。新媒介文学凭借着技术的强势话语带来了中国文坛的一场"平权"运动，彻底改变了文学史上精英文学的主导地位。通过对生产过程的自由参与、动态跟进和深度介入，更多的普通大众卷入文学文本的建构之中，以此凸显创作的交互性，在文学创作、发行传播、用户接受和审美品格等方面，都具有明显的参与性、大众性等特征。

尽管从绝对数量上看，新媒介文学的创作者仍然在作品的主题主旨、框架设计和语言表达等方面占据着主导地位，是作品的直接书写者，但新媒介具有的即时反馈、社交互动等特性，让读者群体的意见、建议、看法和喜好可以直达作者，形成了无法忽视的"粉丝效应"，新媒介文学生产在一定程度上真正做到了受众本位和以读者为中心。

对于很多职业的创作者来说，从网络中寻找灵感，吸纳素材，已经成为日常工作的一个必备环节。一方面，有一些传统作家，尝试通过将作品内容发布在文学网站或者自己的博客等平台上供网友们"检阅"，通过接受反馈不断完善作品。曾获得第九届茅盾文学奖的《繁花》就是一个典型。为了能够和读者及时互动，金宇澄从一开始就选择在网上写作，在帖子发出去之后，他还会守在电脑前等反馈。特别是在收到读者"催更"后，为了不让网友失望，他不断催促自己更新文章。可以说，这部作品几乎是和读者共同完成的，读写互动在无形中提高了作品的知名度和影响力。另一方面，以网络文学为代表的新媒介文学天然地具有与用户及时互动的传统。比如网络作家猫腻创作《择天记》，几乎每一章之后作者都会针对读者提出的疑问和建议进行探讨，很多情节推进、人物转场也都留下了网友的"身影"。

不可否认，转喻时期的新媒介文学也有受众参与的身影——无论是阅读或观看作品并发表评论，还是沉浸式体验与尝试，但这都是在作品完成后的一种"结果式"参与。这种参与的感受可能因人而异，却并不会对作品的生成产生实质性影响。而提喻时期的新媒介文学更强调用户的"过程式"参与。换言之，如果缺少大量普通网民的积极参与和交互创作，作品就无法诞生。

媒介化生存的时代，每个人都拥有了表达自己文学理解的权利和平台。既可以独立发表作品，也可以和他人一起共同完成一部作品。最典型的莫过于被称为"各行业百科全书"的群体穿越小说《临高启明》。这部小说由于角色众多，内容又涉及各行各业，为了做好资料搜集整理、史实考察考据等工作，就出现了"众筹"的创作场面——用户以角色扮演的形式参与其中，最终有超过 500 个角色被认领。很多网友本身就在某一行业领域具有专业的知识积累，客观上保证了被认领的角色具有较高的连续性和可信度。作为集体智慧的结晶，这是一部依靠网络文学的众多用户群策群力、通力合作才完成的史诗作品，其创作历程充分体现出新媒介文学作品的交互式创作特征（张杰，2022，p. 218）。

新媒介文学为更多的普通民众实现文学梦提供了机会和平台，它打破了作家的垄断，带来了创作的自由平等，让创作主体和接受主体自由交流，优化了文学发展的空间。这也与维柯提出的"人的时期"相对应。数字技术带来的赋权效应，让文学向每一位网络用户开放了创作的渠道和平台，任何有写作欲望、写作能力的人都可以随意发表自己的作品，这打破了传统时代作品审核、印刷、出版的围墙，降低了参与的门槛，完成了对包括作家身份在内一切神圣事物的祛魅过程，将文学推入"人的时期"，塑造了新的作家角色，培养了新的意见领袖，进而重构了文学的格局，由此也带来了文学创作的大发展、大繁荣。

（四）反讽时期：人工智能生产与伦理反思

反讽是这一时期所对应的修辞格，强调"合之分"。一方面，反讽是对前面三种修辞格的总否定，是任何一种表意体裁演进的必然结果；另一方面，反讽提倡更加多元与辩证地看问题。走向人工智能生产时代的新媒介文学，就深刻地体现出反讽的意味。

媒介进化是一个动态且持续的过程，作为人类社会的产物，媒介技术的进化始终致力满足人类的需求和选择，在人和社会环境的推动下，向着人性化的方向进化（莱文森，2003，p. 86）。如果说 2010 年左右，智能手机的普及宣告人类社会进入移动互联的时代，那么随着大数据、算法和算力的快速发展，ChatGPT 爆红就标志着数据和算法驱动的智能传播正式确立主流地位，也意味着人类信息传播的又一次范式转变，并将引发社会各层面、各领域的基础性变革（方兴东，2023 - 03 - 07）。智能传播对包括信息、文学、艺术等在内的整个人类社会产生了显著而持续的影响。

2008 年，俄罗斯诞生了"有史以来第一本由机器人写的长篇小说《真爱》，主人公借自《安娜·卡列尼娜》（安娜、沃伦斯基、列文、基蒂），情节来自从 17 本经典小说中抽取的情节库，行文风格则模仿村上春树"。其创作者是一个名为"PC Writer 2008"的人工智能，它"只花了 3 天就写完了这本 320 页的小说"。（汤雪梅，2015，p. 16）包括中国、美国、日本等在内的很多国家，都将文学创作、新闻写作等作为人工智能研发的一个重要领域，并产出了丰硕的成果。2017 年，我国新媒介文学领域诞生了一项人工智能创作的代表性成果：5 月，由微软人工智能小冰创作的现代诗集《阳光失了玻璃窗》出版，成为人类历史上首部完全由人工智能创作的诗集。以 20 世纪 20 年代以来 519 位中国现代诗人的上万首诗歌作为训练素材，在进行了 100 个小时近 10000 次训练后，小冰成功成为了一位"现代女诗人"（郭佳，2017 - 07 - 02）。而当人们还沉浸在对这种现象的关注和讨论中时，2022 年底，一个名为 ChatGPT 的"聊天机器人程序"横空出世。这是一款基于人工智能技术的自然语言处理工具，它能够理解并学习人类的语言，同时根据上下文与人实现交流和互动。最关键的是，它不仅可以与人对话，更能够在极短的时间内完成语言文字的写作和翻译等任务。

当以 ChatGPT 为代表的 AIGC 开始登上历史舞台并逐步占据主流后，人工智能生成的内容生产模式不仅将有可能颠覆整体性的信息传播格局，也必然将对以人为主导的文学生产、传播和接受全过程产生革命性的影响。有学者（方兴东，顾烨烨，钟祥铭，2023，p. 42）提出，智能传播时代的内容生产机制将"由原来的 UGC（用户创造内容）逐渐向 DGC（Data Generated Content，数据创造内容）与 AGC（Auxiliary Generated Content，辅助生产内容）发展，并最终被 AIGC 所颠覆"。随着人工智能技术的发展，当算法和算力形成强大的内容生产能力，以数据为核心驱动而形成的新媒介文学不但在创作题材、语言表达上更适应人的情感需求，而且在内容分发、传播形式等方面也能充分满足人的感官需要。这样的新媒介文学形态，充满了符号修辞学意义上的反讽特征——意图与结果之间出现了一种反差，结果走向了意图的反面。以至于现在当我们读到一首诗、看到一段视频时，我们无法判断它的创作者到底是人还是人工智能。笔者曾以"春、江、花、月、夜"为关键词，请朋友使用 ChatGPT 创作了一首七言律诗："春风拂面江水绿，花影摇曳添新意。月华浮影夜未央，夜幕低垂月伴江。"这样的结果当然与张若虚的名篇相去甚远，但它还是兼具了唐诗的形式和意境之美。在元宇宙的世界里，每一个人都以数字化的方式被精准描述。未来的文学生产，很可能会出现人与人工智能配合分工的局面，即由人来设定框架、确立类型，而人工智能可以填充细节、润色文字等。

当然，也有学者对此表达了忧虑，"人工智能以人工之名，体现了人对知识和机器从创建、控制、依赖到失控的过程，由此会坍塌了以人为中心的认知世界、社会结构和法律制度"（曾白凌，2020，p. 56）。无论是从时间还是从空间来看，ChatGPT 的出现仅仅标志着智能传播主流化的开始，由此而来的人工智能生产新媒介文学也还存在着数据依赖、情感欠缺、立场偏见等不足，而且，人工智能也不具备人类的想象和创新创造力。但是，我们不能低估它对文学与艺术生产和传播乃至整个信息社会格局所产生的影响，它开启了一个不可思议的未来，值得我们每个人深思。

结　语

德国的媒介理论家弗里德里希·基特勒（Friedrich Kittler）（2017，p. 1）曾指出："媒介决定我们的现状，是受之影响，抑或要避之影响，都值得剖析。"技术的更迭让中国当代文学的变迁也不得不直面媒介发展的新问题。十多年前，在网络与文学正处于"热恋期"时，就有学者感慨，"谁也不知道在即将出现的文学数字化生存的转折过程中，网络时代的文学生产与消费到底还要遭遇多少奇迹"（陈家定，2011，p. 32）。时至今日，当以 ChatGPT 4.0 为代表的新一代人工智能逐渐成为新媒介的主流技术后，新媒介文学的未来之路会走向何方，它会为文学表意和文化演变带来什么样的奇迹，会为人类世界的发展带来什么样的契机，我们拭目以待。

引用文献：

贝尔，丹尼尔（1989）. 资本主义的文化矛盾（赵一凡，等译）. 北京：生活·读书·新知三联书店.

曹丹，陈华明（2022）. 传播媒介变迁的四体演进：一个符号修辞学分析. 符号与传媒，25, 131 – 143.

陈定家（2011）．比特之境：网络时代的文学生产研究．北京：中国社会科学出版社．

方兴东（2023－03－07）．ChatGPT 爆红确立智能传播的主流地位．中国社会科学报，
    3 版．

方兴东，顾烨烨，钟祥铭（2023）．ChatGPT 的传播革命是如何发生的？现代传播，2，33－50．

郭佳（2017－07－02）．机器人出诗集了，人类的精神世界将被"闯入"吗．光明日报，
    8 版．

胡翼青（2019）．智媒时代我们如何理解媒介．新闻界，9，11－16．

基特勒，弗里德里希（2017）．留声机 电影 打字机（邢春丽，译）．上海：复旦大学出
    版社．

金振邦（2009）．网络媒介与新世纪文学的转型．燕赵学术，1，54－60．

卡西尔，恩斯特（1992）．人论（甘阳，译）．上海：上海译文出版社．

康澄（2005）．文本——洛特曼文化符号学的核心概念．当代外国文学，4，41－49．

莱文森，保罗（2003）．人类历程回放：媒介进化论（邬建中，译）．重庆：西南师范大学
    出版社．

李战子，陆丹云（2012）．多模态符号学：理论基础，研究途径与发展前景．外语研究，2，
    1－8．

陆正兰，李俊欣（2021）．论游戏表意的四体演进：一个符号修辞学分析．现代传播，2，
    82－88．

欧阳友权（2009）．网络·网络文学·公共空间．长沙：中南大学出版社．

饶广祥，朱昊赟（2017）．广告表意模式演变的符号修辞学分析．中外文化与文论，1，
    123－132．

任伟（2016）．从符号修辞四体演进看比较文学在中国的发展．南方文坛，3，46－51．

单小曦（2016）．从后现代主义到"数字现代主义"——新媒介文学文化逻辑问题研究反
    思与新探．浙江社会科学，6，120－128．

汤雪梅（2015）．人工智能与数字出版的创新应用．编辑之友，3，15－18．

王百娣（2019）．新媒介文学生成与传播研究．沈阳：辽宁大学．

夏征农，陈至立（2009）．辞海（缩印本）．上海：上海辞书出版社．

谢杨柳（2019）．符号学视角下我国音乐选秀节目的四体演进探析．符号与传媒，18，
    199－208．

张杰（2022）．"三重接合"框架下新媒介文学的技术载体、阅读场景与内容文本．现代中
    国文化与文学，4，211－220．

赵毅衡（2016）．符号学：原理与推演．南京：南京大学出版社．

曾白凌（2020）．目的之"人"：论人工智能创作物的弱保护．现代出版，4，56－64．

曾军，苗田（2013）．探索接地和及物的文学理论——2012 年文艺学研究热点扫描．社会
    科学，1，185－192．

周才庶（2021）. 媒介变革与新媒介文学的形成. 文学与文化，1，86－93.

Culler, J.（1981）. *The Pursuit of Signs*. Ithaca：Cornell University Press.

Hepp, A.（2020）. *Deep Mediatization*. London & New York：Routledge.

作者简介：

张杰，四川大学海外教育学院副教授，研究方向为新媒介文学、跨文化传播。

Author:

Zhang Jie, associate professor of School of Overseas Education, Sichuan University. His research fields include new media literature and intercultural communication.

Email: scuzhangjie@126.com

巴黎符号学派对翻译的思考*

王天骄

摘　要： 作为人文社会科学领域一种颇具价值的方法论，符号学在翻译研究中也发挥着重要作用。如何在符号学的理论框架下思考翻译问题，进而有效扩展翻译行为的实践边界，这不仅是符号学家所要面对的重要论题，也会给新时期的翻译研究者带来新的挑战。法国巴黎符号学派的学者们在这方面具有强烈的问题意识和理论敏感性，他们密切关注符号学与翻译理论研究的关系问题并对此进行了深入思考。本文主要梳理他们的重要论述与核心观点，考察他们在符号学视角下对翻译问题的探索，以供国内符号学研究者和翻译研究者参考。

关键词： 对等，三分法，符号间性，符号学矩阵，翻译程式

The Paris School of Semiotics on Translation

Wang Tianjiao

Abstract: Semiotics, a valuable methodology in the humanities and social sciences, also plays an important role in translation studies. How to think about translation under the theoretical framework of semiotics and then effectively expand the practical boundaries of translation behaviour not only furnishes an important topic for scholars but also brings new challenges for translation researchers in the new era. The Paris School of semiotics exhibits a strong awareness of and theoretical

* 本文为教育部人文社科青年基金项目"巴黎符号学学派研究的最新进展及其应用"（21YJC740028）中期成果。

sensitivity to these challenges, paying close and in-depth attention to the relationship between semiotics and the study of translation theory. This paper reviews the important discussions and core viewpoints of the Paris School on this topic and examines its exploration of translation issues from the perspective of semiotics, thus providing a reference for domestic semiotics researchers and translation researchers.

Keywords: equivalence, trichotomy, intersemioticity, semiotic square, translation programmes

DOI: 10. 13760/b. cnki. sam. 202401016

　　巴黎符号学派是当下法国符号学乃至世界符号学的重要学派，它发端于20世纪60年代后期，开始形成的标志是1966年法国符号学家格雷马斯（A. J. Greimas）出版其代表作《结构语义学》（*Sémantique structurale*）。巴黎符号学派的研究工作不仅开启了现代符号学针对符号间性和意义生成机制的研究传统，还带来了法国乃至欧洲符号学研究史上的一次重要转向：从以索绪尔（F. D. Saussure）为代表的系统论符号学（sémiologie）转向以格雷马斯为代表的叙述论符号学（sémiotique）。符号学对翻译的兴趣由来已久，"在符号学研究的发展过程中，翻译概念一直位于中心地位"（Eco，2006，p. 17）。符号学家甚至认为翻译是一种纯符号活动，一个很明显的证据就是，人们使用不同的符号系统来讲述同一种事物，将同一种信息从一种符号系统转移到另一种符号系统。作为符号学研究的重镇，巴黎符号学派结合自身的研究实际，对翻译问题进行了不间断的、颇具启发性的思考，并取得了有价值的成果。对于巴黎符号学派在翻译领域的耕耘，国内学界目前谈论的还不是太多。有鉴于此，下文拟挖掘这方面的资料，探讨巴黎符号学派（或者是与这个学派观点接近）的代表学者雅各布森（Roman Jakobson）、格雷马斯、库尔泰斯（Joseph Courtés）和特洛柯（Rovena Troqe）对翻译问题的思考与探索。

一、雅各布森的工作

　　备受巴黎符号学派推崇的俄裔美籍著名语言学家罗曼·雅各布森似乎是法国第一个把翻译和符号学联系到一起的现代语言学家，对翻译概念的延伸起到了重要的推动作用。雅各布森曾经是莫斯科语言学派和布拉格语言学派的重要成员，1938 至 1963 年间，他在各种杂志上用英语、德语及俄语陆续发表了多篇研究文章，涉及翻译、语音、音位、诗学、交际乃至人类学等诸多问题。这些文章被拥有比利时和法国双重国籍的语言学家尼古拉斯·鲁威（Nicolas Ruwet）翻译成法文，于 1963 年结集为《普通语言学论集》（*Essais de linguistique générale*），由法国午夜出版社（Editions de minuit）出版，2003年再版。这本书的第四篇文章为《翻译的语言学视角》（"Aspects linguistiques de la traduction"）（Jakobson，2003，pp. 78 - 86），它把翻译当作一种语言学现象来考察。雅各布森在这篇文章中提出了"符际翻译"的概念，从而把翻译活动和符号行为联系在一起。在本文的第一部分，有必要介绍一下《翻译的语言学视角》这篇文章对符号学与翻译之间关系的论述，从而了解雅各布森在这方面所做的开创性工作。

在文章的开篇，雅各布森（p. 87）就引用了英国数学家、哲学家罗素（Bertrand Russell）讲过的一句话："假如事先没有接触过'奶酪'实体的话，任何人都无法理解'奶酪'这个词。"雅各布森据此指出，"奶酪"这个单词可以被视为一个词汇编码，假如我们不了解加诸这个编码上的意义，那么就无法真正理解"奶酪"这个词。反过来，即使某种文化不存在"奶酪"这个概念，但生活在这种文化背景下的人们依然能够理解"奶酪"一词，前提就是他们了解到这个词指的是一种发酵之后凝固而成的奶制品。因此，雅各布森认为，单词或词组的意义其实应该属于语言现象，或者更确切地讲，应该属于符号现象，因为正如上文所讲，这是一个词汇编码（"奶酪"）对应一个物质实体（发酵而成的固体奶制品）。如果借用索绪尔的"能指/所指"二分法来分析的话，可以发现，在上述例子中，能指就是词汇编码，而所指则是物质实体。能指和所指是相辅相成、不可分割的，一方的存在以另一方的存在为前提和基础。雅各布森也强调，"缺乏符号的所指是不存在的"（p. 79）。这里所说的"符号"其实指的就是符号的能指部分，如果符号是由能指和所指构成的话，那么符号的能指部分通常被认为是狭义上的符号。

雅各布森接着就提出一个与翻译相关的重要观点："无论是对语言学家还是对普通的语言使用者来说，意义都可以视为被其他符号翻译的结果。"（p. 79）。在此基础上，雅各布森对翻译行为进行了三分：如果我们将某一个对象转换为同一种自然语言内的其他符号，那么这种转换就被称为"语内翻译"；假如对象被转换为不同自然语言中的其他符号，那么这种转换就被称为"语际翻译"；假如对象被转换为非语言象征系统的符号，那么这种转换就被称为"符际翻译"（pp. 78 - 86）。雅各布森的研究工作对法国结构主义以及后来的巴黎符号学派产生了深远影响，他的三分法中的最后一种，即符际翻译，也可以理解为利用非语言符号系统来解释语言符号系统，因而非语言符号也被纳入翻译过程。他认为翻译就是"符号交互"的同义词："一个词的意义只有经过其他符号的翻译才能体现出来，所使用的符号可以替代这个词，并且这个词在此符号中可以实现更为完备的发展。"（p. 79）

在对翻译进行三分之后，雅各布森又开始分析翻译过程中的"对等"（équivalence）问题。在他看来，对等是一个相对概念，在通常情况下，不同符号编码系统之间的完全对等往往难以实现。符号系统不能完全对等意味着"消息"（message）无法完全对等，但不同的消息可以相互转换，从而传递大致相同的"信息"（information）。雅各布森再次用奶酪举例：法文单词"fromage"（奶酪）和俄文单词"syr"（也可以译为奶酪）虽然在词义上有很大重合，但是二者并不完全一致，因为"fromage"表示"白色的奶酪"，而"syr"则表示"发酵时加入了特殊食材的奶酪"。因此，我们在进行语际翻译的时候，往往更着眼于两种自然语言之间信息的传递，而消息转换只不过是实现信息传递的手段。语际翻译中的消息转换就像间接的转述一样，译者从源语言接收到消息，破译其蕴涵信息，接着对信息进行重新编码，并且用目的语（新的消息）传递出去，这样就完成了翻译过程。可见，翻译意味着两种不同编码系统之间的信息对等，消息层面的完全对等是比较困难的，而信息对等在某种程度上是容易实现。所以，经由符号转换实现信息的对等，这是翻译要面对的主要任务。

最后，雅各布森探讨了"对象语言"和"元语言"（métalangue）之间的关系。在这里，对象语言指的就是自然语言，比如汉语、英语或法语等，对象语言能够借助某一种具体的语言来描述客观事物（客观对象）；元语言是指借助某种语言来描述这种语言本身，"我们能够讲某种语言，意味着我们也能够用这种语言谈论语言自身"（p. 81）。雅各布森认为丹麦物理学家玻尔（Niels Bohr）的科学研究工作阐明了两大层次——对象语言和元语言——之间的互补关系，即"每个词语的实际运用和对于这个词的确切定义之间存在着互补的关系"（p. 81）。他还认为，在现存的任何一种语言中，人们的认知体验都可以被复现和分类。这实际上是表明，即便种族或文化背景不同，人们依然可以拥有相似的认知体验，而这种认知体验就是翻译可以进行的前提和基础。尽管在不同语言之间转换的过程中不免出现词义空缺或局限，但借助某些迂回的方式，比如借词、仿词、创造新词或词义转移等，就可以在很大程度上解决这个问题。说到底，人类的认知功能并不十分依赖语言的语法系统，因为个体体验和元语言操作处于互补关系之中。通过重新编码或者说翻译的方式，言语活动中的认知层面不仅可以辨识，还可以主动获取由其他代码系统构成的释义。

《翻译的语言学视角》虽然篇幅并不长，但雅各布森却在其中提出了与翻译有关的四大论题：（1）把翻译归于符号问题；（2）对翻译活动进行三分法；（3）探讨意义对等问题；（4）分析对象语言和元语言之间的互补关系。针对这篇经历了半个多世纪的文章，贾洪伟（2016）指出，"雅氏提出的语内翻译、语际翻译和符际翻译三重译域，为符号转换的译域划分和理论分析提供了参考依据，在某种程度上打破了当时翻译研究固守等信息转换的现象"。由此可以看出，雅各布森所提出的三重译域的一个重要贡献就是让翻译研究者在关注"等信息"的同时，也开始把目光转移到"符号转换"之上，而翻译符号学"侧重的是以翻译发生过程的符号转换现象为切入点"，"旨在建构以符号转换问题为对象的符号学新兴分支学科"（王铭玉，2015），从这个角度来说，尽管雅氏尚未把对符号转换的研究作为重中之重，但仍然可以说他的思想带有朴素的翻译符号学的特征。

然而，雅氏的思想也有需要完善的地方，比如他过分强调"等值"这一术语，"其实具有浓重的结构主义语言学的色彩"；其次，他虽然提出了翻译的三译域观点，却"出现了语际翻译与符际翻译界限不明、标准不清的学理问题"。（贾洪伟，2016）此外，还有学者认为雅氏对于翻译的三分法"标准混杂、错层并列"（转引自贾洪伟，2016），也就是认为雅氏所提出的翻译类别之间存在相互重叠的地方。综上所述，我们似乎可以认为，雅各布森虽然从符号学角度对翻译进行了思考，但他的这种思考是初步的，或者可以说只是一个构想，具体工作并没有得到实质性的展开。正如巴黎符号学派资深符号学家安娜·埃诺（Anne Hénault，2012，p. 10）所言："目前，符号学仅仅是一门科学的构想。"因此应该认识到，雅氏的研究仅仅是把翻译和符号学结合在一起进行思考，远未达到系统构建一门"翻译符号学"学科的程度。

二、格雷马斯和库尔泰斯的研究

在《结构语义学》一书中，格雷马斯写道："有关意指过程的第一个观察点在于它无所不在的特征以及它的多样性。当我们对人的境况进行思考时，不禁会发出孩童般的惊叹：从早到晚，从摇篮到坟墓，人类始终受到来自四面八方的意指过程的围攻，无时无刻不被五花八门的信息所缠。某些文学运动想建立一种排除意指过程的美学，他们的愿望显得多么天真。"（Greimas，1986，p. 8）。可见，在这本奠定巴黎符号学派理论基础的著作中，格雷马斯所认定的符号学研究对象并不是孤立而静止的符号，而是符号的意指过程，即符号能指与所指之间的交互关系，他正是在这种动态符号观的影响下对翻译进行了有益的思考。库尔泰斯是格雷马斯的追随者，他是格雷马斯的亲密助手与学术合作伙伴，后来成为图卢兹大学的语言符号学教授。他在符号学研究对象以及符号功能等问题上的观点和视角深受格雷马斯的影响，正如他在《话语的符号学分析——从陈述语段到陈述活动》（*Analyse sémiotique du discours—De l'énoncé à l'énonciation*，1991，p. 36）一书中指出的那样，"这种对能指/所指关系的忠实性才是，并且将一直都是所有符号学分析的特殊标记"。在 1979 年和 1986 年，库尔泰斯与格雷马斯合作主编了《符号学：言语活动理论的系统思考词典》（*Sémiotique: Dictionnaire raisonné de la théorie du langage*）的第一卷①和第二卷，对符号学研究中会遇到的主要概念和术语都进行了详细梳理和阐释，其中有多个词条涉及翻译，下文简要予以介绍。

在词典的第一卷中，两位学者首先从"符号化"（sémiosis）的角度来考察翻译现象。他们指出，符号化过程是"一种操作，这种操作在表达形式与内容形式之间，或者是在能指与所指之间建立起一种相辅相成关系的同时，也生成了一些符号"（Greimas & Courtés，1993，p. 339）。这个定义有两点需要注意：首先，符号化过程是建立意指过程的操作，因为意指过程指的就是符号的表达形式与内容形式之间，或者符号的能指与所指之间的关系；其次，符号化过程也是符号生成的过程。符号化过程和编码活动（encodage）、解码活动（décodage）息息相关，根据词典里的定义，编码活动是指"可构筑一种信息"的操作过程，而解码活动是指"辨认构成信息象征要素"的操作过程（p. 83）。可以看出，无论是编码活动还是解码活动，都在代码和信息之间建立起一种互为前提的蕴涵关系。从这个角度来看，编码、解码都是符号化过程。如果对符号化、编码和解码这三个概念继续展开思考的话，那么首先构思、撰写文本的过程也是一种符号化过程，因为构思和撰写文本所需要的素材就是语言符号，而构思和撰写文本的最终目的是展示文本的意义，这就在符号和意义之间建立起一种逻辑化的联系。其次，从某种程度上讲，翻译既是理解文本的过程，也是再构思、再撰写文本的过程。理解文本即从事

---

① 该词典第一卷于 1993 年再版，本文参考的正是此版本。该书国内已有怀宇先生的译本。

某种解码活动，而再构思、再撰写文本则是编码活动，因此翻译同时具有解码和再编码的双重特征，可以被视为"双向符号化活动"（bisémiosis）。

在上述分析的基础之上，格雷马斯和库尔泰斯（p. 398）就从符号学角度对翻译现象的特征进行了描述：

> 正是作为符号学活动，翻译才可被分解为对起步文本的一种解释作为和对收尾文本的一种生产作为。区别这两个阶段可以使我们明白，对起步文本的解释是如何构建可阐释这种文本的一种元语言活动的，或者如何生产与这种文本或多或少相当的收尾文本的。

起步文本是源语言文本，收尾文本自然就是目的语文本。翻译行为被划分为前后两种符号化过程，即解释作为和生产作为，前者相当于翻译行为中对原文进行理解的阶段，而后者则相当于用目的语对原文进行表达的阶段。正是基于翻译活动的符号化特征，在分析翻译概念时，格雷马斯和库尔泰斯认为，翻译是位于"有意义和谈论意义二者之间的中间地带"（p. 398），谈论意义不仅是生产意指过程的行为，也是一种翻译行为。

在对翻译进行充分考察时，格雷马斯与库尔泰斯（p. 398）主张摒弃自然语言系统的优越性，从而仅仅将其考虑为普通的符号系统中的其中一个类型：

> 相对于其他符号系统，一般会在自然语言系统中觉察到一种优越地位，因为只有自然语言系统可以在翻译过程中充当其他符号系统的目标语言，反之则可能性少之又少。……在自然语言中，自然世界以及根据自然世界来构建的符号系统（如绘画、音乐等）可以得到翻译。

上文更加清晰地向我们表明语言符号系统、非语言符号系统（即根据自然世界来构建的符号系统）和翻译三者之间业已形成的符号化特征。不同的符号系统之间可以得到翻译，也就是二者之间可以建立起某种逻辑性联系，同时在这一过程中也生成了一定量的语言符号。

格雷马斯、库尔泰斯对文本、符号和翻译三者之间的关系进行了分析，认为每一个文本都可以被视为陈述活动之结果，"文本"可以用"陈述语段"（énoncé）来代替，即文本就是一种陈述语段。在此基础上，两位学者提出了"陈述语段在对等前提下相互过渡"（p. 398）的假设。从另一角度来看，每一个文本都是被设计好的符号系统，其中的构形成分可以被应用于话语或文体实践，此时意义转换也会发生。不管话语或文体实践是个体行为还是集体行为，都会预设出某种行为者结构。对此格雷马斯和库尔泰斯指出，"可译性是作为符号系统的基本特质之一而出现的，它甚至还是语义表达的基础"（p. 398）。两位符号学家认为，"在存在性判断（即意义是存在的）和言说可能性判断（即能够表达出这种意义）之间，翻译插了进去"（p. 398）。因此，文本意义问题和翻译问题是难以分割的，甚至可以说，翻译就是文本意义的表达问题。

在《符号学：言语活动理论的系统思考词典》的第二卷，格雷马斯和库尔泰斯从逻辑语义角度，也就是从内在性原则的角度对"符号间性"（intersémioticité）概念进行了分析。符号间性就是单个的符号与符号之间、符号系统与符号系统之间的互动和转化关系，可以把它看作"意指过程"这一概念的扩展。格雷马斯和库尔泰斯认为，符号间性概念的构建之所以成为可能，前提就是宏观符号学被划分为两大类别："自然世界符号学"（sémiotique du monde naturel）和"自然语言符号学"（sémiotique de la langue naturelle）。两位学者（1986，p. 119）指出，"符号学家并不认为由自然语言构成的话语是对现实的反映，只有借助于自然世界符号学，话语才对作为参照物的语言之外的现实负责"。换言之，话语所起到的作用就是把周围的自然世界转换为意指过程世界，作为参考系的外部世界被提前符号化。由此可见，构成事实的自然世界符号系统与构成话语的自然语言符号系统之间维系着紧密的意指关系，而这种关系便是符号间性的根本源泉。格雷马斯和库尔泰斯谈论符号的"像似性"（iconicité）的时候，坚持认为跨符号事实（即符号间性）旨在"把像似符号作为单词收录进某一自然语言"（1993，p. 177）。跨符号转换活动既丰富又具有相当的复杂性，无论是说明文、记叙文，还是议论文或描写性文字，对它们的译介都不是简单的语词转换，而要涉及更为广泛的非语言符号转换的多种要素。格雷马斯和库尔泰斯指出，"对符号组织原则的探寻和对它们词汇化过程的探寻混合在一起"（p. 177），以油画为例，"对一幅油画的分析最终会转换为对描述这幅油画的话语的分析"（p. 177）。可见，以非语言符号转换为特征的符际翻译和以语词转换为特征的语际翻译之间并不是八竿子打不着的，而是分别指向上述两种类型的宏观符号系统：自然世界符号系统和语言符号系统。

三、罗维娜·特洛柯的研究

罗维娜·特洛柯（Rovena Troqe）是法国利摩日大学符号学研究中心的博士后研究人员，自从 1992 年格雷马斯去世之后，利摩日大学符号学研究中心（CeReS）逐渐成为巴黎符号学派研究的理论重镇之一，它是法国首个冠名"符号学"的大型科研机构，其前身是 1993 年在法国国家科学研究中心（CNRS）成立的符号学研究小组。2000 年，为了对全法的符号学研究进行重组和整合，这个研究小组扩展为今天的符号学研究中心，设立于法国利摩日大学。特洛柯在这里专注于符号学与翻译的交叉研究。她从模态和符号学矩阵的视角来考察翻译过程中"对等"（équivalence）[①] 与"差异"（différence）的相互关系；在此基础上，她创造性地归纳出翻译的符号学程式。特洛柯对翻译的一系列思考可以算是巴黎符号学派最新研究成果的重要组成部分，下文就对她的研究予以具体介绍。

特洛柯首先指出，从根本上说，"翻译"这个概念源自"对等"概念。她认为，无论是从语言学、形式美学，还是从语义学、语用学的角度来说，对等都构成了翻译状态和翻译作为的前提及结果。特洛柯进一步指出，在当前的翻译理论中，"对等"拥有其对立面——"差异"，且二者是同时存在、不可分离的。在此基础上，特洛柯把"对等"和"差异"这组对立统一的概念纳入格雷马斯创立的符号学矩阵（carré sémiotique）之中，因为在符号学矩阵中，所有的价值要素都是通过自身的对立面得以确定的：从这个视角出发，"对等"和"差异"就构成了语义类型最小的且对立的价值要素，这个语义类型被定义为"自我"（moi），即翻译的认同空间。

因此，翻译就可以被认为是"从他者向自我的转化"。特洛柯把"对等""差异"这对概念与格雷马斯符号学的"述真模态"（modalités véridictoires）（Bertrand，2000，p. 151）联系在一起，她认为在翻译活动中，"对等""差异"这两个概念受到符号学述真模态的影响，因此她主张借助格雷马斯符号学矩阵对翻译的逻辑符号条件进行分析。在格雷马斯符号学中，"述真"意思是对事物的真实性状况进行描述，它包含"存在"（être）和"显现"（paraître）两大维度，根据二者的组合情况，可以对事物的状态进行判定。"存在"的矛盾项是"不存在"（non-être），"显现"的矛盾项是"不显现"（non-paraître）。"存在"和"不存在"、"显现"和"不显现"这四大要素构成了下面的符号学矩阵（D'Entrevernes，1979，p. 43）：

---

① 特洛柯所说的"对等"一词，法文仍旧是 équivalence，和雅各布森所用的词一致。

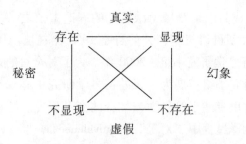

图1 述真模态的符号学矩阵

上述符号学矩阵反映的正是事物的述真模态：假如某种事物既存在，又可以显现在人们面前的话，那么这种事物一定是真实的；假如某种事物既不存在，也不显现的话，那么它一定是虚假的；假如事物是存在的，但是它并没有显现在人们面前，那么这种事物就处于秘密状态；假如事物原本不存在，却能够在人们面前显现出来，那么它一定就像沙漠中的海市蜃楼一样仅仅是一个幻象（illusion）。可以看出，述真模态本质上就是人们对事物真实性的一种判断。在此基础上，就可以把"对等"和"差异"这对概念纳入符号学矩阵，从而借助述真模态进一步考察翻译活动的实践特征（图2）：

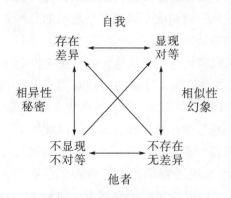

图2 翻译的符号学矩阵

如图2所示，在翻译的符号学矩阵中，"自我"这一项目指的是某种身份、主体、对象或事件的出现。"自我"拥有自身的对立面"非我"（non-moi），也就是"他者"（l'autre）。特洛柯就此提出，"翻译身份的构建正是翻译概念的内在条件"。她认为，"自我"代表译者的文化、语言和个体身份，而"自我"的对立面"非我"（或"他者"）则代表源文本和原作者的另一种文化身份，这种异质文化身份围绕着源文本，成为源文本的外部空间。（Troqe，2015，pp. 20 - 36）

在翻译的符号学矩阵之中，"差异"指涉的是一种作为参照物的必要价值，这种价值使唯一的自主身份得以出现。在翻译活动中，相对于源文本与原作者来说，"自我"首先表现为一种异质文化身份，但它同时也是话语实践中的一种实体。"对等"指向一种衍生条件，即异质文化之间相互转化的可能性。借助符号学矩阵所能展示的述真模态，特洛柯为我们揭示出翻译活动中的悖论。具体来说，从上面的符号学矩阵中可以看出，"差异"和"存在"处于同一位置，它表示尽管翻译追求源文本与目标文本之间意义与形式的对等，但是二者之间的差异却不可避免地存在着。同时，"差异"的矛盾项"无差异"（non-différence）处于"不存在"的位置上，表明源文本与目标文本之间无差异的情况几乎是不可能存在的。因此，从述真模态的角度来看，源文本与目标文本之间的差异是客观存在的，二者不可能完全对等。然而译者尽量缩小这种"不对等"（non-équivalence），使得它尽量不显现出来（即"不显现"），所造成的结果是：源文本与目标文本之间固有的"相异性"（altérité）被隐藏起来，也就是处于"秘密"（secret）的状态。最后，尽管"对等"显现在读者面前，但事实上正如上文所分析的那样，无差异是不存在的，所以从根本上说，翻译所追求的源文本与目标文本之间的相似性（similarité）只是一种幻象。用特洛柯自己的话来说，"翻译总是显现出对等性，从而制造出相似性的幻象。但翻译同时还是差异性的，它带来的相异性通常是秘密性的"（Troqe，2015），这不禁让我们联想起"翻译即背叛"的说法。

除此之外，特洛柯还借助符号学模态分析翻译过程中的行为者互动现象，进而从符号学角度区分"翻译"和"翻译学"这两个重要概念。为此她提出"翻译程式"（programme traductif）的概念，它建立在赞助者（commanditaire）与译者之间的契约基础之上，同时也对翻译批评者的认知作为进行描述。一个完整的翻译程式包括"操纵"（manipulation）、"能力"（compétence）、"实施"（performance）和"验证"（sanction）四大阶段。其中操纵阶段也是赞助者与译者建立契约的阶段，它围绕赞助者的"说服操作"（faire persuatif）展开，所要阐明的不仅有翻译的文化价值和目标，还有它的标准和道德规范。在实施和能力阶段，译者需要把自身的能力（即能够做、懂得做）现实化，也就是要把"使成为"（faire être）和"使懂得"（faire savoir）这两个模态施加到源文本之上，使源文本借助另一种语言而重新生成。最后的验证阶段同样由赞助者来完成，这个阶段具有"确认性特征"（type assertif），赞助者主要考察译者行为的结果与契约的匹配程度。因此我们看到，在翻译程式中，操纵阶段与验证阶段均由赞助者来主导，而能力阶段和实施阶段则属于译者。赞助者和译者的关系如下表所示：

表 1　翻译程式

翻译行为者	操纵	能力	实施	验证
赞助者	说服操纵 建立契约			考察匹配程度
译者		能够做 懂得做	使成为 使懂得	

特洛柯据此勾勒出翻译活动中的三类认知行为：首先是赞助者的认知行为，他通过"应该成为"（devoir être）和"应该不成为"（devoir ne pas être）的模态来建立翻译契约，从而形成自我的身份空间；其次是译者的认知行为，译者主要是履行契约，他采纳的模态是"不应该成为"（ne pas devoir être）和"不应该不成为"（ne pas devoir ne pas être），事实上处理的是自我与他者之间的互动关系；最后是翻译批评者的认知行为，他对翻译过程及译文文本进行识别，即对其中的某些要素进行确认、承认、拒绝或怀疑等。

特洛柯认为，从翻译的符号学程式角度来说，四阶段既是翻译对象生成的场所，也是翻译伦理和翻译标准进一步发展和完善的场所。从翻译行为者角度来说，赞助者、译者是翻译实践的主要推动者，是身份空间的守护者，也是自我/非我互动关系的思考者，而翻译批评者则是翻译的符号学模式的观察者，他对翻译的操纵阶段和实施阶段进行背景分析。换言之，翻译批评者的认知实质上等同于对（翻译的）符号学模式的相关性进行验证。为此，特洛柯总结道，翻译批评者的认知行为"对翻译符号学矩阵各要素价值的实现进行解释，并且把一个更为具体、更加可以触摸的维度，即文本维度纳入这个模式之中"（Troqe，2015）。特洛柯正是依据赞助者、译者和翻译批评者三者不同的认知行为来区分翻译和翻译学，她认为赞助者和译者的认知行为属于翻译的范畴，而翻译批评者的认知行为则属于翻译学的范畴。

我国翻译符号学的开创者王铭玉教授（2015）曾指出翻译符号学和符号学翻译研究之间的区别："前者旨在建构以符号转换问题为对象的符号学新兴分支学科，后者旨在以符号学理论阐释翻译现象，属于翻译学的一个附庸研究范畴，处于以符号学理论解释翻译现象、验证翻译理论的'脚注式'研究，还未上升到'学'的阶段。"结合这段论述，我们就会发现特洛柯虽然从符号学视角对翻译的概念、行为以及主体进行了分析，但她仍然停留在王铭玉教授所说的"以符号学理论解释翻译现象"的脚注式阶段，特洛柯的研究也并未特别强调"符号转换"的地位，没有明确将翻译活动中的"符号转换"作为自己的研究对象，因此她的研究还未能达到翻译符号学的阶段。

结　语

通过上文的分析，我们可以简要梳理出巴黎符号学派针对翻译问题的思考历程。雅各布森首先划分出语内、语际和符际三大翻译类型，接着格雷马斯和库尔泰斯从符号化的角度对符号间性进行了考察，最后特洛柯借助符号模态和符号学矩阵归纳出翻译的符号学程式。由此可见，在长达半个多世纪的时间里，巴黎符号学派始终关注符号学与翻译研究的关系问题。巴黎符号学派以话语为中心，借助符号学理论对翻译问题进行了不间断的探索。然而，通过上文的考察，我们也不难看出，巴黎符号学派对翻译的思考在深度、广度和系统性方面均存在较大的上升空间，这主要体现在两大方面：其一，虽然认识到翻译问题从根本上来说就是符号问题，却尚未打破"借助符号学理论对翻译进行注解"的桎梏，客观上使得符号学成为翻译研究的附庸，影响了符号学乃至翻译符号学作为独立学科的地位；其二，虽然认识到符号间性的重要性，却尚未把翻译活动中的符号转换确立为重要的研究对象，从而弱化了巴黎符号学派对翻译进行研究的系统性。

引用文献：

贾洪伟（2016）. 雅可布森三重译域之翻译符号学剖析. 解放军外国语学院学报，39，5，11 - 18 + 159.

王铭玉（2015）. 翻译符号学刍议. 中国外语，3.

Bertrand, D. (2000). *Précis de sémiotique littéraire*. Paris：Éditions Nathan HER.

Courtés, J. (1991). *Analyse sémiotique du discours—De l'énoncé à l'énonciation*. Paris：Hachette.

D'Entrevernes, G. (1979). *Analyse sémiotique des textes*. Lyon：PUL.

Eco, U. (2006). *Dire presque la même chose. Expériences de traductions*. Paris：Grasset.

Greimas, A. J. (1986). *Sémantique structurale*. Paris：PUF.

Greimas, A. J. & Courtés, J. (1986). *Sémiotique: Dictionnaire raisonné de la théorie du langage* (Tome 2). Paris：Hachette.

Greimas, A. J. & Courtés, J. (1993). *Sémiotique: Dictionnaire raisonné de la théorie du* langage. Paris：Hachette.

Troqe, R. (2015). Approche sémiotique à la traduction pour le grand public. *Parallèles*, 27, 1, 20 – 36.

作者简介：

王天骄，博士，云南大学外国语学院讲师，研究方向为符号学与文学。

Author:

Wang Tianjiao, Ph. D., lecturer in the Foreign Studies School of Yunnan University. His research fields are semiotics and literature.

Email: tristanwang2023@163. com

论解释意义在文学翻译中的隐身现象

杨珊珊　熊　辉

摘　要：相较于意图意义、文本意义和解释意义的不完全对等或符号过
程的不完整性，翻译活动解释意义和解释者身份隐身的现象更
值得玩味。解释意义和解释者往往会被文本意图和创作者取代，
如将翻译融入创作的行为，虽然没有形成具体可感的翻译文本，
但解释者可以从创作文本中发现解释文本的影像。在符号强大
的表意能力面前，解释者和解释意义隐身，但依然可以部分完
成意义的感知和传递，参与意义世界的建构。

关键词：翻译活动，符号过程，解释意义，翻译文本

On the Invisibility of Interpretive Meaning in Literary Translation

Yang Shanshan　Xiong Hui

Abstract: Compared with the incomplete equivalence between intentional
meaning, textual meaning, and interpretive meaning, or the
incompleteness of semiotic processes, the invisibility of interpretive
meaning and interpreter in translation activities is more worthy of
consideration. The interpretive meaning and the interpreter are often
replaced by the creator and the intention of the text, such as by
incorporating translation into the act of creation. Although no
concrete and perceptible translated text is formed, the interpreter can
discover the image of the explanatory text from the creative text.
Because of the powerful expressive power of signs, the invisible
interpreter and interpretive meaning can still partially complete the

perception and transmission of meaning and participate in the construction of the meaning world.

Keywords: translation activities, semiotic process, interpretive meaning, translated text

DOI: 10. 13760/b. cnki. sam. 202401017

翻译活动与符号过程具有一定的相似性，二者都涉及符号之间的意义转换，即把信息的发送视为翻译中原作的创作过程，把符号化的信息文本视为翻译中的原作，把对符号的感知和接收过程视为译者阅读和理解原文的过程，而把原文意义的解释过程视为译者用另一种符号呈现原文的过程。但在新一轮符号过程中，存在着将解释意义（译作）或部分解释意义当作创作意义的现象，也就是将符号的解释行为当作创作行为，将符号化过程中的解释意义当作创作中的意图意义，从而使上一层符号的解释项处于隐身的状态。这导致了看似不完整的符号过程。但此时不完整的符号过程只是种表象，实际上信息发送者、意义文本和解释文本俱在，只是由于人为的遮蔽或掩饰而不易被感知，造成符号过程不完整的错觉。

一、意义解释的重要性与能动性

作为解释项的翻译文本是原符号文本获得意义的决定性条件，从某种程度上讲，只有作为接收/解释者的译者才是赋予原符号文本意义的能动因素。要使符号文本有意义，必须要有接收/解释者（译者）的加入，否则符号文本携带的意义就不会被解释出来，因此也就没有意义。

对解释项的倚重几乎是所有文学、艺术乃至外交辞令所共有的特征，因为文本意义的实现在很大程度上是由解释者的阐释能力决定的，不像科技文本、法律文本或商品使用说明书，接收者不需要发挥主观能动性，其文本意义基本上是恒定的。所谓"微言大义"，体现的就是解释者对符号文本意义的强大阐释力。从符号的角度出发，赵毅衡（2016，p. 41）给文本做了如下界定："符号很少会单独出现，一般总是与其他符号形成组合，如果这样的符号组成一个'合一的表意单元'，就可以成为'文本'。"由此看来，文本是由多个符号构成的拥有一定意义的表意单元。推而论之，以语言符号为例，一句话可以是一个文本，一段话、一篇文章也可以是一个文本，一本书可以是一个文本，系列图书也可以是一个文本，只要由众多符号构成"合一的表意单元"，无论文本的长短和符号的多少，均可视为一个文本。一般而言，文字文本不包括注释、标题、序言及出版信息，这是最窄的"文本"（Greimas & Courtes，1982，p. 340）概念，即文字文本。与此相对，比较宽的文本定义则是"指任何符号表意组合，不管是印刷的、写作的、编辑出来的文化产品，从手稿到档案，到唱片、绘画、乐谱、电影、化学公式，等等"（赵毅衡，2016，p. 41）。凡是有意义的符号组合，都可以称为文本。不管对文本做何定义，符号要成其为文本必须满足两个条件：一是"一些符号被组织进一个符号组合中"；二是"此符号组合可以被接收者理解为具有合一的时间和意义向度"（p. 42）。因此，文本涉及"一些符号""组合""接收者""理解""时间"和"意义"等因素。值得注意的是，符号文本"合一的意义"是经接收者理解而成的，不是在符号过程中被赋予的，这里再度说明符号的解释之于符号意义的生成具有不可替代的作用。在具体的生活实践中，符号组合是否构成文本有如下三种情况：第一，符号组合本来携带意义，经过翻译解释之后，依然携带意义，因而成为了文本；第二，符号组合最初并不携带意义，但经过接收者的翻译解释之后，符号组合反而具有了自洽的意义，因而成为了文本；第三，完美的符号组合本来携带意义，但经过接收者的翻译解释之后，符号组合反而没有任何意义，因而无法构成文本。故赵毅衡（p. 42）认为："文本要如何组成才能有意义，实际上取决于接收者的意义构筑方式。"

符号文本并不是"物"，而是处于信息发送者和接收者之间的一个相对独立的意义存在，它使符号表意跨越了时间和空间的距离，成为一个承载意义的表意过程。而只有通过表意这个过程，符号的组合才能成为文本，符号组合才具有"文本性"（textuality）。我们今天可以接收到古代文本的意义，也可以接收到异域文本的意义，但翻译文本对异域读者而言，更是跨越了漫长的时间和空间距离，然后由新的语言符号组合而成的意义才被译语读者接受，因而才被视为一个文本。在鲍德朗德（Beaugrande，1980）看来，文本至少包含七种品质：结构上的整合性、概念上的一贯性、信息发出的意图性、接收的可接受性、解释的情境性、文化的文本间性、文本自身的信息性。实际上，翻译符号的文本性不一定完全具备以上七种品质，比如就"结构上的整合性"而言，各种选译、节译等对原文本的整体性是一种严重的破坏，但这似乎并不影响这些译本的意义表达，而且只要译者的伴随文本对某些信息的解释足够全面，读者也不会觉得选译、节译的意义不完整。因此，结构上不完整的文本经过翻译之后，也能成为有完整意义和结构的新文本。俄国著名作家爱伦堡同情十月革命，痛恨资产阶级，他虽不是共产主义者，却"想努力做一个真正的革命的作家"（蒋光慈，1927，pp. 59 - 60）。蒋光慈的翻译作品《春天的冬笑》是爱伦堡小说《姆娜之爱》（1928）的第二章，是对这部小说片段的翻译，但在中国却是一个有完整意义的文本。该译作讲述的是法国领事的女儿姆娜与红军军官"波尔雪委克"洛波夫之间的恋爱故事。在共产主义革命党人被视为恐怖者的语境下，姆娜因为一次意外与革命党人洛波夫相爱，最后洛波夫被无情地杀害，只留下姆娜在红色的莫斯科孤独地生活。节译作品在中国获得了广泛的传播，成为"革命＋恋爱"小说模式的范本，影响了中国革命小说的创作。

由此看来，翻译文本是否可以构成新文本，并不与原文本结构的完整性有必然联系，而在于作为解释者的译者是否采用新的符号将译文组合成一个有机的自洽整体。这也正好应了赵毅衡（2016，p. 41）的论断："文本的构成并不在于文本本身，而在于他的接受方式。"翻译是一种特殊的接受方式，译者当然拥有更多的构建文本的主导权，真正掌握着将译文"文本化"的权力，由此作为翻译语言或翻译符号的组合才具有了意义。正如前面所讲到的，浦爱德翻译的《黄色风暴》仅仅是老舍《四世同堂》的节选，但马小弥将其回译到中国之后，利用汉语仍然重新建构起了被中国读者视为完整故事的《饥荒》；蒋光慈节译自爱伦堡小说《姆娜之爱》第二章的《春天的冬笑》，中国读者依然认为是一个完整的故事。为什么节译的文本在翻译之后却可以被目的语读者视为完整的作品呢？主要还是在于译者的努力，他们用目的语将源文本的意义或意义片段重新组合成了完整的文本，此时译文与原文在意义上仍然保持着亲缘关系。

二、解释意义的隐身及其成因

正因为解释者在符号过程中具有非常重要的能动性，所以出现了解释者掩盖原符号文本而重新开启新一轮符号过程的行为。

任何翻译活动都是一种符号意义的解释行为。翻译活动的表现形式丰富多样，与节译不同，译者还可以根据原文的内容、人物或场景，在翻译过程中将原符号文本的片段或碎片重新组合，从而构成完全有别于源文本的崭新文本，此时的新文本与源文本在意义上的亲缘关系不够明显。有时候，作为解释者的译者还会有意掩盖新文本与源文本的关系，致使新文本的接收者常常以为他们接收到的是新创作的符号文本，而非某个他语符号源文本的全部或局部。从这个意义上讲，作为解释者的译者隐身了，被迫让位给创作者；作为解释项的翻译文本消失了，变成了目的语中的原创作品。由此，表面上形成了不完整的符号过程，即只有发送者和意义文本，而没有信息的接收者和解释文本。实际上，这时的符号过程依旧是完整的，只是译者和创作者、翻译文本和创作文本之间出现了身份的重叠，加上人为的阻挠和干预，普通的接收者无法看见作为译者的解释和翻译文本，而更容易看见作为新符号文本的创作者和意义文本。为了说明翻译过程中存在这样的符号组合方式，我们不妨来看看两首诗歌：

一是闻一多悼念亡女立瑛的《忘掉她》，限于篇幅，本文仅选录其中精彩的两节：

> 忘掉她，像一朵忘掉的花！
> 年华那朋友真好，
> 他明天就叫你老；
> 忘掉她，像一朵忘掉的花！
>
> 忘掉她，像一朵忘掉的花！
> 如果说是有人要问，
> 就说没有那个人；
> 忘掉她，像一朵忘掉的花！

二是美国女诗人蒂斯黛尔（Sarah Teasdale）的 *Le It Be Forgotten* 一诗：

> Let it be forgotten, as a flower is forgotten,
> Forgotten as a fire that was singing gold;
> Let it be forgotten for ever and ever,
> Time is a kind friend, he will make us old.
>
> If anyone asks, say it was forgotten
> Long and long ago,
> As a flower, as a fire, as a hushed footfall
> In a long forgotten snow.

两相对照，如果抛开两国语言尤其是语法的差异，两首诗的精彩诗行几乎如出一辙。闻一多留学美国的时候特别喜爱意象派女诗人蒂斯黛尔（Sara Teasdale）的作品，曾有人说"他写的悼念亡女立瑛的《忘掉她》的形式，就受到狄丝黛尔的影响"（薛诚之，1979）。事实上，闻一多《忘掉她》所受蒂斯黛尔的影响不仅仅在形式上，两首诗在诗句、意象以及诗情上都有很多相似之处。由于中国自古以来就很少使用被动句，"中国被动式用途之狭，是西洋被动式所比不上的。……西洋的主动句大多数可以转成被动句，中国则恰恰相反，主动句大多是不能转成被动句的"（王力，1984，p. 128），而严密的英语语法中被动语态应用得十分普遍，所以蒂斯黛尔在作品中用了很多被动句式，而闻一多秉承了中国语言表达的特点，均采用了主动句式。如果翻译的时候将蒂斯黛尔的诗改用主动语态，再将代名词"它"换成"她"，那闻一多诗歌的这两节几乎可以说是蒂斯黛尔作品的解释文本。如果不是一种选择性的经特殊组合之后的翻译文本，闻一多的诗至多可能在构思、意象上与蒂斯黛尔出现类同，不可能出现诗句相同的情况；如果没有接收者的翻译解释，蒂斯黛尔的诗句怎么会变成中文出现在闻一多作品中呢？可能的情况是，当闻一多想表达"忘掉"的情感时，不自觉地就想到了曾经阅读过的蒂斯黛尔的诗句，于是将其翻译出来，再通过"为我所用"般的组合，构成了一首恰到好处地表达自己情感的新作品。因此，翻译在这个时候成了闻一多构建新文本的手段。若没有对蒂斯黛尔作品的阅读和再组合，闻一多表达的情感肯定是另外一种面貌。由此看来，正是闻一多对蒂斯黛尔《忘掉它》的接受方式的特殊性，才使他在汉语符号的再次组合中建构了新的文本，并生成了新的文本意义。

与原符号文本因客观的历史原因而失传或损毁不同，翻译活动中存在的这种刻意隐藏原符号文本的现象，目的是消除译文的二度符号过程，或遮蔽原符号文本解释意义的推衍，而回归具有显著首创意义的第一层符号过程。五四时期，很多诗人在阅读了外国诗歌以后开始诗歌创作，而他们的作品中又总是掺和着许多他们曾经青睐的外国诗人作品的意象、诗句甚至意境等原符号文本的碎片，我们能够明显地感受到这些诗人的创作受到了外国诗歌的启示，却找不到具体的翻译文本，只因他们将潜在的翻译行为当作创作手段，由此掩藏了作为解释的翻译环节。对于中国早期新诗创作中的这一现象，学术界一般都大而化之地视为受外国诗歌的影响，至于外国诗歌是怎样产生影响的，至今很少有人进行过认真思考。外国诗歌对早期中国新诗创作的影响是客观存在的，但影响的中介却是多元的：外国诗歌可能经过翻译后去影响我国的读者或诗人，很多兼事翻译的诗人可能在翻译外国诗歌的过程中受到了感发，也有一些人通过直接阅读外国诗歌而受到启示，等等。在此，我们还必须注意这样一种现象，即部分诗人的作品中出现的外国诗句此前没有以译诗的名义在公开刊物上发表过，也就是说，出现在中国诗歌中的外国诗句不是名正言顺的翻译诗歌中的诗句，比如徐志摩创作《威尼市》是在 1922 年，而尼采《威尼斯》的中文译作首次出现则要到 30 年代，梁宗岱翻译发表《威尼斯》的时间远远晚于徐志摩在该诗作的影响下创作《威尼市》的时间（毛迅，2000）。又比如闻一多创作《死水》时，美国女诗人米蕾（Edna St-Vincent Millay）对中国读者而言还相当陌生，她那首影响了闻一多《死水》的十四行诗，恐怕只有闻一多本人在留学美国时阅读原文才有所了解（赵毅衡，2013，p. 24）。这些事例表明很多诗人在阅读外国诗歌原文后，并没有将其翻译成另一种语言符号再现出来形成新的符号文本，但这并不表明他们没有对原文本进行解释，在潜意识里他们还是展开了解释活动，只是解释文本作为记忆留存在大脑中，没有用另一种符号再现出来。很多外国诗句被翻译成汉语存入诗人的大脑中，一旦遇上合适的情景和心境，外国诗句就会从他们的笔端不自觉地流泻出来，从而成为他们自己创作的构成部分。对大多数诗人来说，翻译作为一种创作手段实际上指的是解释项的影响，外国诗歌要么为诗人的创作提供了意境，要么为诗人表达感情提供了恰当的诗句或意象，它在一定程度上代替了诗人创作过程中对部分意象、诗句、意境、形式乃至整首诗歌的构思，外国诗歌的很多要素仅仅通过文本解释就变成了诗人作品的构成元素。因此，解释是在替代部分创作环节的层面上才被指认为创作行为，进而被目的语读者视为原创符号过程，而非对外语符号文本的解释行为。

英国人勒弗维尔（André Lefevere）在 1975 年提出"拟译"（Imitation）概念时实际上已触及将符号文本的解释作为另一层符号信息发送的现象。他在《诗歌翻译：七种策略和蓝本》（*Translating Poetry: Seven Strategies and a Blueprint*）中"将拟译界定为创造一首'新'诗"，因为如果要说这种翻译产生的目标文本和"源文本有共同之处，也只有题目和出发点相同"，"源文本只不过是拟译作者的灵感源泉，由此生成的译本必须看作是'另一个作品'。这样产生的译本体现了对原文的一种激进的新解读，与改译不同的是，这样的解读完全受制于拟译者个人的审美倾向"。（马克，2005，p. 100）在此，原文其实并没有被翻译成真正的目的语文本，拟译的结果是产生了"另一个作品"，拟译中所谓的翻译只是一种阅读原文的过程以及由此形成的对原文的一种心理层面的解释或翻译。但正是这种潜在的翻译为译者的创作带来了资源，不仅可以激发其创作灵感，而且在创作文本的整体结构、情感内容以及形式等方面也影响了译者的创作。需要特别说明的是，很多翻译论者之所以没有直接阐述阅读外语原文可以启发作家的创作灵感，是因为外国文学作品要真正地影响中国作家，其间有一个必不可少的中介环节，那便是作为解释的翻译，但此翻译并不同于普通意义上的翻译，它没有确实可考的文本，只是留存于阅读外国文学原文的作家思维活动中。按照勒弗维尔的说法，如果拟译形成的文本应该被划入创作的范畴，那拟译中势必包含了一个潜在的翻译文本，否则拟译怎么可以被称为"译"呢？既然拟译也是一种翻译类型，那它一定拥有自己的目的语文本，只是这一目的语文本是一个潜在的译本，我们所看到的被勒弗维尔划入创作范畴的文本其实是潜在译本的影响下译者自己的创作文本，因此，对原符号文本的解释行为成了影响或激发解释者创作的手段。

三、解释意义隐身现象的遮蔽

正因为很多作家将符号意义的解释行为当作创作过程，所以为了维护自己作品的独创性，作家们必须斩断解释文本（或他们视为创作的文本）与原符号文本的意义关联，从而制造了文学史上的一桩桩"悬案"，不仅符号过程中的解释项不知其踪，而且即便是创作文本也难以在知识谱系上回溯自身的渊源。

将符号解释行为作为创作手段使很多作品打上了模仿、改写甚至抄袭外国文学的烙印，但随着自身艺术的发展和创作的成熟，很多人都会发现先前那些在解释外国文学的过程中创作的作品缺乏独创性。有鉴于此，便出现了很多作家否定自己早期创作的行为，也出现了部分诗人隐藏外来影响的做法。就隐藏外来影响而言，闻一多恐怕是个典型，他对自己在美国求学期间所受的影响只字不提，以至于人们认为他的诗歌创作主要受到了英国诗风的影响，比如卞之琳先生（2002，p. 154）在《完成与开端：纪念诗人闻一多八十生辰》一文中说："我认为徐、闻等曾被称为《新月》派的诗创作里，受过英国十九世纪浪漫派传统和它在维多利亚时代的变种以至世纪末的唯美主义和哈代、霍思曼的影响是明显的。"刘烜在《闻一多评传》（1982，p. 177）中认为："'五四'时期对闻一多影响最大的外国作品，是英国浪漫主义的诗歌和诗论，拜伦、雪莱、华兹华斯、柯尔勒之、济慈等名字，他都熟悉。"但实际上，对闻一多诗歌创作影响最为深刻的应该是美国诗歌，他早年在美国留学时就开始接受美国新诗运动的影响。"闻一多向来只说自己耽读拜伦、雪莱、济慈、丁尼生，后来在徐志摩主持的《诗镌》上发表的英诗翻译，也多半是白朗宁、哈代、赫思曼。有足够证据证明他当时在美国更注意正在周围升起的诗坛新人，虽然他自己从不提及。这种不提今人捧古人的'文学势利眼'很常见，人所难免。"（赵毅衡，2013，p. 20）为什么闻一多不提今人（美国新诗人）而提古人（英国浪漫派诗人）呢？除了赵毅衡先生所说的"文学势利眼"之外，更为重要的原因是早期的闻一多把翻译外国诗歌的符号解释行为当作了创作手段，他的有些作品是受了当时美国诗歌的直接影响后创作的，有的作品带有明显的模仿甚至抄袭的痕迹。也许是为了维护自身艺术的创造性，闻一多隐藏了他创作中所受美国诗歌的影响。

就否定自己早期创作而论，徐志摩应该是新诗人中比较具有代表性的人物，其目的仍然是掩盖自己曾经阅读并翻译源文本的符号解释行为，进而掩盖自己创作中模仿或"抄袭"的污点。徐志摩曾极力否定自己年少时期的作品，在《〈猛虎集〉序文》中他对早期创作进行了这样的描述："只有一个时期我的诗情真有些像是山洪暴发，不分方向的乱冲。那就是我最早写诗那半年，生命受了一种伟大力量的震撼，什么半成熟的未成熟的意念都在指顾间散作缤纷的花雨。我那时是绝无依傍，也不知顾虑，心头有什么积郁，就付托腕底胡乱给爬梳了去，救命似迫切，那还顾得了什么美丑！我在短期内写了很多，但几乎全部都是见不得人面的。这是一个教训。"（徐志摩，2006，pp. 7 - 8）先生（2002，p. 308）的推算，"'那半年'算起来应该是在1921年从美国转到英国以后，在他二十五岁的时候"。徐志摩自己说那时候是受了"一种伟大力量的震撼"才写诗的，那么促使其写诗的伟大力量究竟是什么？从他早年的诗作《夜》《地中海中梦埃及魂入梦》《梦游埃及》等来看，绝非爱情的力量。种种情况表明，这伟大的力量应该是英国文化尤其是诗歌带给他的心灵的震撼。有可靠的资料证明徐志摩到了英国以后才对文学艺术发生兴趣，他自己在《吸烟与文化》中也承认了这一点："我的眼是康桥叫我睁的，我的求知欲是康桥教我拨动的，我的自我意识是康桥给我胚胎的。"（1931，p. 42）在英国诗歌和文化的震撼下写成的诗难道真如徐志摩所说的那样"全部都是见不得人面的"吗？事实并没有他自己描述的那么糟糕。他早年的作品曾受到过读者的好评，比如有人认为徐志摩《夜》这首长诗"确是另创出一种新的格局与艺术"（佚名记者，1923 - 12 - 01）[①]。既然如此，徐志摩否定早期作品的原因就显得更为扑朔迷离了。毛迅（2000）在谈徐志摩早年诗作的抄袭疑点时说："如果抄袭者后来没有成名，没有引起人们的

---

① 实际上该佚名记者为王统照，他的完整"附言"是："志摩这首长诗，确是另创出一种新的格局与艺术，请读者注意！"

广泛关注，这种抄袭也就随时光飞逝而杳无痕迹，不会有人来计较。可如果抄袭者后来成了知名人士，那么他早年的抄袭就会成为一个叫人难堪的污点，一旦被人发现，自然不好解释清楚。遇到这种情形，最好的办法就是不要让人们注意到自己的过去，于是就有了志摩似的回避和掩饰——对早期创作的全盘否定。"的确，徐志摩否定早期作品的一个最大动机就是要掩饰自己曾经对外国诗歌作品的模仿，否定自己早年"以译代作"的创作方式。

除了徐志摩、闻一多，胡适这位新文化运动先驱也曾有过类似的行为，不过他是在文学理论而非创作上否定美国意象派诗歌运动的影响。胡适翻译的诗歌在发表时总会注明原作者以说明该诗是译诗而非原创，按照五四前后的译诗传统还会附上"译前"或"译后"以对所译作品进行说明，他对拿来宣称新诗进入"新纪元"的《关不住了》的译诗身份也坦诚承认。但是在发动新诗运动的学理依据上，胡适很少提到他的白话新诗运动是他留学美国时受了美国诗坛上正在流行的意象派诗歌运动的影响，而把发动白话新诗运动的根据归结到英国浪漫派诗歌的源头（比如他翻译白朗宁诗歌时的附言），或欧洲文艺复兴时期的语言策略，或中国古代的白话文学传统，等等，唯一不提及的便是影响自己最深刻的美国意象派诗歌运动。梁实秋（1998，p. 35）曾说："试细按影像主义（即意象派——引者加）者的宣言，列有六条戒条，主要的如不用典，不用陈腐的套语，几乎条条都与我们中国倡导白话文的主旨吻合，所以我想，白话文运动是由外国影响而起的。"但胡适为什么会否定他的新诗主张受到了意象派诗歌的影响呢？胡适当然不希望自己倡导的白话新诗被讥笑为是对美国意象派诗歌的抄袭照搬，他要为自己发动的新诗运动寻找更加可靠和更为深厚的文化渊源，以证明此运动并非简单地照搬美国的意象派诗歌运动。但胡适再怎样为白话新诗运动寻找美国以外的渊源，也无法否认其新诗主张源于美国意象派诗歌运动的影响。

由此可以看出，符号的解释行为不仅关涉符号意义的生成和传递，而且在某些特殊情况下，尤其是从一种文化语境到另一种文化语境，从一种语言符号系统到另一种语言符号系统的过程中，它还会孕育出新的符号组合方式和意义，从而开启全新的符号过程。正因如此，跨文化和跨语际符号的解释行为也会被部分解释者巧用成创作行为，从而导致第一层符号过程中的解释意义和第二层符号过程中的意图意义相混淆，特别是在民族文化语境下由于解释意义的接收者受视域和语言所限，甚至会越过符号的解释环节而直接将符号解释视为信息发送。

引用文献：

卞之琳（2002）. 卞之琳文集（中）. 合肥：安徽教育出版社.

佚名记者（1923 - 12 - 01）.《夜》附言. 晨报·文学旬刊，3 版.

蒋光慈（编）.（1927）. 俄罗斯文学. 上海：创造社出版部.

梁实秋（1998）. 现代中国文学之浪漫的趋势. 载于徐静波（编）. 梁实秋批评文集，32 -
  51. 珠海：珠海出版社.

刘烜（1983）. 闻一多评传. 北京：北京大学出版社.

毛迅（2000）.《威尼市》：徐志摩早期诗艺中的一个疑点. 文学评论丛刊，2，36 - 47.

王力（1984）. 中国语法理论. 王力文集（第一卷）. 济南：山东教育出版社.

徐志摩（1931）. 巴黎的鳞爪. 上海：新月书店.

徐志摩（1983）. 徐志摩诗集（全编）. 杭州：浙江文艺出版社.

徐志摩（2006）. 猛虎集. 天津：百花文艺出版社.

薛诚之（1979）. 闻一多和外国诗歌. 外国文学研究，3，69 - 74.

赵毅衡（2013）. 对岸的诱惑. 成都：四川文艺出版社.

赵毅衡（2016）. 符号学：原理与推演. 南京：南京大学出版社.

爱伦堡（1928）. 冬天的春笑（华希理，译）. 太阳月刊（五月号），5，1 - 19.

马克，莫伊拉（2005）. 翻译研究词典（谭载喜，主译）. 北京：外语教学与研究出版社.

Beaugrande, R. （1980）. *Text, Discourse and Process*. Norwood, NJ：Ablex Publishing Co..

Greimas, A. J. & Courtes, J. （1982）. *Semiotics and Language*. Bloomington：Indiana
  University Press.

作者简介：

杨珊珊，西南大学中国新诗研究所博士研究生，研究领域为翻译文学。

熊辉，四川大学外国语学院教授，研究领域为翻译符号学。

Author:

Yang Shanshan, Ph. D. candidate of the Institute of Modern Chinese Poetry, Southwest
University. Her research interest is translated literature.

Email: yang33@ swu. edu. cn

Xiong Hui, professor in the School of Foreign Languages, Sichuan University. His research
interest is translation semiotics.

Email: byxiongh@ 126. com

报告与书评 ● ● ● ● ●

2023 年中国符号学发展研究

陈思梦　李佳逊　罗艾东　杨　湄[*]

摘　要：本文对 2023 年中国符号学发展状况与研究成果进行了梳理和总
　　　　结。本年度，符号学经典理论不仅得到了回顾和重述，更结合
　　　　不同学科和中国实际实现了创新发展。同时，符号学应用研究
　　　　依然热度不减，关注到中华文化、文学艺术、视听媒介等多个
　　　　领域。值得一提的是，数字技术中的生成式人工智能是研究新
　　　　热点，符号学对此进行了讨论和反思，展现出本学科与时俱进
　　　　的意识和能力。此外，符号学在理论与应用研究充分与其他学
　　　　科交叉融合，呈现出立足实际、多元开放的发展态势。

关键词：符号学，发展状况，年度报告，2023

2023 Annual Report of Chinese Semiotic Studies

Chen Simeng　Li Jiaxun　Luo Aidong　Yang Mei

Abstract: This article provides a systematic overview and summary of the
development status and research achievements of semiotics in China
in the year 2023. During this period, classical theories of semiotics
were not only reviewed and restated but also innovatively developed

　* 四川大学文学与新闻学院符号学－传媒学研究所成员胡东纯、何政宇对本文亦有贡献，特此致
谢。

by integrating various disciplines and adapting to the practical context of China. Simultaneously, research on the application of semiotics continued to be vibrant, extending its focus to various fields such as Chinese culture, literature and arts, audiovisual media, among others. Notably, the emerging field of generative artificial intelligence within digital technology became a new focal point of research, and semiotics engaged in in-depth discussions and reflections on this subject, demonstrating the discipline's awareness and capability to keep pace with contemporary developments. Furthermore, semiotics demonstrated a trend of pragmatic and diverse development by actively integrating with other disciplines in both theoretical and applied research.

Keywords: semiotics, status of development, annual report, 2023

DOI: 10. 13760/b. cnki. sam. 202401018

一、2023 年中国符号学发展概况

2023 年中国符号学总体呈稳步发展的态势，期刊论文发表数量巨大，专著出版数量增多。中国符号学学术交流更加活跃，学术活动形式灵活多样，线上与线下学术活动数量较前几年显著增加。多样化的活动为来自不同高校和学术背景的学者提供了开放包容的交流平台，在理念对决与思想交锋下，符号学的理论构建更具活力，应用场景更加多元，发展前景日趋明朗。

本年度在中国知网（CNKI）上以"符号"为主题且全文包含"符号学"的中文文章约 2296 篇①，包括学术期刊、学位论文、会议论文、报纸文章等，其中核心期刊论文约 373 篇，比去年略有增加。这些文章分布在新闻学、传播学、艺术学、社会学等多个学科，关注到数字出版、短视频传播等热点问题。对文章进行聚类分析后发现，2023 年中国符号学研究集中于符号学经典理论、中华文化、文化产业、数字技术、文学艺术等领域，符号学理论与符号学应用一体两翼，共同发展。

2023 年是符号学学术活动蓬勃开展的一年，学术会议数量众多，关注基础理论、传统文化、品牌发展等方面，呈现出理论与实践并举、传统与现实

---

① 时间限定为 2022 年 11 月 25 日至 2023 年 12 月 1 日。

并重的特点。2023 年符号学国际会议在四川成都召开，这是本年度符号学领域规模最大、学术层次最高、影响力最大的学术会议。本次会议以"意义理论再出发"为主题，不仅讨论了符号学经典理论在当今时代的深化与创新，还探讨了技术变革中符号学的发展方向，使中国符号学的脉络更加清晰、影响更加深远。

中华文化符号的传承与传播是本年度的热点话题之一。2023 年第三届华夏丝路符号传播研讨会关注中华文化符号和丝路符号国际传播的历史与现实，中国新闻学史学术年会符号传播学专业委员会分论坛则探讨了在数字时代如何实现中华文化符号创造性转化和创新性发展的问题。同时，许多学术活动致力推进符号学理论的纵深发展。由四川大学文学与新闻学院、四川师范大学文学院和四川大学符号学－传媒学研究所联合主办的"符拓邦"论坛共举行三次讲座，围绕中西文化精神、人类共同价值等关键词展开讨论。天津外国语大学、广东外语外贸大学开展了"《语言与符号》创刊十周年暨语言符号学的发展"、首届"南国符号学讲坛"两次系列讲座，推动了符号学与语言学、文学等学科的融合发展。

2023 年出版专著约 34 本，数量显著增多。这些出版物与叙述学、文学、伦理学、艺术学等学科联系较为紧密，涉及中华文化、小说文本等多个研究对象，完善发展了符号学经典理论，并将符号学应用于品牌营销、艺术产业等多个领域，展现了符号学极高的适用性和解释力。

二、符号学理论研究

2023 年，符号学理论研究成果颇丰，对经典符号学家及其理论的反思性回溯依旧是热门话题。语言符号学、图像修辞学、文学符号学等重要分支也有多维度的讨论，精神文化符号学作为本土符号学理论的代表，正持续向前推进。

在符号学经典理论的回溯中，罗兰·巴尔特成为一大研究方向。解传博（2023）指出，罗兰·巴尔特的符号学从使用形式符号学的元素转变为对意义背后的社会文化的剖析，形成具有"空无"特征的"符号－意义"大众文化批评理论。除了"空无"符号，巴尔特对人类个体的符号学构建也得到了发掘，主要体现为从生理和精神两个层面，在语言符号系统、身体符号系统和文化符号系统三个维度上的建构（王玉华，2023）。其他符号学家的理论也获得了新的阐发，如格雷马斯符号学长期被视作忽略主体问题的客体符号学，而事实上他的激情符号学已经将与激情现象相关的叙事主体问题纳入研究范围（屠友祥，侯明珠，2023）。谢刚（2023）立足于本体论，探究索绪尔语言思想中的本体与语言的逻辑关系。还有学者关注到了艾柯"开放的作品"这一概念及其所具有的符号诠释学视域，在艾柯"世界的文本"中，读者与作者作为文本的一部分，二者的错位交流引导认知系统形成并不断革新（卢嬿，2023）。在基础概念的省思与发展中，有学者讨论意义世界与自在世界、物世界、客观世界的关系（胡易容，2023a）；或者以符号学意义论为基本立场，追溯海德格尔的道言观及其局限，将"道"视为前符号意义化的境域，而并不等同于人类的意义世界（陈亚玲，2023）。

在语言符号学研究的推进中，学科意识较往年更为成熟，王铭玉（2023）从历时与共时两个维度系统梳理了语言符号学的学科发展脉络。此外，大部分研究集中讨论了语言符号学的基础概念。有学者对多模态话语中符号意义的构成（张德禄，2023a）以及如何促进多模态话语建构（2023b）展开研究，还有学者指出语言意识形态研究表征着皮尔斯符号学框架中"呈符化"概念对"指向性"的超越（田海龙，2023）。傅其林（2023）对沙夫的马克思主义语言哲学展开讨论，聂志平（2023）则关注索绪尔书稿《论语言的二元本质》所体现的语言哲学思想。

在图像修辞学中，学者们一方面关注视觉修辞及具体的修辞格，如张伟分析了视觉修辞基于媒介文本、实物文本与空间文本的三种衍化进路（2023a），并总结构建了现代图像叙事的修辞范式——视觉顶针（2023b）。另一方面聚焦图像符号的表意问题，如探讨能够帮助图像辨认的经验条件与线索（朱俐俐，2023）；或通过分析受众从图像叙述文本中解释出的不定点和游移视点，进一步推动具体化和系统结构化阐释图像符号表意（贾佳，2023）。值得一提的是，有学者采用跨媒介视角，揭示图像表征背后的音乐修辞，为图像修辞的研究视域与发展方向提供新的思考（张伟，2023c）。

在文学符号学中也存在对跨媒介性的讨论，如张伟（2023d）关注电子、数字媒介对文学场域的深度介入，重申当代文学批评的媒介间性，构建跨媒介文学阐释学。与此同时，还存在着语言学与文学的跨学科视野，有学者从多模态文学交流的体认特征入手，探讨多模态文学交流的意义和价值，推动"多模态体认诗学"研究（赵秀凤，崔亚霄，2023）。

这一年，越来越多的学者探索符号学研究在我国的本土化进程。自"精神文化符号学"的概念正式提出后，学界出现越来越多的理论阐发。吕红周（2023）对比分析了精神符号学、文化符号学以及精神文化符号学的内在一致性与差异性。陈中和姚婷婷（2023）立足中国传统文化中的"感而遂通"概念，探索精神文化符号学建立的符号活动双向过程；还有学者结合中国文化传统，反思新塔尔图学派的"自然本文分析"，对比二者对自然探索的"为道"与"为学"差异，将精神文化符号学推向一个更高的学术理想维度（张杰，余红兵，2023）。

总体来看，这一年我国符号学理论的研究内容丰富，关注经典符号学家及其符号学理论的重新阐发，也兼顾符号学研究的中国语境，厘清并完善部分新型概念与理论基础，展现中国符号学界对世界的贡献，推进中西方符号学的理论交流与对接。

三、符号学应用研究

（一）中华文化符号学

中华文化符号体系一直是学者们关注的议题，探讨中华文化符号的边界，阐释其生成要素与承载的文化价值，是今年的主要方向。冯月季（2023a）将"中华文化符号"作为概念组合，对其内涵和外延进行了深入探索，明确了中华文化符号的创造主体、阐释主体、哲学基础和指称对象。在对中华民族共有符号进行模型建构时，曾有学者提出了"符形－符指－符义－符事－符史"的五元符号模型（吴春琼，王秉安，2017），马小玲（2023）用五元符号模型对文化符号学进行了进一步的理论阐释，有助于拓展中华民族共同体意识研究的理论深度与实践效果。

从符号学视角探讨传统技艺的创作源流及意义内涵仍然是今年学者们重视的话题之一，特别是少数民族的传统仪式与技艺在实践路径方面受到了较多的关注。例如张辉刚（2023）从符号文本双轴出发，对裕固族传统仪式视觉识别系统的仪式传播实践进行了梳理。吕颖和黄柏利（2023）对湘绣的文化题材、刺绣技法等创作要素展开了探讨，认为民族技艺会随着时间形成特有的符号属性，透射出信仰崇拜和社会风俗等内涵语义。在追溯少数民族技艺的历时传统的同时，学界也没有落下对中华文明的起源研究。例如谢清果和曹书圆（2023）就对中国古代的礼乐符号体系展开论述，强调了礼乐符号体系是孕育中国特色的人际交往实践"知行合一"的认知基础。

民族认同一直是中华文化符号体系意义成果的体现，也是学者们侧重的议题。民族的本质是一个"文化符号共同体"，而文化符号是民族意识形成的底层基础（祖力亚提·司马义，刘庆斌，2023）。在文化符号形成的意义空间之下，人们建立了对空间内部成员的共有印象，这种印象是互通的。中华民族的集体记忆是从民间化、碎片化、片断性的事件生成的，但是随着历史的演进，在共同体内部主观意识的改造下得到不断建构、复制、传承和激发（李朝辉，2023）。共通的象征符号会以不同的再现方式唤醒集体的历史记忆，强化民族和国家内部的归属感和荣誉感，进而巩固中华民族共同体意识。刘林松（2023）将这种作用机制表达为一个三体演进的模式，即"符号唤醒历史记忆－符号激发共同情感－符号铸牢共同体意识"。陶俊怡（2023）将这种模式归纳为"符号凝缩－情节叙事－身体刻写"的循环演进，是表象记忆向本质记忆的转化过程。

红色记忆作为中华民族革命价值观与中国共产党伟大建党精神的象征符号，一直被学者们广泛关注。在现有的红色记忆符号体系中，重视其意义的统一诠释与价值内化是传承民族精神的必然要求。刘书亮（2023）以影视剧《觉醒年代》为例，展开了元语言在民族记忆中重构为艺术符码的探索分析，认为富有民族文化底蕴的元语言及符号转换的能指优势对凝聚民族共同体的情感连接具有共在价值。还有学者开发了红色记忆量表，对符号记忆正向影响红色旅游动机的假设进行了实证检验（康晓媛，白凯，2023）。

在当今的中华文化国际传播中，已有的中华古代文化符号和国家文化符号仍然占据主导地位，更多具有地方特色和文化传承的地域文化符号能够展现更生动真实的中国形象（樊丽，吴晓东，2023）。地方文化符号的主体性叙事、多模态的国际新闻报道、情感转向的符号叙事策略在跨文化的复杂语境中会产生独到的解释力，有助于跨越意识形态的差别（赵睿，2023）。有学者认为在跨文化传播的符号双轴关系中，中国文化和外来文化同为在场的组合轴，而中国时代精神的隐喻是背后不在场的聚合轴，在中国时代精神的聚合隐喻中，中华优秀传统文化的创造性转化与面对外来先进文化的包容开放格局，可以建立起更深度的联系（杨凯，张小琴，2023）。

（二）文化产业与符号学

2023 年符号学在文化产业方面的应用依旧是研究的一大热点。学者们以符号学为理论视角，洞察商品及品牌消费趋势和特点、研究短视频的传播实践与社会影响，并将关注点延伸到了视听叙事、文化空间等领域，从而对文化产业进行多维度、全方面、深层次的把握。

消费与符号紧密相关，符号赋予了物品附加意义，创造了巨大的经济价值。本年度的研究依然着重将符号学作为指导消费过程的理论，结合实例进行阐述。在商品层面，有学者提出商品借呈符的修改突破消费者固有庸常认知，实现呈符中停（饶广祥，陈艳杰，2023）。符号意义注入商品后品牌生成，品牌向消费者传达特定的符号意义，形成了品牌符号。本年度围绕品牌符号的研究进一步扩展。有学者深入剖析服装品牌符号，构建服装品牌符号两级评价体系，一级包括象征符号、识别符号等，二级则包括品牌个性符号、风格识别符号等（张媛丽，陈李红，2023）。旅游作为一种具身性的消费形式，其意义生成建立在体验的基础上。本年度学者重点对旅游中的游客体验进行探究。旅游者的美食体验具有具身性和符号化特点，构建了旅游者美食体验认知的"结构－解构－再结构"过程（朱宇轩，谢彦君，王一雯，2023）。还有学者研究节庆旅游剧场，发现旅游者通过积极认识旅游世界中的符号获得情感能量的聚合，实现集体欢腾（余志远，闫铭，谷平平，2023）。

　　2023 年符号学对短视频这一媒介形式进行了深入探讨。有学者以多模态社会符号学理论为基础，深入研究了短视频社交媒体技术、短视频多模态文本及其传播实践，填补了国内社交媒体多模态话语研究的不足（索格飞，郭可，2023）。有学者指出，作为舆论的短视频通过多模态的文本及乡土调性使公众话语权下沉，构筑了公域与私域相交织的新公共空间。这关注到舆论场域中短视频的社会影响，为符号学研究提供了一个独特的视角（汤天甜，周经伦，2023）。此外，还有学者认为短视频对像似符进行了应用，特别是沿着视觉和听觉两种感受渠道发展的像似符，使得短视频超越了普通的视觉文本，提高了传播力（王小英，祝东，2023）。燕道成和胡奥（2023）则将符号学与社会文化学相结合，指出青年视频博主在生产传统文化视频时采用多媒介文本修辞叙事的技法，关注青年群体在符号传播中的文化表达和塑造，进一步拓展了符号学的应用领域。

　　在电影电视表演和非语言性符号等领域，相关研究揭示了文本意指系统、多模态特征、隐喻再现的复杂性。年悦（2023）通过介绍布尔迪厄的符号暴力理论，点明其在解析视听文本时的商业逻辑和在符号暴力特性方面的应用，同时指出了这一理论在国内视听媒介理论与批评中的深远影响。在对电影进行理论分析的研究中，广义叙述学和修辞学也是常用的理论视角。任洪增（2023）探讨了电影银幕作为"区隔框架"对观众和故事世界的影响，强调了影像在心理学和物理学层面的共在性。赵禹平（2023）则肯定电影接收中观众的能动性，通过讨论真实事件改编电影的独特二次叙述特征，强调受众在接收整体性符号叙述、求证"真实事件"中的能动角色。在修辞学应用上，有学者聚焦于转喻修辞，论述了电影转喻的多模态特征（苗瑞，2023）。还有学者通过符号"凝缩"的视觉修辞实践和"刺点"设置的情感激活实践，说明了符号学是如何赋予特定文化主题和意义取向的（朱玲玲，2023）。

文化空间具有时空性和文化性，是展现文化活动的场所。本年度学者以城市和村落中的文化空间为研究对象，深度剖析文化空间的符号表征与符号机制。结合地理符号学，有学者聚焦于城市中的"第三场所"——城市中用以休闲放松的空间，指出第三场所性并非实体空间独有，虚拟空间也可能具有第三场所性（於红梅，潘忠党，陈意如，2023）。另有学者着眼于村落文化空间，提出了村落文化空间的重构再生路径：物质文化空间符号化、制度文化空间契约化以及精神文化空间脱域化（杨馥端等，2023）。

此外，符号学视角下的新闻研究令人深受启发。有学者强调了新闻文本叙事伦理规约中的"真知自觉"和"伦理自觉"意识，这对从根本上破解传统新闻专业主义所遭遇的科学理性危机具有指导意义（冯月季，2023b）。还有学者指出过往的新闻研究中广泛使用的两种隐喻，一种是新闻记者们所制造的隐喻，另一种是在其他学科领域已经完成理论转换的隐喻（白红义，2023）。在实践层面，有学者以画报为例对近代体育新闻传播史研究中的图像资料进行分析，填补了西方体育合法化背景下视觉叙事研究的空白（俞鹏飞，2023）。

（三）数字技术与符号学

2023年是数字技术高速发展的一年，人工智能技术发展成果尤为显著，人工智能生成内容（AIGC）是人们讨论的热点话题。符号学对于人工智能应用下各领域的创新成果及发展情况十分关注，本部分主要从技术变革与学术研究、元宇宙、文学艺术、数字出版、身体感知与知觉符号五个方面展开梳理。

数字技术的发展为学术研究提供了新的视角和可能。在智媒时代，有关符号及其意义生成的惯性正经受着技术流变的不断考验，意义也因而难以获得既往时空特质下的统一，这使得符号学向开放、动态的整体特性跨越发展（徐轶瑛，那宇奇，2023）。语言符号学则更加关注技术本身。有学者认为，大语言模型这一人工智能技术体现了人类语言的隐喻机制，现代符号学可与大语言模型建立联系通道，从而为研究人文符号与机器符号联动提供新的思考方向（马援，2023）。

元宇宙的热度在本年度有所下降，但仍然有一部分人追踪着它的发展状况。元宇宙被认为是人类认识世界的符号化、对象化，通过在元宇宙进行语言符号转换和符号意义迁移，不同世界之间可以共享语言图式从而进行跨文化交流（刘军平，2023）。这一特点延伸到游戏领域，部分元宇宙手游使用具有名称特色的话语符号文本，玩家在不同小世界（区域）可以进行语言符号的转换，通过对比话语文本来感知其他文化的魅力（李艳，吴文璟，汤屈，2023）。虚拟形象则是元宇宙时代人类符象化生存的具体表现。虚拟形象以像似性为基本特征，极高的像似程度虽然有可能实现副本制造和具身拟真，但也会使人的身份更具迷惑性，导致身份虚假与真实悖论（陈华明，余林星，孙艺嘉，2023）。

文学、艺术与符号学相伴相生，长期以来是符号学重点关注的领域。2023 年，人工智能聊天模型 ChatGPT 引起广泛关注，人工智能生成内容成为大热议题，一些学者也从符号学角度对文学艺术领域中的人工智能生成进行思考。申一方（2023）借用皮尔斯亚像似符理论，认为人工智能无法生成具有隐喻性图像的艺术作品，因此人工智能艺术难以彻底取代人类艺术。龙文懋和季善豪（2023）同样认可人工智能生成的局限性，指出人工智能生成难以如人类创作一般借助符号体系将思想情感上升为符号化的表达，因此不能被归为作品加以保护。还有一些学者以沉浸式艺术为考察对象，肯定了其为受众提供的多感官体验，但他们也从批判视角提醒大众警惕沉浸式艺术带来的符号"内爆"危机（吴恩楠，毛妮莎，2023）。

与人工智能技术发展相携而来的是数字出版研究数量的增加。胡易容（2023b）认为人工智能驱动下的数字出版 3.0 正在重塑符号、媒介和人三大子系统的内在关系并对出版行业的底层逻辑造成冲击。在人工智能技术的实际应用中，一些扩展现实科普童书以符号映射的方式搭建出互动叙事情境与互动数字叙事系统，给儿童读者带来良好的阅读体验（马方楠，方睿，2023）。部分学者同样认同数字阅读可以通过符号的互动与联变带给青少年全新的阅读体验，但他们也认为数字阅读可能会因为爆炸式涌现、信息茧房等给青少年带来身份认同危机（杨绘荣，刘佳佳，2023）。

信息技术带来的身体感知与知觉符号的变革是本年度符号学在数字技术领域研究的另一个热点。电影是虚拟技术应用最多的领域之一，许多学者深入研究了虚拟技术对电影给受众带来的身体知觉的改变。在数字时代，虚拟技术使电影空间具身知觉符号的陈述性功能增强，观众在虚构性符号操控下对虚拟表象进行认知（丁艳华，2023）。在这个需要自行对物质"符号化"

的过程中，观众逐渐丧失了对外部世界的感知，只能感知影像"虚幻的力量"，以"艺术化自身"的方式实现身体的生成（武炳丞，房默，2023）。一些学者则以更加强烈的批判态度反思了数字时代信息建构与身体自持的冲突，刘维邦（2023）指出，现代信息技术通过形成一种全景性的符号系统使身体产生沉沦，媒介最终有可能会实现对人类的身体和意识"殖民"。

数字时代下符号学关注着出版、文学艺术等多个领域，对数字技术应用的机遇与风险进行考察，引导各行业在辩证思考中利用技术实现发展，避免陷入技术决定主义的误区。

（四）艺术符号学

在本年度，艺术符号学更加注重跨学科的研究和创新方法的运用，从而应对艺术形式和媒介的多样化带来的挑战，这推动了艺术符号学理论的发展。同时，随着经济、文化的发展，艺术产业已经超出了纯艺术研究的范畴，艺术符号学在当代美学乃至社会文化和经济生活发展中都具有重要地位（赵毅衡，2023a）。

设计的艺术机制一直以来为人所关注，有学者对此进行了讨论。赵毅衡（2023b）梳理了设计与民族文化的关系，认为民族文化特有的神话哲理和民族性格会促使该文化形成独特的设计标准和美学风格，这种全局性的设计方案被定义为"元设计"。与此同时，陆正兰（2023）从设计与器物意义合一的符号美学出发，提出了当代设计应利用"物使用性－实际符号意义－艺术符号意义"的"三性并列"原则，使以器具为载体的文本意义的分离性变淡，摆脱单独表意，让抽象设计更易于为大众所接受。

学者们对中国语境的艺术符号学研究关注其民族特征的发展与演变。安静（2023）认为，在中国现代艺术符号学的发生期，艺术立足于传统文化，把民族性摆到首位并在民间汲取素材，进入本质直观的感性立场进行艺术创作。李国辉（2023）则认为中国新诗和象征主义从西方的象征中汲取了灵感，提出了"体用一源、显微无间"的中国诠释特征，形成了具有中国特色的理论观点和实践路径。

除了对艺术符号学的理论完善，学者们还以符号学为理论视角，对具体艺术实践展开研究。在书法领域，于广华（2023）认为书法是语言意义表达过程的"复象"，书法独特的语图间性样态能够为当下新型语图关系建构提供重要经验。在音乐这一听觉艺术领域，学者们指出了音乐符号的特殊性和意义解读的多样性。朱歌（2023）认为，相比于对传统音乐符号的所指意义解读，针对音乐符号中能指的探讨更为重要。有学者对音乐符号阐释问题进行了进一步的延伸探讨，张巧（2023）对西方经典音乐符号学说进行了讨论，她认为前期维特根斯坦将音乐的不可言喻性放在语言中理解，符号只能通过自身来显示逻辑图像，这提供了音乐的认知主义阐释；朗格则将音乐的不可言喻性视为一种审美属性，认为音乐的实质是内在观念的表现，为音乐意义提供了审美主义阐释。

2023 年艺术符号学与其他领域结合的美学研究也生产了多元的研究范式。在数字美学领域，孙金燕（2023）认为"数字美学"升华了数字介质或以其为呈现方式的艺术实践审美经验，而数字技术的开放性使得艺术与非艺术之间的边界变得模糊，这需要我们重新思考艺术的定义和审美经验的本质。在生物符号学的探索中，研究者们聚焦共同进化的生物美学要素和生物艺术实践，推动人们跨越自身的认知边界。袁德雨（2023）以欺骗性、展示性和仪式化作为生物美学的关键要素，探讨生物体在欺骗、交配以及游戏博弈当中的美感判断。郑晓君和彭佳（2023）认为面对景观社会下视觉中心主义导致的媒介与身体的紧张关系，生物艺术建构了参与者与其他生物体肉身交互和感知转化的情境。它借助新媒体技术和生物技术的转码/再建码功能，让作为符号主体的参与者转化性地进入作为他者的其他生物体的意义世界，去模拟、体验、表现和重构不同的符号过程，从而破除景观的幻象。

结　语

2023 年，中国符号学研究取得了丰硕的成果。在符号学经典理论回顾中，学者们展现了对时代的观察与思考，彰显出符号学理论蓬勃的生命力；在符号学应用方面，本年度的研究关注中华文化与传统思想，同时注重对数字技术应用等新现象的考察，实现了历史与当下、传统与现代的跨越和联结。同时，符号学研究并没有居于一隅，而是不断寻找跨学科融合、跨领域互动的可能性，在与其他学科的交流中推进自身的发展，真正做到用严格的标准要求自身，用开放的眼光看待世界，向着产生更大影响、赢得更多认同的目标迈进。

引用文献：

安静（2023）. 中国现代艺术符号学的发生及其感性辩证法. 中国人民大学学报, 37, 3, 150－157.

白红义（2023）．新闻研究中的隐喻：一个理论化的视角．福建师范大学学报（哲学社会
　　科学版），2，108－118＋171．

陈华明，余林星，孙艺嘉（2023）．元宇宙时代虚拟形象的符象化研究．文艺争鸣，9，
　　203－208

陈亚玲（2023）．符号学意义论视野下海德格尔的道言观及其局限．符号与传媒，2，
　　110－123．

陈中，姚婷婷（2023）．"感而遂通"：符号表征的反向认知．外语与外语教学，2，48－56
　　＋144－145．

丁艳华（2023）．虚拟技术与电影空间知觉符号研究．当代电影，6，164－170．

樊丽，吴晓东（2023）．地方与国家的"合奏"：中国文化符号海外传播突围路径．编辑之
　　友，8，43－49＋55．

冯月季（2023a）．中华文化符号的内涵、疆界与生成要素．新疆师范大学学报（哲学社会
　　科学版），44，1，113－124．

冯月季（2023b）．公共叙事：数字时代新闻专业主义的扩容．符号与传媒，2，124－137．

傅其林（2023）．论沙夫马克思主义语言哲学观．社会科学辑刊，5，19－27＋237＋241．

胡易容（2023a）．"意义世界"范畴与交界面的符号哲学阐释．四川大学学报（哲学社会
　　科学版），5，159－168＋198－199．

胡易容（2023b）．技术创新驱动下的出版系统迭代机制——兼谈人工智能生成内容对出版
　　行业的冲击．中国编辑，7，61－65＋75．

贾佳（2023）．图像叙述中不定点与游移视点的符号双轴操作．符号与传媒，1，151－164．

康晓媛，白凯（2023）．红色记忆对红色旅游动机的影响研究．旅游学刊，10，78－91．

李国辉（2023）．体用一源、显微无间——西方文化和文学中象征的中国诠释．文学评论，
　　3，125－133．

李艳，吴文璟，汤屈（2023）．元宇宙游戏三重世界的文化符号圈构建——基于对《原神》
　　游戏的案例分析．当代电视，3，85－89．

李朝辉（2023）．集体记忆：铸牢中华民族共同体意识的重要资源．探索，3，65－75．

刘军平（2023）．元宇宙翻译范式：跨文化传播的可能世界．新闻与传播评论，76，1，16－
　　29．

刘林松（2023）．符号共同体：铸牢中华民族共同体意识的象征之维．广西民族研究，3，
　　70－77．

刘书亮（2023）．红色影像"崇高"符号的编码与审美特征——以电视剧《觉醒年代》为
　　考察中心．四川戏剧，1，82－86．

刘维邦（2023）．身体感知与符号资本：数字媒介如何参与组建生存．现代传播（中国传
　　媒大学学报），45，5，30－36．

龙文懋，季善豪（2023）．论人类作品创作与人工智能生成的异同．科技与法律（中英

文），4，1－9.

卢嫒．（2023）．作为认知行动诗学的作品——论埃科"开放的作品"理念及其符号诠释
学内涵．学术研究，6，168－176.

陆正兰（2023）．抽象艺术与当代设计符号美学．符号与传媒，1，32－46.

吕红周（2023）．精神符号学与精神文化符号学之辩．符号与传媒，1，251－261.

吕颖，黄柏利（2023）．符号学视域下湘绣题材创作源流及艺术意蕴．印染，6，98－99.

马方楠，方睿（2023）．扩展现实科普童书的互动数字叙事策略．出版科学，31，6，
18－25.

马小玲（2023）．中华民族共有文化符号：理论与解构．河南社会科学，10，109－114.

马援（2023）．基于现代符号学对大语言模型的认识论思考．科学技术哲学研究，40，5，
58－63.

苗瑞（2023）．电影共同体想象的多模态转喻建构．当代电影，2，46－52.

年悦（2023）．社会学的目光：布尔迪厄理论对我国视听艺术研究的影响．中国电视，8，
79－84.

聂志平（2023）．从《论语言的二元本质》看索绪尔的语言哲学．学术界，3，170－176.

饶广祥，陈艳杰（2023）．从"呈符中停"到"庸常回归"：商品设计艺术化的意文机制．
符号与传媒，2，60－73.

任洪增（2023）．深渊的回望："看镜头"的符号叙述学分析．符号与传媒，2，150－161.

申一方（2023）．从亚像似符理论看人工智能艺术生成趋势．符号与传媒，1，162－174.

孙金燕（2023）．技术中介与审美：数字美学探讨．符号与传媒，1，33－43.

索格飞，郭可（2023）．基于社会符号学多模态框架的短视频共通话语建构．外语电化教
学，3，32－38＋117.

汤天甜，周经伦（2023）．作为舆论的短视频：影像表达、功能属性与风险争议．福建师范
大学学报（哲学社会科学版），1，111－120.

陶俊怡（2023）．伟大建党精神传承赓续的红色记忆路径．思想理论教育，7，40－46.

田海龙（2023）．基于符号学的语言意识形态研究——从"指向性"到"呈符化"的进
展．当代语言学，2，300－316.

屠友祥，侯明珠（2023）．激情符号学主体问题探讨．上海大学学报（社会科学版），6，
122－138.

王铭玉（2023）．语言符号学纵横．当代外语研究，2，5－25＋105.

王小英，祝东（2023）．微文化·交互性·像似符：短视频的符号互动与文本构成．福建师
范大学学报（哲学社会科学版），1，102－110＋120.

王玉华（2023）．罗兰·巴特对人类个体的符号学构建．外语学刊，4，105－111.

武炳丞，房默（2023）．文本演进、感知机制与身体装配：生命影像视角下的VR电影．电
影文学，15，58－64.

吴春琼，王秉安（2017）．改进的五元符号模型构建——以福建客家土楼文化为例．汕头大学学报（人文社会科学版），8，37-46+96．

吴恩楠，毛妮莎（2023）．"沉浸技术"对艺术接受的影响——基于"沉浸艺术展"受众访谈的定性研究．艺术传播研究，2，115-128．

解传博（2023）．"空无"的意义：罗兰·巴特符号学思想．广州大学学报（社会科学版），1，56-64．

谢刚（2023）．东西方本体论视域下的索绪尔语言本体思想探究．东北师大学报（哲学社会科学版），5，92-101．

谢清果，曹书圆（2023）．知行合一：礼乐符号的交往行为论．符号与传媒，1，63-78．

徐轶瑛，那宇奇（2023）．智能媒介视域下传播学研究的范式流变．现代传播（中国传媒大学学报），45，8，141-152．

燕道成，胡奥（2023）．文化社会学视角下青年视频博主的叙事话语——以传统文化类视频为例．社会科学研究，4，190-197．

杨馥端，窦银娣，李伯华，刘兴月，刘沛林（2023）．符号消费与场域转换：传统村落文化空间演变与重构．地理研究，8，2172-2190．

杨绘荣，刘佳佳（2023）．数字阅读与青少年身份认同的建构．新世纪图书馆，10，13-20，35．

杨凯，张小琴（2023）．中国精神隐喻：中国故事影像意义生成的视觉修辞分析．当代电视，2，48-53．

于广华（2023）．中国书法的语图"间性"及其现象学阐释．中国文艺评论，6，73-85+127．

於红梅，潘忠党，陈意如（2023）．探寻第三场所：一个空间可供性的视角．新闻记者，7，45-64．

俞鹏飞（2023）．图绘体育：晚清西方体育的视觉建构与修辞——基于对《点石斋画报》中西方体育图像的报道探析．成都体育学院学报，5，139-146．

余志远，闫铭，谷平平（2023）．场域共在与集体欢腾：节庆旅游剧场中的游客体验共睦态形成研究．四川师范大学学报（社会科学版），4，82-88．

袁德雨（2023）．生物美学批评：生物符号学的视域介入．符号与传媒，1，44-62．

张德禄（2023a）．多模态话语中符号意义构成研究．当代修辞学，3，24-36．

张德禄（2023b）．多模态话语建构中的模态融合模式研究．现代外语，4，439-451．

张辉刚（2023）．裕固族传统仪式视觉传播中"符号之维"的理论意蕴与实践路径．兰州大学学报（社会科学版），1，108-118．

张杰，余红兵（2023）．回归与超越：自然文本分析的重新认识．俄罗斯文艺，3，109-118．

张巧（2023）．音乐是一种"有涵义的形式"——前期维特根斯坦的音乐符号论．文艺研究，5，103-116．

张伟（2023a）．媒介、实物与空间——当代视觉修辞的三种向度及其实践逻辑．东北师大学报（哲学社会科学版），2，74-82．

张伟（2023b）. 视觉顶针与现代图像叙事的修辞生产. 复旦学报（社会科学版），1，21－29.

张伟（2023c）. "乐－图"互文与现代图像叙事的修辞向度. 南京社会科学，2，125－134.

张伟（2023d）. 当代文学批评的媒介间性及其话语生产——兼及构建跨媒介文学阐释学之可能. 中州学刊，3，163－170.

张媛丽，陈李红（2023）. 基于网络层次分析法的服装品牌符号评价体系. 丝绸，1，70－77.

赵睿（2023）. 叙事、认同、沉浸：多模态国际新闻报道中的情感转向. 中国出版，12，11－16.

赵秀凤，崔亚霄（2023）. 多模态体认诗学——基于体认语言学的研究. 外国语文，39，5，82－92.

赵毅衡（2023a）. 符号美学纲要. 符号与传媒，1，1－4.

赵毅衡（2023b）. 设计的符号美学. 四川大学学报（哲学社会科学版），2，116－124＋195－196.

赵禹平（2023）. 论当代真实事件改编电影中的二次叙述. 符号与传媒，1，165－177.

郑晓君，彭佳（2023）. 以身为媒：论生物艺术在"位置之外"的他者世界建构. 学术研究，6，160－167＋178.

朱歌（2023）. 音乐符号意义的二重性——兼论音乐符号的特殊性问题. 南京艺术学院学报（音乐与表演），4，59－65.

朱俐俐（2023）. 作为符号哲学图像的兔图——论图像辨认的经验条件. 文艺研究，6，30－42.

朱玲玲（2023）. 区域纪录片建构国家形象的视觉修辞实践. 电影文学，18，43－47.

朱宇轩，谢彦君，王一雯（2023）. 旅游世界的美食意象及旅游者的美食具身体验——基于表征和非表征的双重视角. 旅游学刊，4，115－132.

祖力亚提·司马义，刘庆斌（2023）. 文化符号视域下铸牢中华民族共同体意识研究. 社会科学战线，4，212－218.

作者简介：

陈思梦，四川大学文学与新闻学院符号学－传媒学研究所成员，主要研究方向为中国品牌符号学。

李佳逊，四川大学文学与新闻学院符号学－传媒学研究所成员，主要研究方向为中国品牌符号学。

罗艾东，四川大学文学与新闻学院符号学－传媒学研究所成员，主要研究方向为品牌符号学。

杨湄，四川大学文学与新闻学院符号学－传媒学研究所成员，主要研究方向为传播符号学。

Author:

Chen Simeng, member of the ISMS research team, Sichuan University. Her main research field is semiotics of Chinese brand.

Email: chensimengscu@ qq. com

Li Jiaxun, member of the ISMS research team, Sichuan University. Her main research field is fashion semiotics of Chinese brand.

Luo Aidong, member of the ISMS research team, Sichuan University. Her main research field is semiotics of brand.

Yang Mei, member of the ISMS research team, Sichuan University. Her main research field is semiotics of communication.

建构国别符号学的对话空间：读王铭玉《符号学思想论》[*]

刘利刚

书名：符号学思想论
作者：王铭玉
出版社：商务印书馆
出版时间：2021 年
ISBN：9787100198745
DOI：10.13760/b.cnki.sam.202401019

一、符号操演：人类生活最富有代表性的特征

古今中外，人们对"符号"或是其所传达出的意义与效用似乎都有一种心照不宣的热爱和关注。早在公元前的古希腊，符号就成为人们日常谈论的对象。被尊为"西方医学之父"的希波克拉底（Hippocrates）就将病人的病症当作符号来看待，根据不同的症候来划分和定义不同的气质类型与病因，从而完善人的性格特点（如多血质、黏液质、胆汁质等）；柏拉图（Plato）、亚里士多德（Aristotle）以及早期的智者学派们都曾论及符号，对世界本原的形而上学思辨以符号化的物质为前提，抽象出一系列象征系统，同时探讨意义的产生和意象、诗学等问题。东方对符号现象的关注也由来已久，诸如原始部族的图腾崇拜、太极八卦和周易筮辞的卜算卦爻、汉字书写的历时演化、礼乐钟鸣的封建等级、名实关系的哲学争辩等，都是中华文明的符号操演。事实上，某种特有的抽象化的思考一直流淌在我们的文化血脉当中。

虽然最开始可能没有一个对符号概念清晰的界定，但是在人类发展的历

---

* 本文为国家社科基金一般项目"中国电影中红色文化的符号学研究"（21BXW093）的阶段成果。

程中，符号始终伴随我们前进的步伐，我们不但积极、自觉和主动地使用符号、利用符号，符号也在依靠人类，或是整个文化系统，来不断彰显其价值内涵、丰富的韧性和拓扑潜质。法国新托马斯学派哲学家马里坦（Jacque Maritain）曾坦言，没有什么问题像与符号有关的问题与人类及其文明的关系那样复杂和基本的了（李幼蒸，1999，p.1）；德国哲学家恩斯特·卡西尔（2004，p.38）也曾指出，从人类文化的角度来看，"符号化的思维和符号化的行为是人类生活最富有代表性的特征"。从这一层面来看，人就是符号化的生物。

符号是人的存在方式，搭建了我们与世界联通的渠道，丰富了事物间的联系，深化了人类社会的意义。由于符号介质的使用，人类对外界的感受远超过了现实的实体物质层面，依据符号和想象可以跳脱出原有的生活情景，让抽象的思维找到存在的依附，让传统理性的经验和对未来的想象内化于意义的生产，这样，人们认识到任何事物不仅是它自身，还可以是潜在的符号表意媒介，它也能传达异于自身的他物含义。这种从"见山是山，见水是水"到"见山不是山，见水不是水"的演进是长足的，同样也是困难的。经过漫长岁月的实践，人类开始自觉挣脱实在之物的束缚与局限，发展出抽象和象征性质的符号思维。

那么究竟什么是符号呢？符号学的发展当然要对符号本身的身份问题进行界定，然而正如一千个人眼中有一千个哈姆雷特，中外学者们对符号的认识也众说纷纭，莫衷一是。古罗马哲学家圣·奥古斯丁认为符号"是这样一种东西，它使我们想到在这个东西加诸感觉的印象之外的某种东西"（俞建章，叶舒宪，1988，p.12）；美国哲学家、符号学家皮尔斯认为"符号是在某些方面或某种能力上相对于某人而代表某物的东西"（Peirce，1999，p.99）；中国符号学家赵毅衡（2011，p.27）定义符号是"被认为携带着意义而接受的感知"；王铭玉（2004，p.14）也给出过对符号的界定，即"符号是指对等的共有信息的物质载体"；等等观点不一而足。由于不同的学者对符号现象切入角度的不同和自身学术背景的差异，符号的定义是多样的，但总体而言，都有一种对符号内核和本质的基本认识："符号是一种替代物，能够传递本质上不同于载体物质本身的信息，并且能够为接受者所感知。"（王铭玉，2021，p.2）

而将符号作为一门学科来研究肇兴于西方，它是以符号为研究对象的一门学问。然而"什么是符号学"这一本源性和本体论的问题目前还存在着争议。虽然无意标榜符号帝国主义和将符号泛科学化，但是符号学思想早已延伸至人文社科诸领域，为这些学科提供了新颖的研究视角。如果从专业的学理层面考虑，符号学专门研究符号（包括语言和非语言符号）及其意指活动的规律。由于意义是符号研究的核心所在，因此如果我们下意识地去探究事物表征何种意义、为何有意义时，我们实质上就是在进行基本的符号学思考。从现代符号学的角度来看，其思想的源头可以追溯到索绪尔和皮尔斯二人的理论贡献。然而，由于两人身处于不同的哲学和文化语境，他们对符号的理解使用和研究基本处于"对立状态"，由此也确立了符号学的两个派别：结构主义语言学和实用主义逻辑学。这两个派别为符号学的建立起到了奠基作用，同时为符号学成为一门独立学科夯实了基础。20世纪60年代，法国学者罗兰·巴尔特的《符号学原理》一书的问世，标志着符号学正式成为一门独立学科，符号学理论也开始形成体系。

此后，符号学就在欧美国家和地区得到了快速的发展，同时也呈现出鲜明的国别特色和相异的发展轨迹。与此同时，随着符号学研究在诸领域的深入、理论体系的繁杂和自身的跨学科等特点，符号学在发展过程中也出现了泛符号化的倾向和符号帝国主义的危险。因此，十分有必要正视符号学研究带来的新问题，即审视符号学本体的理论建构和厘清符号学思想史的脉络。

二、《符号学思想论》：一种异质时空下的国别符号学图景

正是基于此，《符号学思想论》一书诞生了。该书有着明确的研究目的和深刻的现实意义。综而观之，《符号学思想论》一书是以王铭玉教授领衔的一批学者潜心研究写成的一部体大而思精的符号学著作。该书对法、美、俄、中的符号学思想渊源、主要理论、流派、代表人物和发展趋势做了系统的总结和阐述，并以宏大的视野书写了人类符号学发展的历史。可以说，该书是一部符号学思想考古史和符号理论谱系学著作，它不仅着眼于符号学思想的历史发展脉络，而且重新回归理论自身和符号本体问题，认识到符号学理论本身只是一种历史现象。全书依照"国家—流派—代表人物"的总体研究思路，采取归纳、描写和对比等方法，对法国、美国、俄罗斯和中国的符号学思想进行分章研究。在每个"符号学王国"的阐述中，又以时间为线索，溯源该国符号学思想发展历程，最后对其主要代表人物的符号学思想进行系统的挖掘和评介。可以说，《符号学思想论》一书从符号的"意义核心"出发，为读者营造了古今中外交融共生的跨时空对话空间，建构了一种异质时空下的符号学图景，让我们不仅鉴识了古今中外符号学研究的差异之所在，

还品味了国别符号学的独特之美。

纵观全书，《符号学思想论》具有以下几个特点：一是注重符号学的国别研究；二是秉承史料性原则论著；三是对索绪尔/皮尔斯模式的继承与创新；四是旨在探索符号学思想的中国特色。

九台起于垒土，任何一个学科的建立和发展都仰赖丰厚坚实的理论基础，当下的符号学研究也在不断重申"回归"意识，间接说明了符号学思想基础的重要性，符号学思想史的梳理亟待成为重要的研究课题。符号学自从成为一门学科以来，其研究发展呈现出多元化的趋势，其独特的历史人文特性产生了相异的发展路径和模式，在不同的国家和地域的发展也不平衡，成为人文社会科学领域一大显学。然而，不难发现，在众多理论建设中，存在两个最普遍和最基础的发展模式，即索绪尔模式和皮尔斯模式。索绪尔从语言学的角度入手，探究符号能指和所指关系背后的潜在规则系统以及语言的结构语法，这一模式催生了结构主义，拓宽了人文社会科学研究的视野，为后来的法国符号学提供了坚实的基础。皮尔斯融合了实用主义和数理逻辑的思想，注重符号的逻辑功能，拓宽了符号的概念，突破语言符号的范畴，将逻辑、感知和行动当作基本的符号现象，从符指过程（或解释活动）角度出发，将符号置于与对象和解释项之间的动力关系中考察。大量的符号学理论都是在此两种模式基础上的演化，并结合一些地域文化传统发展出自身的特色。

三、三大国别符号学：各自具有独特的自成体系的发展路径

《符号学思想论》一书认为，在世界符号学王国中，美、法、俄三国一直以来成鼎立之势。法国的符号学吸收了索绪尔的结构主义语言学理论，探究符号的深层结构，具有鲜明的语言学特色和文学倾向。后期的解构主义思潮和巴黎符号学派的成立对符号学的启蒙和发展也做出了重要贡献。美国的符号学传统具有广泛的综合性特征，涉及范围之广，研究领域包罗万象，其中，最主要的一部分是来自皮尔斯和莫里斯的实证逻辑和认知科学。俄罗斯的符号学传统具有深厚的民族特色和马克思主义积淀，以巴赫金和洛特曼为代表的符号学家们贡献了深刻的符号学思想。该书在梳理这些国家的符号思想发展时，详细考究了各国的思想发展阶段、各门学派和主要代表人物及其理论精髓，总结了当下的发展态势并展望未来的发展趋势，旁征博引，论述客观得当，不失偏颇，提供了大量的重要参考文献和资料。

从该书受到的启发是，我们在进行这些国家的符号学研究时，一方面要

厘清符号学思想的发展脉络，另一方面要吸收借鉴各国研究的优点和长处，并且带着问题意识去审视这些理论，看到不足之处，以便更好地为符号学的本土化研究提供服务。中国作为符号学研究的后起之秀，虽然发展历史较短，但自身的文化土壤中却孕育着非常丰富的符号学资源，了解、吸收、消化、培育这些符号学资源是我们研究符号学的必然选择和进行理论创新的必由之路，所谓"他山之石可以攻玉"，中国的学术精神要义何在以及该如何探索独特的发展路径，也是《符号学思想论》一书的重要研究问题。

法国是世界符号学研究的滥觞之地。其宏大的学术规模和深刻的学术影响，是其他国家难以企及的。而且法国是唯一一个形成过符号学运动并使符号学具有较大规模的国家。法国符号学代表人物颇多且产生了广泛的影响，这是在一定的历史条件下，人文社会科学（包括社会学和现象学）发展的结果。法国符号学的发展，整体上可以分为两个时期，分别为结构论符号学（包括整个结构主义运动）和巴黎符号学派时期，在不同阶段，索绪尔的结构语言学理论始终起着根本的推动作用，其他的人文学科不仅为符号学的发展提供了开阔的视野，而且也丰富了符号学的内涵。结构主义（语言学）的思想可谓法国符号学研究的核心所在。索绪尔（2005，pp. 102 - 120）认为语言是一种表达观念的符号系统，因此将语言分为能指和所指，聚焦于语言的任意性特质，认为意义源于对立两项之间的差异。

因此，不存在什么与生俱来的意义，意义是在差异中体现出来的，而整个系统就由符号间的差异和相互关系构成。同时，语言并非对物质世界的简单反映，它更像是一张概念地图，为我们体察外部世界设定了规范，因此对现实的感知是被语言建构出来的。另外，索绪尔所有二分性质的表述都旨在将文本与实践放在语言的框架下来审视，观察它们背后潜藏的基本结构、规则或惯例。因此，在这一层面上，符号、符号系统和研究对象的整体结构就成为结构论符号学关注的重点，文化被当作一种结构集合，符号学的任务就是探究符号能指背后的语法逻辑，以及文化产品、意义产生的共同特征（王铭玉，2021，p. 89）。

五月风暴之后，结构主义的思想开始出现动摇，学者们不再关注和追问意义究竟是什么，转而探究产生意义的逻辑、方式和策略，也就是说转向了一种文化建构论的后结构主义（或解构主义）：意义背后并不存在先验的固定的结构体系，意义始终处于流变和生成的状态。此时的研究不再过多纠缠能指和所指的关系，开始回归主体，对连续体、文本和话语展开探讨。符号并不携带清晰固定的意义，意义总是暧昧不明的，从一个能指飘向另一个能指（Derrida，1978，p. 25），并处在延异和增补的状态（1976，pp. 43 - 50）。这相当于颠覆了传统的逻各斯中心主义，让符号解释活动游走在无限的互文性当中。之后，以格雷马斯为代表的巴黎符号学派的研究更多的是关于意指系统的一般理论，将主要研究对象投射到言语活动的意指系统和组织形式而不仅是符号本身的性质和种类，符号学成为对元语言等级系统的一种叙事化分析，将各种言语活动划入研究范围来展示人类生活方方面面的意指表达形式，从而走出了静态的语言文本，语料之外的背景也成为其考察的对象，使得符号学可能成为独立学科。

美国是目前世界上符号学研究最为活跃和最具创新力的国家。《符号学思想论》一书花费了大量的笔墨全面而深刻地梳理了美国符号学的发展历史和现状，根据现有文献尽可能地为我们描绘了当代美国符号学的发展全貌，并推断其将来的发展趋势。总体来看，美国符号学的边界并非有清晰明确的划定，该书告诉我们要尽可能站在世界符号学的整体观下审视美国符号学及其对世界符号学的辐射作用（王铭玉，2021，p. 173）。从发展阶段来看，美国符号学大致经历了如下发展阶段：起源于皮尔斯的符号研究、莫里斯学说的行为主义研究和传统古典语言学研究，经历了逻辑实证结构和社会学以及行为心理学等研究过程，又融合了象征主义和民主政治等概念，最后发展到雅各布森带有语言符号学性质的诗学研究和西比奥克生物符号学倾向的全面符号学研究。从研究内容看，美国符号学研究从研究符号本身到语言符号的意义阐释，从人类的文化符号研究到生物学全领域的探究，当下更是迈向了信息控制、人工智能、宇宙学图示分类等前沿领域，可谓包罗万象，涵盖领域之全面是其他国家的符号学研究难以企及的。

美国符号学人数众多，流派纷繁，但就对世界符号研究的贡献而言，有四位学者功不可没。最重要的当属现代符号学的开创者之一皮尔斯。区别于索绪尔的二元对立，皮尔斯更倾向于符号的三元划分，他认为符号并不是被构想为一种实体，而是一种"再现体 - 对象 - 解释项"（皮尔斯，2014，pp. 31 - 49）三者之间不可化约的动态三位一体关系，是依据文化语境、习惯、规约等来连接符号与对象的解释行为。皮尔斯的符号学思想更像是一种科学化的符号学思维，通过将逻辑、感知与行动当作基本的符号现象，让不同的符号系统显示出动态交流的可能，走出了静态的符号文本观，窥探符号的真相和本质问题，使符号学成为具有普遍的方法论意义和工具意义的学科。莫里斯从有机体的行为主义出发，发展了"三个世界"（符形、符义、符用）学说。布拉格学派的奠基人雅各布森打通了语言符号学的功能系统。西比奥

253

克创办了符号学会刊，发展了符号学的生物学思维，极大地开拓了全球符号学的视野。

关于俄罗斯符号学思想的研究，该书主要对其符号学思想的起源，各阶段思想流派和代表人物，以及当代符号学现状和发展趋势进行了系统梳理和整体观照。作为现代符号学研究的三大中心国之一，俄罗斯的符号学研究一直以来继承了世界符号学发展的哲学和语言学传统，表现出与之相对应的跨学科特性和方法论本质，此外还厚植于文化传统，将符号学研究融合进本民族深层文化结构和历史背景中思考。综合来看，由于俄罗斯符号学研究从一开始就内含深刻的文化基因，所以文化符号学成为俄罗斯符号学研究的特色方向。俄罗斯民族深厚的文化积淀和特殊的历史环境造就了大批思想精深、学识广博、影响深远的符号学思想家：雅各布森和特鲁别茨柯依创立了布拉格语言小组，在音位学和语法等研究领域的创造性研究在现代结构主义语言学中享有盛誉；什科洛夫斯基的形式主义和普罗普的叙事结构分析法被广泛探讨；巴赫金的复调式小说和狂欢诗学给思想和文学界带来了深刻的影响和冲击；洛特曼所代表的莫斯科－塔尔图符号学派作为俄罗斯符号学的集大成者，其构想的"第二模式系统"极大地推动了文化符号学研究的进程。

总体而言，俄罗斯符号学研究大致经历了四个不断成长和繁荣的阶段，即形成期（20世纪初至十月革命前）、发展期（十月革命之后到20世纪中叶）、过渡期（主要为20世纪中叶前后的雅各布森和巴赫金的研究），直到20世纪60年代至1993年的莫斯科－塔尔图学派标志着俄罗斯符号学走向成熟。之后，随着巨星的陨落，俄罗斯当代符号学研究呈现出明显下滑和衰落的趋势。另外，有别于美、法两国的符号学研究特征，俄罗斯符号学表现出自身独特的品位，较多偏重于文化和文学符号学研究，重视自身认识论和方法论价值的有效整合，深入民族文化传统和社会意识深层来解释符号域的各种外在表现，挖掘了大量有共性的符号学规律，为人文学科之间的交流对话和有机融合提供了可能。

四、中国符号学：一条相异于西方的新的学术路径

中国的符号学研究虽然历史较短，但进步显著。毋庸置疑，中国符号学已然在世界符号学之林占有一席之地。"符号学很大程度上是一门中国的学科，我们只是面对自己的财富一时打了个盹"（赵毅衡，2012，p.20）。中华文化博大精深，历史底蕴深厚，传统的中华文化土壤中有着极为丰富的符号

学内涵，中国的符号学研究不仅涉及的领域广泛，而且已经有相当规模的深度和广度。诚如《符号学思想论》一书指出，中国符号学不仅有"13 个领域"的理论归依，包括易学、名学、训诂学、典故、术数等，而且在多方面展现出独到的学术精神。中华民族不仅具有十分包容的精神，而且擅长学习和创新，在博采众家之长的同时，也在积极探索符合自身发展的理论创新。

《符号学思想论》一书对中国符号学的梳理和研究，大体按照四方面思路展开。一是通过典型符号范式、代表性符号学著作来考察中国符号学研究的基本情况和理论构成。中国符号学的理论资源包括易学、汉字和传统名学等。二是围绕符号学中的"中性"这个根本问题展开对中国符号学现状与发展的描述。三是注重对传统符号学资源的发掘与现代符号学思想的梳理及二者的对接。四是讨论和分析了李幼蒸、赵毅衡、王铭玉等学者的代表作，展示了当代中国符号学发展的基本脉络和走向。这三位符号学名家对符号学都有一套独到的见解和深刻的体认，他们秉着借鉴与创新相结合的符号学态度，展开中西符号学对话，探索中国意义的符号化过程和适合东方思想的"合治"观念，开创了中国符号学研究的特色和基本理路。

每个国家的符号学理论都有自身独到的建树，但同时也存在着一些不容忽视的问题。如果用比较精简的表达来概括的话，上述国家的理论发展特色可以凝练为：法国是"二元对立"，美国是"三分归元"，中国是"中性合治"，俄罗斯是"文化统摄"。当然这样的概括仅仅是从广义的范畴入手，是就各国符号学研究的主要思路和方法论层面论说，并不代表其中每个人都依循这样的路径和模式，并不是绝对的携一语而统全域。当然反过来说也有一些以偏概全的嫌疑和一叶障目的短视，然而正是这些特点概括可以帮助我们更好地认识和反思其中的问题，从而面向未来的发展。

西方符号学的发展总体上沿着两条路径展开，是一种符号异质化表达的分治立场和坚持符号边界设定的极性思维（王铭玉，孟华，2021，p.76）。欧洲的符号学研究长久以来一直簇拥在索绪尔传统左右，以他为代表的结构主义符号学学派通常都是以语符为中心（或者说是语本位），其背后的哲学基础正是自古希腊以降盛行的逻各斯中心主义，是关于每件事物是什么的本真说明，也是全部思想和语言系统的基础所在。诸如现实与思想等二元对立的关系之间存在着一种合乎任意约定的符号关系，因此就将整个语言符号的任意性处理为符号学的基本原则，而符号学研究的目的就是去表现种种抽象的图示机制或深层的逻辑规则，意义的表征正是据此在社会生活中建构和循环。可以说，这条路径是在一个封闭的场域内对符号最大化效果的探寻，缺少了思辨的逻辑，最重要的还自动排除了很大一部分非语言的符号，过分强调异质性符号之间的二元区分，试图以形式化的、单一的编码方式来处理整个符号系统。

以皮尔斯为代表的美国符号学研究可谓是西方符号学的第二条路径。皮尔斯的超越之处就是突破了索绪尔的语言框架，扩大了符号的概念，使符号某种程度上脱离了具体的存在方式，而将符号纳入与其存属范围内的其他事物的开放关系中。他对符号的划分采取三分方式，并且这种三分关系是一种连续性和统一性的整体关系，因为它们都是建立在符号、对象和解释项的动态互动上，并且符号的意义就是对解释项的各种回应。皮尔斯区分了像似符号、指示符号和规约符号，分别代表图像、物象和语言，可以说每个符号的表征都内嵌了三种不同的意指方式。这种动态意指关系是经过逻辑推论的结果，因此，它更多是关注意指一个对象世界时异质符号之间表达效果的区分（王铭玉，孟华，2021，p.78），让符号语言、图像、物的指示各自归位与自治。

中国学者在最初接触符号学时对美、法两国的研究各有偏爱，但中国的符号文化底蕴深厚，符号资源丰富，探索出一条相异于西方的新的学术路径是我们长久以来追求的目标，我们应该在吸收借鉴他人的同时表明我们的学术态度与价值观。在对索绪尔模式、皮尔斯模式深入思考之后，中国符号学界认为二者看似不可通约的背后实则存在着内在的二元互补关系，如果从形式与实体的二分出发，索绪尔的结构符号学更侧重形式论，而皮尔斯则多侧重实体论或实在论，因此可以在形式与实体的区别对立中考察二者之间互动互补的中性关系。所以，不妨跳脱出符号学的极性思维，游走在中间地带来思考符号学的另一种表达，是谓"中也者，天下之大本也；和也者，天下之达道也"（杨天宇，1997，p.899）。执两用中的中庸之道也是更适合我们的思考方式，借此，中国的符号学研究开始走"居间"路线，赵毅衡的"意义观符号学"，王铭玉、孟华的"语象合治符号学"等皆表现出鲜明的"中性化"色彩，进而也发展出一种"超符号"思维，即弥合和超越诸如语言－言语、形式－物质、语言符号－非语言符号的对立关系，在对立中找到一种同一，实现中性化的处理。当然这并不是刻意寻求两大学派笼统的折中，而是在广义符号的视野下融会中国文化（如阐释、意象等）后的哲学思考。

五、结语

总之，《符号学思想论》一书以一种宏大的格局网罗了四大主要国家关于符号的智慧，厘清了符号学思想史的发展脉络，构筑了异质时空下的符号图景，实现了古今中外的符号学跨时空交流与对话。在此过程中，符号相关理论不断丰富和优化，符号学也逐渐实现从跨学科性迈向跨文化性的新阶段。中国作为符号学发展的璀璨之星，一定会本着兼容并包、和而不同、博采众长的原则厚植本国文化基因和传统，为符号学的发展贡献自己的智慧。同时，西方的符号学研究路径应该避免故步自封，对东方的符号智慧也不该怀着东方主义的狭隘偏见。相信该书会给我们提供更多的精神食粮和批判思考的空间，把符号学研究引向一个不同研究传统相互借鉴的新阶段。

引用文献：

卡西尔，恩斯特（2004）．人论（甘阳，译）．上海：上海译文出版社．

李幼蒸（1999）．理论符号学导论．北京：社会科学文献出版社．

皮尔斯（2014）．皮尔斯：论符号（赵星植，译）．成都：四川大学出版社．

索绪尔，弗迪南·德（2005）．普通语言学教程（高名凯，译）．北京：商务印书馆．

王铭玉（2004）．语言符号学．北京：高等教育出版社．

王铭玉（2021）．符号学思想论．北京：商务印书馆．

王铭玉，孟华（2021）．中国符号学发展的语象合治之路．当代修辞学，4，76–78．

杨天宇（1997）．礼记译注．上海：上海古籍出版社．

俞建章，叶舒宪（1988）．符：语言与艺术．上海：上海人民出版社．

赵毅衡（2011）．符号学：原理与推演．南京：南京大学出版社．

赵毅衡（2012）．正在兴起的符号学中国学派（代编者按）．贵州社会科学，12，20–21．

Buchler, J. (Ed.). (1955). *Philosophical Writings of Peirce*. New York：Dover Publications.

Derrida, J. (1978). *Writing and Difference*. London：Routledge & Kegan Paul.

Derrida, J. (1976). *Of Grammatology*. Baltimore：John Hopkins University Press.

Peirce, C. S. (1999). *Philosophical Writings of Peirce* (J. Buchler, Ed.). New York：Dover Publications, INC.

作者简介：

刘利刚，博士，四川外国语大学新闻传播学院编导系副教授，研究方向为符号叙述学、跨媒介修辞与传播。

Author:

Liu Ligang, Ph. D., associate professor of Editing and Directing Department, School of Journalism and Communication, Sichuan International Studies University. His research fields are semiotic narratology, rhetoric and communication across media.

Email: llgtianshui@163.com

构建双向动态的平等交流模式：评王委艳《交流叙述学》

杜艺超

书名：交流叙述学

作者：王委艳

出版社：九州出版社

出版时间：2022 年

ISBN：9787522507651

DOI：10.13760/b.cnki.sam.202401020

　　人是天生的讲故事者，而故事也需有人接收，叙述和交流从来密不可分。自叙述学诞生以来，叙述学研究中针对叙述交流性的讨论不在少数，但往往不够充分和系统。经典叙述学强调文本内部研究，以文学叙述为研究中心，对文学叙述交流性的研究只是暗流；后经典叙述学突破原有研究范围，其中的修辞叙述学研究更是逐渐转向叙述的交流特性，但该类研究依旧局限于文本内层，同时也无法克服研究中交流单向性的缺陷。发生在不同学科领域的叙述转向使得重新界定叙述成为必然，赵毅衡以叙述底线定义为基础构建的广义叙述学，为叙述研究提供了新的研究范式。此外，网络数字化时代叙述的交流性进一步凸显，叙述扩容背景下，交流性已然成为叙述的核心特征。在此背景下，王委艳提出交流叙述学的理论构想，并在一般叙述学范式下对叙述进行特性研究，无疑是对叙述学前沿问题和时代呼唤的有力回应。

　　事实上，交流和叙述的结合研究并非新发现，20 世纪 80 年代费舍尔的"叙事范式"就"把叙事看成一切人际沟通的基础的理念框架"（格里芬，2016，p.232），将叙事作为一种普遍的元话语。但该类研究更多应用于传播学领域，偏重于叙述性交流，而不是具有交流性的叙述学本体。无论在叙述学内部还是跨学科研究中，都不存在研究交流叙述运行机制的系统性成果。《交流叙述学》则填补了这一领域的空白，它在符号学和叙述学学科发展融合的背景下，以一般叙述学为基础，采用跨学科的研究方法（如符号学、哲学、语用学等），以各种叙事类型中参与者之间的内在交流机制为研究对象，构建起一个双向动态的交流叙述模型，树立起抽象动态的文本观。

全书分为十个章节，大致可分为三个部分，第 1—4 章层层梳理研究脉络，阐明理论基础，构建研究框架；第 5—9 章深入探讨交流叙述机制内影响意义的要素，如文本建构、元语言、一般过程、价值伦理、空间问题等；最后一章考察数字化时代的交流叙述情况。在书中，作者提出许多重要的核心概念，如经验视野的梭式循环、文本内外双循环交流图式、抽象文本、交流主体的身份翻转等。本文就上述核心观点展开讨论。

一、跨越单向，创设双向循环的交流模式

在叙述作品的交流研究领域，查特曼的叙事－交流情景示意图（查特曼，2013，p. 135）具有极为广泛的影响。该框架将叙述交流限制于文本规范之内，构建了一条从作者到读者的单一、单向交流渠道。认识到单渠道交流缺陷的詹姆斯·费伦（Phelan，2011，p. 66）演绎出了"作者－叙述者－读者""作者－人物－读者"的双交流渠道，然而依旧没有突破交流方向上的单向性，读者依然处于交流的末端，交流只能从作者朝向读者，无法从读者回溯作者。上述交流叙述图示中的交流在王委艳（2022，p. 21）看来"其实是一种修辞，是叙述主体为达到叙述目的而传达其思想的流动链条"。因此，交流叙述学需要克服前人研究的缺点，构建一个双向循环的交流模型。

当然，在当前叙述扩容、一般叙述学研究范式背景下，想要构建起一个具有普适性的叙述交流模型，只解决交流渠道和方向的问题是远远不够的。究竟是什么要素支持交流行为得以开展，双向循环的交流模式背后的动力从哪里来，更需要被探究。针对这个问题，王委艳（2022，p. 55）富有创见性地将视野拉长扩宽，将人类叙述经验的积累放置到时空变化中，提出了经验交流的"梭式循环"。作者先经历作为接受者的阶段，对接收到的经验进行改进、修正，再把新形成的经验融入创作之中，如此，不断积累、增殖、变化的经验在作者与接受者之间沿着时空轴往复运动，从而构成一种梭式循环。可以看出，在这种梭式循环中，作者与接受者没有明确界限，可以随着时空变换而相互转化，正是这种转化，使得经验在交流中得到了积累与发展。那么，经验交流的"梭式循环"便是交流叙述各层次的内部动力系统。从经验交流的梭式循环出发，作者构建起"文本内外双循环交流模式"（pp. 62－65）：

文本内、外均存在两种循环，文本内循环是"人物－事件－人物"和"叙述者－故事－受述者"之间的跨层交流，文本外循环则是"作者－叙述文本－接受者"和"叙事作者集团－叙述载体－接受者集团"之间的跨层交流，在经验交流的"梭式循环"的作用下，框架内的交流双方都不存在方向性指示，是可以互相影响的。比如，作者与文本之间会发生自反，作者首先是文本的读者，作者本身的经验会影响作者的创作；又比如，在历史发展过程中，某一阶段的接受者集团在下一阶段成为叙事者集团，那么其作为接受者集团时获得的经验，也会被运用到下一阶段的作品中。

特别是在当下的网络媒体时代，互联网缩短了作者和接受者之间交流的时空距离，作者与接受者之间的双向交流变得更加直接和及时，这势必会影响文本的创作和交流的效果。可见，交流叙述学所构建的强调双向循环的交流模型不仅能够克服单一封闭的问题，还能够与时俱进，适应交流叙述的时代发展。

二、打破静态，构建动态抽象的叙述文本

作为人类组织经验的基本方式，叙述伴随人类社会始终，从远古的口述史诗到今天的网络文学，无不是叙述的产物。随着历史发展，人类社会的形态也发生了改变。以媒介为划分标准，人类社会的形态经历了口语－身体媒介时期、文字－书写媒介时期，至今已进入数字－网络媒介时期（唐小林，2022，p. 83）。媒介的革命性改变、社会形态的颠覆性变化使得叙述在社会发展中不断扩容并演变出新形态，如此一来，叙述文本的建构就越来越复杂。经典叙述学聚焦于文学文本内部叙述，叙述文本是静态封闭的；后经典叙述关注文学之外的叙述作品，但叙述文本仍然是确定的存在；广义叙述学框架能够解释所有以叙述方式构建意义的符号文本，叙述文本的开放性进一步增强。关于叙述文本的边界确定，赵毅衡（2013，p. 219）认为取决于接受者的意义构筑方式，应以"解释社群"为判断标准确定全文本边界。然而，正如唐小林（2022，p. 217）所言，在网络社会我们面临着"处于网络空间的虚拟文本""处于物理空间的现实文本""处于网络与物理空间重叠的交互显示文本"，极其复杂的文本网络和文本形态使得解释社群之间的成员难以达成共识去构筑一个全文本，如此一来，叙述文本的边界就无法形成。但是，如果把叙述放到交流行为中考察，就可打破以往静态的文本观。王委艳（2022，p. 8）认为"叙述是在交流中最后形成的，不是全文本，不是一个狭

义的有清晰边界的文本，而是动态文本，不具型的、抽象文本"，由此可以构建起动态抽象的叙述文本观。

在绪论中作者（王委艳，2022，pp. 5－6）以交流作为分类原则对叙述做了一个全域性的划分：虚拟交流叙述和真实交流叙述。所谓的"虚拟"和"真实"并不针对叙述内容的真实性，而是代表交流双方的存在状态。交流一方缺席为虚拟，双方在场为真实。一方面，从这两种交流叙述出发，我们可以发现，无论真实还是虚拟，叙述文本都会在具体的交流过程中处于一种动态的、渐进的变化之中，其构建过程是动态的；另一方面，任何叙述文本的形成都要通过二度叙述化，通过接受者的理解和解释，才能构建起意义文本。而不同的接受者有不同的接受经验，"意向性造成的意义对象非均质化"（赵毅衡，陆正兰，2015，p. 2）也存在于交流叙述中。进入接受者视野中的叙述因素在接受者意向性的影响下处于非均质状态，经过接受者的对象化筛选，会形成不同的接受者文本，生成不同的意义。同时作者指出，在交流叙述中二度叙述化并不是文本的最终形态，只是经验秩序的重建。经过二度叙述接受者重建了文本秩序，使之达到可理解的程度后再进行二度文本化，才能达到交流叙述中文本的最终形态——抽象文本，一种"最后呈现的处于作者与接受者之间，接受者与文本之间，具有协商性质的文本形态"（王委艳，2022，p. 138）。由此可见，抽象文本的形态会随着接受者的不同而变化，也会受到交流过程中各种因素的影响，其文本形态也是动态的。

在第十章中，作者（王委艳，2022，pp. 272－275）重点分析的网络活态叙述的文本构成便是一个鲜明的例子。在网络活态叙述中，爆料人将事件在网上公开，事件本身构成初始文本，随后当事人也成为叙述者，对事件进行关注或者评论的所有网民都成为叙述文本的构建者。弹幕、评论、跟帖……叙述文本随着事件发展不断扩大，作者、接受者、事件当事人乃至后续介入的社会职能部门都会成为叙述文本的一部分。此类叙述文本不仅形成过程是动态化的，同时也呈现出"众声喧哗"的开放性特点。此类叙述文本在当前网络化时代已经成为常态，因此，构建动态抽象的文本观具有重要意义。

三、翻转身份，探寻平等交流的时代价值

在经验积累的梭式循环模式中，作者历时地审视交流双方关系，考察经验形成、传承、变异的时空状态。把时间延长到一定长度后，不同交流阶段

中作者与接受者的相互转化便清晰可感，也正是通过这种转化，经验才能在作者与接受者之间流转并积累，形成梭式循环。这种"作者式读者"正是交流叙述中的主体身份翻转的表现之一。

主体身份翻转一方面可以是"交流主动方（作者）和被动方（接受者）会在一定的交流阶段产生身份翻转"（王委艳，2022，p.67）。比如，在创作过程中，作者首先是自己作品的第一个读者，自身身份发生了翻转；在历史发展过程中，作者集团与读者集团会发生翻转，接受者可能向创造者转化。

另一方面，身份翻转也体现了交流中权力关系的转移。作者作为文本创造主体，在作者－文本关系中，本身主导话语权，但是由于自反性的要求，"符号发出者想在接受者那里获得交流效果，必须首先在自身获得这种效果"（p.68），如此一来，文本就具有了一定的独立性，作者需要让渡部分话语权。在接受者－文本关系中，接受者获得了对文本的主导性"评价权"，作者则失去了主动交流权，成为评价的被动接受者（p.69）。交流叙述中的身份翻转使得交流各方在交流中身份不确定，从而保证了历史层面上交流各方身份的平等，在交流过程中各方持续进行博弈，以达到最终的交流效果，产生意义。主体身份翻转蕴含着交流叙述中的平等观念，它既不像修辞性交流叙述那样赋予作者权威主导作用，也没有完全以读者为中心，忽视作者的作用。这样的平等观念，也恰恰是交流叙述得以存在的基础，因为如果没有平等观念的保障，权力就会出现倾斜，在不平等的交流场域中交流可能会不再是交流，而是变成统治。

当然，平等始终是一种理想状态。如前所述，交流叙述过程中双方进行身份博弈，那么在某个阶段，交流双方的地位就会是不对等的。但是，交流叙述的视野始终是在时空流程中的经验视野，在历史过程中，"在交流中总会有一种趋向平衡的趋势，优势和劣势会在这种平衡趋势中相互修补"（p.196），"平等"便是交流叙述这个跷跷板的支点。

历史流转中，交流叙述中的平等倾向是始终存在的。而在网络媒介迅速发展的当下，可以发现交流叙述中的平等观念表现得更为突出。比如在网络文学中，作者可以不经过编辑、出版社等的筛选直接让自己的创作进入流通流域，进入机制更加平等。同时，读者在网络文学中的权力也大大增强：首先，读者在网络中更容易聚集为接受群，网络文学时代读者的及时反馈直接对文本创作形成压力，影响着文学作品的产生。尽管纸媒时代作者在创作时也需考虑读者因素，但读者的影响远不及现在直接、及时、显著。其次，当读者的地位提高，文学生产中的权力就发生了重组，读者对文学的选择权很大程度上取代了纸媒时代权力人的权力（pp. 260 - 261）。然而，作者（p. 260）指出，"交流带来的平权、权力关系转移并没有成为关注对象"，网络文学仍需重建自己的权力关系和运作方式。同时，在所谓平等的创作机制下，网络文学也产生低质作品泛滥、过度商业化的问题，因此，重建精神内核和价值核心，是网络文学更迫切的任务。此外，网络活态叙述中也体现了读者与作者相互转化的明显趋向。哪怕只是一个不对事件发表评论的无作为旁观者，只要一进入交流领域，其关注本身就会成为叙述的一部分。然而，网络交流叙述中，很多问题日益凸显。在日趋原子化的网络时代，各种声音交相错杂，有时事件的本质甚至被消解，只剩下围观者的狂欢，还有比如意见领袖对公众舆论的有意引导、各方博弈中的真相不明、媒体的公信力缺失等。网络打破界限，使现实、虚拟多个空间融合，使人们普遍地联系在一起，但是壁垒不会完全消除，传统的规则和等级关系又无不渗透于网络内外，制约着人们的交流。对此，作者持一种乐观心态，尽管网络活态叙述呈交杂各种声音的狂欢化特性，网络中的价值和道德规范对传统价值形成了挑战，但"网络活态叙述的真实底色就存在于对正面价值的维护之中"（p. 280），即使在交流中引起关注的是负面价值，但最终仍会向正面价值回归。也许，究竟应如何面对网络时代叙述中的价值冲突，依旧是值得我们探寻的问题。

四、结语

面对当下日益复杂的现代社会，立足一般叙述学的研究背景，作者与时俱进，在前人理论基础上进行创造性改进，以叙述经验的梭式循环为基础，构建了一个开放的、动态的交流叙述模型；根据现实中复杂的叙述类型对传统文本观进行更新，形成了动态抽象的叙述文本观念。此外，交流叙述追求平等关系下和自然框架下自由意志的交流，体现了其对平等性、合理性的内在追寻。可以说，交流叙述学是时代发展的产物，也必然会应用于时代，随时代继续更新与发展。

作为第一本对交流叙述学进行较为完整的本体论研究的专著，《交流叙述学》不仅为一门新的门类叙述学的发展提供思路和方法，开辟了新的研究道路，也扩充了一般叙述学的研究范式，丰富了一般叙述学的研究内容。除了基础理论构建，交流叙述学还具有理论实践意义：一方面为具体类型的交流叙述探究提供思路，另一方面也为跨学科模型的设计提供理论指导。如作者（p. 282）所言，"交流叙述学只提供一种研究的方向或思路"，未来更多的交流叙述类型研究以及跨学科研究等仍需继续开拓，理论的普适性仍需在人类社会发展中检验。但无论如何，该书都为交流叙述学的后续发展打下了坚实的地基，更为叙述转向后的叙述学研究添砖加瓦，有利于继续建设广义叙述学的摩天大厦。

引用文献：

查特曼，西蒙（2013）．故事与话语：小说和电影的叙事结构（徐强，译）．北京：中国人民大学出版社．

格里芬，埃姆（2016）．初识传播学：在信息社会正确认知自我、他人及世界（展江，译）．北京：北京联合出版公司．

唐小林（2022）．信息社会符号学．北京：科学出版社．

王委艳（2022）．交流叙述学．北京：九州出版社．

赵毅衡（2013）．广义叙述学．成都：四川大学出版社．

赵毅衡，陆正兰（2015）．意义对象的"非均质化"．中国人民大学学报，1，2 - 9．

Phelan, J. (2011). Rhetoric, Ethics, and Narrative Communication: Or, from Story and Discourse to Authors, Resources, and Audiences, Soundings. *An Interdisciplinary Journal*, 94, 1/2, 55 - 75.

作者简介：

杜艺超，四川大学符号学 - 传媒学研究所成员，主要研究方向为中华文化国际传播、国际汉语教学。

Author:

Du Yichao, member of ISMS research team, Sichuan University. Her research interests are international communication of Chinese culture and international Chinese language teaching.

Email: dyc922@ foxmail. com

本书出版得到了四川大学人文社科期刊资助项目，以及新华文轩－四川大学出版学院共建专项资助，特此致谢！